인공지능 윤리:

교사를 위한 실천 가이드

Ethics of AI: A Practical Guide for Educators

김홍래 · 신수범 · 윤미선 지음

인공지능 윤리

교사를 위한 실천 가이드

인 쇄 : 2024년 8월 10일 초판 1쇄
발 행 : 2024년 8월 16일 초판 1쇄

저 자 : 김홍래 · 신수범 · 윤미선
발행인 : 송 준
발행처 : 도서출판 홍릉
주 소 : 01093 서울시 강북구 인수봉로 50길 10
등 록 : 1976년 10월 21일 제5-66호

전 화 : 02-999-2274~5
팩 스 : 02-905-6729
e-mail : hongpub@hongpub.co.kr
http://www.hongpub.co.kr
ISBN : 979-11-5600-089-1(93000)

정 가 : 25,000원

인공지능 윤리 :

교사를 위한 실천 가이드

Ethics of AI: A Practical Guide for Educators

김홍래 · 신수범 · 윤미선 지음

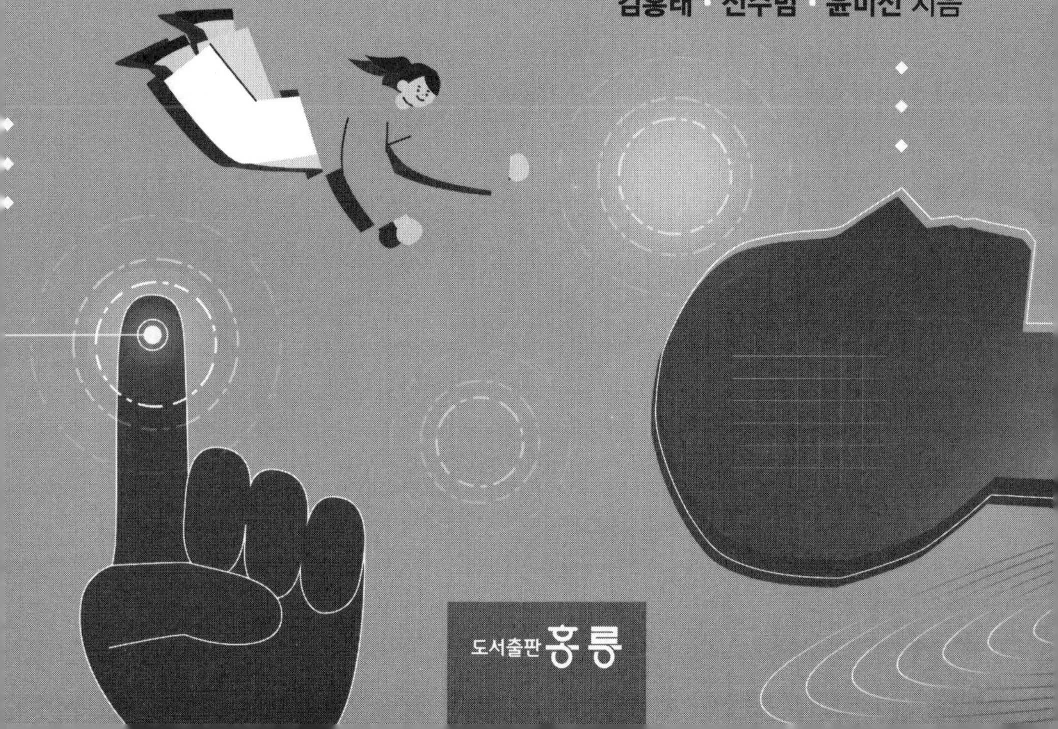

도서출판 홍릉

저자소개

김홍래

- 춘천교육대학교 컴퓨터교육과 교수
- 한국교원대학교 컴퓨터교육과 교육학 박사
- (사)한국정보교육학회, (사)에듀테크학회 이사
- 강원 SW미래채움센터(춘천) 사업단장
- 관심분야 : 컴퓨터 교육, 교사 교육, AI 및 윤리 교육, 에듀테크 등

신수범

- 공주교육대학교 컴퓨터교육과 교수
- 한국교원대학교 컴퓨터교육과 교육학박사
- (사) 한국정보교육학회 이사
- 전 한국교육학술정보원 연구원
- 관심분야: 컴퓨터교육, AI 디지털교육 등

윤미선

- 서울여자대학교 초빙교수
- 서울여자대학교 철학박사
- 춘천교대 대학원, 지방자치인재개발원, 서울디지털대학교, KMOOC 등 강의
- 수상) 국방부장관상, 한국생산성본부 회장상, 서울여대 우수강사 4회 수상
- 관심분야 : 인공지능 윤리, 디지털 리터러시, 인터넷 문화

머리말

급변하는 디지털 시대에 인공지능(AI)은 우리의 일상과 교육에 깊숙이 스며들고 있습니다. 특히, 교육 분야에서는 인공지능을 활용하여 맞춤형 학습 경로를 제공하는 AI 교육 플랫폼이 개발되고 있습니다. 또한 AR/VR을 이용한 디지털 교과서, 맞춤형 교육, 빅데이터 분석을 통한 학습 개선 등 다양한 교육 혁신을 지향하고 있습니다.

AI 윤리 교육은 AI 기술의 급속한 발전과 함께 필수적인 주제가 되었습니다. AI 기술은 우리의 삶에 긍정적인 변화를 가져올 수 있지만, 동시에 여러 윤리적 문제와 위험성을 내포하고 있습니다. AI가 편견을 가진 데이터를 학습하여 발생하는 사회적 차별, 시스템의 불투명성, 개인정보 침해, 일자리 감소, 개인의 권리 위협, 딥페이크 기술의 악용, 무인 자동화 기술의 안전 문제 등 다양한 윤리적 이슈가 대두되고 있습니다. 이러한 문제들에 대응하기 위해 여러 국가, 국제기구, 기업들은 AI 윤리 원칙을 마련하고 있으며, AI가 신뢰할 수 있는 기술로 자리 잡을 수 있도록 많은 노력을 기울이고 있습니다.

이와 같은 상황에서 교사들은 AI 윤리 교육의 중요성을 깊이 인식하고, 교실에서 AI 활용의 윤리적 모범을 실천해야 합니다. 이 교재는 연구자들이 인공지능 윤리에 관한 학습 내용을 정리하고, 교사들이 AI 윤리의 중요성과 필요성을 체계적으로 이해하도록 돕기 위해 작성되었습니다. 또한 교육 현장에서 적용할 수 있는 구체적인 사례를 통해 학생들에게 효과적으로 AI 윤리를 지도할 수 있도록 풍부한 사례를 제시하고자 하였습니다.

본 교재는 아래와 같은 주요 내용을 중심으로 작성되었습니다.

첫째, AI 윤리 교육은 AI 기술의 윤리적 사용과 관련된 문제를 해결하는 데 필수적입니다. AI 기술은 편리함을 제공하지만, 사생활 침해, 편견 및 차별, 자동화로 인한 일자리 상실 등의 문제를 야기할 수 있습니다. 이러한 문제를 해결하기 위해서는 윤리적 사고와 비판적 사고가 필요합니다. 학생들이 AI 기술을 비판적으로 이해하고 잠재적인 해악을 인식할 수 있도록 돕는 것이 중요합니다.

둘째, AI 윤리 교육의 국내외 현황과 시사점을 제공합니다. 전 세계적으로 AI 윤리와 관련된 정책과 사례를 비교 분석함으로써, 학생들은 다양한 문화와 사회에서 AI 기술이 어떻게 적용되고 있는지 이해할 수 있습니다. 특히, 호주의 AI 윤리 교육 사례는 효과적인 교육 방안을 제시하고, 글로벌 시각에서 AI 윤리 교육의 중요성을 강조합니다.

셋째, AI 윤리 교육은 교사의 역할을 강조합니다. 교사는 학생들에게 AI 기술의 윤리적 사용을 가르치는 중요한 역할을 맡고 있습니다. 교사들이 AI 윤리 교육을 효과적으로 실천하기 위해서는 AI 윤리 원칙과 구체적인 사례를 이해하고 이를 교육 현장에서 적용할 수 있어야 합니다.

2022 개정 교육과정은 인공지능의 이해 및 활용과 AI 윤리를 반영하고 있습니다. AI 윤리 교육은 단순한 기술 교육을 넘어서, 학생들이 윤리적 사고와 비판적 사고를 통해 AI 기술을 올바르게 이해하고 사용할 수 있도록 해야 합니다. 교사들은 이를 통해 학생들이 미래 사회에서 책임감 있는 디지털 시민으로 성장할 수 있도록 지원해야 합니다.

이 책은 교사들이 AI 윤리 교육을 준비하고 수행할 수 있도록 돕기 위해 만들어졌습니다. 인공지능의 윤리적 과제에 대해 깊이 이해하고, 이를 교육 현장에서 다룰 수 있는 실질적인 가이드를 제공하는 데 중점을 두었습니다. 이 책이 AI 윤리 교육의 중요성을 널리 알리고, 교육 현장에서 효과적으로 활용되기를 바랍니다.

감사합니다.

저자 일동

차례

Chpater 12 교육 및 학습을 위한 생성형 AI의 윤리

1장
왜, 인공지능 윤리 교육인가?

1.
인공지능 윤리의 배경

인공지능 기술에 대한 역사를 돌아보면, 인공지능은 인간의 지능에 대한 기술이었다. 앨런 튜링의 '기계는 생각할 수 있을까'라는 질문은 인간의 지능을 모방한 컴퓨터의 발명으로 나타났다. 인간이 자신의 의식을 기계로 모방하는 인공지능 기술에 관한 연구는 인간의 지적 기술을 컴퓨터로 옮기는 과정의 연속이었다. 초기의 인공지능 연구는 인간의 탐색과 추론을 모방하는 것으로 튜링 머신, 체스 게임 등과 같이 논리적이고 구조화된 문제를 해결하는 데 초점을 맞추었다. 2차 인공지능 부흥기에는 인간의 지적 활동을 정보처리모형으로 이해하고 이를 통한 지식의 습득과 활용이 가능한 지능형튜터링시스템(ITS: Intelligent Tutoring Systems)과 같이 특정 영역 지식을 처리할 수 있는 전문가 시스템이 주를 이루었다. 현재의 인공지능은 머신러닝과 딥러닝과 같은 신경망을 기반으로 학습 능력을 갖추고 있다. 딥러닝을 통한 추론이나 사물 인식, 의사결정 등은 인간보다 빠르고 정확하다는 것은 이미 증명되었다. 2016년 이세돌과 알파고의 바둑 경기는 새로운 인공지능의 출현을 알리는 계기가 되었다. 인공지능 왓슨은 기업으로, 병원으로, 교실로 그 영역을 확대하고 있으며, 최근 등장한 ChatGPT는 인간의 지적 활동을 지원할 수 있게 되었다.

인공지능 기술의 발달은 인간이 생각하는 범주를 넘어서 다양한 분야에서 인간의 지적 활동을 모방하거나 창조적인 작업에까지 그 영역이 확대되었다. 그러나 인공지능 기술은 인간의 의사결정에서의 많은 오류를 그대로 학습하고 말았다. 인공지능 기술로 인한 개인적, 사회적 문제들에 대하여 우리 사회가 준수해야 할 보편적인 규범과 기술에 관한 담론이 필요한 이유이다. 본 장에서는 인공지능 윤리의 필요성에 대하여 논의를 진행하고자 한다. 더불어 인공지능 윤리에 관한 논의가 학교 교육에서 어떻게 받아들여지고 실천되어야 하는가에 관한 교육적 접근에 대한 관점을 공유하고자 한다.

2.
인공지능 윤리에 대한 논의 증가

인공지능 기술의 구현 및 활용에 따른 가치를 극대화하고 그에 수반되는 부작용과 문제를 최소화하기 위해서는 관련된 이슈에 대한 깊은 성찰이 수반되어야 한다. 대부분의 인공지능, 로봇 기술의 연구 개발, 관련 산업의 진흥 및 기술의 발전을 위한 정책, 제도 등을 마련하고 있는 나라들은 인공지능 윤리에 대한 고민을 함께 하고 있다.

인공지능에 대한 사회적 논의가 활발해지는 만큼 인공지능 윤리에 대한 관심 또한 급증하고 있다. 인공지능 윤리에 대한 논의는 인공지능이 사용되는 모든 영역에서 함께 고려해야 하는 중요한 문제가 되었다. 2017년 이후 학계, 사적 영역, 공공 영역의 행위 주체들, 주요 국가들의 정부(의회), 대학 연구소, IT기업 연합체, 민간 이니셔티브, ITU 및 OECD 등 국제기구, W3 컨소시움, IEEE 등 국제 표준화 기구가 윤리 규범 정책 논의에 참여하는 이유이다(정보통신정책연구원, 2018). EU는 Ethicbots 프로젝트(2005년~2008년), RoboLaw 프로젝트(2012년부터 2년간)를 통하여 인공지능의 혜택과 위험성에 대한 평가와 그 결과에 기초한 대응방안 연구를 추진해 왔으며 윤리 및 법제도 등에 대한 연구를 수행하였다.

일본은 인공지능 연구와 관련하여 인공지능학회 윤리위원회를 중심으로 인공지능 개발자의 윤리강령 제정 운동을 진행하였다. 윤리 강령에는 인공지능이 인류 안전에 위협을 가하지 않도록 해야 하며, 인류가 공평하고 평등하게 이용해야 하고, 다른 사람을 해칠 의도로 인공지능 개발을 하지 못하도록 하는 내용이 포함되었다.

인공지능이 사회 전반으로 확산되고 있는 지금, 우리는 선택의 기로에서 있다. 기본적인 것은 인간이 결정하지만, 인공지능이 동작하는 그 이후에는 통제가 되지 않을 것이라는 우려가 있다. 인공지능 시스템은 점점 더 많은 자율권을 갖게 될 것이고 인간은 지속적으로 권한을 위임하여 편리한 생활을 추구할 것이다. 이미 인공지능은 모습을 감춘 채 우리의 생활 속 깊이 들어와 있다. 인공지능으로 인한 사회적 문제가 발생하기 전까지 우리는 무슨 일들이 일어나고 있는지도 모를 것이다. 그러므로 인공지능에 대한 인식을 고양하고 우리의 삶에 어떤 영향을 미치며, 그것을 어떻게 관리하고 대처해야 하는지에 대한 윤리적 통찰이 더욱 중요하다.

인공지능에 대한 의존성이 확대됨에 따라 개인의 삶에 영향을 미치는 많은 의사결정이 인공지능의 알고리즘에 의해 이루어지고 있으며 이러한 일들은 점차 확대될 것으로 예상된다. 인공지능의 의사결정에 대한 신뢰성이 매우 중요한 문제가 되었다. 이미 은행에서 신용도 평가, 대출 승인 여부, 고용 여부, 질병 판별 및 치료 방식 선정, 입국허가 여부 등 다양한 영역에서 인공지능이 의사결정에 개입하고 있다. 인공지능 알고리즘에 의하여 지역, 계층, 인종, 성별 등에 따른 차별이나 불평등, 배제, 인간에 대한 가치 평가 등 법적 윤리적 문제가 제기되고 있다. 미국에서는 실제로 인공지능 기반 취업 광고 추천, 대출용 신용평가, 상습범 판단에 있어 성별, 계층 간 인종 차별의 문제가 보고되고 있다.

3.
인공지능 윤리의
필요성

가. 인공지능의 특성으로 인한 윤리의 필요

현재의 인공지능 기술은 기계학습(Machine Learning)과 심층학습(Deep Learning)이라는 기술을 바탕으로 하고 있으며 이 기술은 블랙박스라고 불린다. 블랙박스는 과학, 기술, 공학 등에서 내부에서 어떤 과정을 거쳐 결과가 도출했는지 알 수 없는 시스템을 말한다. 현재 딥러닝에 바탕을 둔 인공지능은 블랙박스이다. 인공지능의 답변이 어떤 과정을 거쳐 나오게 되었는지 개발자도 알 수 없는 구조라는 점이다. 인공지능의 자율성과 지능의 발달은 사람의 분석, 추론, 의사결정을 넘어서는 지점에 도달할지 모른다. 이와 같은 인공지능 기술에 대하여 스티븐 호킹은 그 위험성을 다음과 같이 지적하였다. 스티븐 호킹은 BBC 방송 인터뷰에서, "지금까지 개발된 초보적 인공지능 기술이 매우 유용하다는 걸 이미 입증했지만, 인간에 필적하거나 능가하는 수준의 인공지능 개발에는 두려움을 느낀다"고 털어놨다. 그는 "인공지능은 스스로를 개량하고 도약할 수 있는 반면, 인간은 생물학적 진화 속도가 늦어 인공지능과 경쟁할 수 없고 대체되고 말 것"이라고 경계했다(2014.12.3., 한겨레). 따라서 최근의 학자들은 인공지능을 인간의 부속물이 아니라 인공적 도덕 행위자(AMA, Artificial Moral Agent)로 보아야 한다고 주장하기도 한다. 그러므로 인공지능에게 어느 정도 윤리적이며 법적인 책임도 물어야 한다고 주장한다. 인공지능을 단순한 기술적 부산물로 여기는 것이 아니라 인간과 같은 의사결정을 하는 인공적인 존재로 인식하고 윤리적 측면에서 대비해야 한다는 주장이 더욱 커지고 있는 것은 분명하다. 2015년 미국 보스턴에 본부를 둔 비영리조직인 '미래 생명 연구소(Future of Life Institute:약칭 FLI)'는 일론 머스크와 개방 자선 프로젝트(Open Philanthropy Project)로부터 기부받은 펀드로부터 7백만 달러의 자금을 AI를 연구하는 37개 기관에 제공하기로 했다(로봇신문, 2015.07.03.).

나. 발생한 사건에 근거한 필요성

블랙박스의 인공지능은 기술의 발전 과정에서 다양한 사회적 문제를 야기했다. 인공지능 기술의 긍정적 측면에서만 바라보면 인류의 발전을 위하여 유용성과 효용성이 매우 높지만 그 과정에서 미처 대비하지 못했던 많은 문제들이 보고되었다.

인공지능의 자율적 결정으로 인한 인명 피해가 발생한 사례가 있다. 테슬라의 자율주행자동차는 미래의 기술인 것처럼 알려졌으나 2016년 5월 미국 플로리다에서 오토파일럿 상태(레벨 2)의 자율자동차가 신호등이 없는 교차로에서 트레일러와 충돌하여 운전자가 사망하는 사고가 일어났다. 당시 미국 연방교통안전위원회는 사고의 책임이 자율주행시스템이 아닌 운전자에게 있다고 판단하였다. 그러나 2018년 3월 우버의 자율주행자동차(레벨 3-4)는 미국 애리조나 템피(Tempe)에서 밤 10시경 4차선 교차로를 건너던 49세 여성을 치어 사망에 이르게 하였다. 이 사고로 자율주행 3-4단계 차량이라도 자율 주행의 신뢰성에 매우 심각한 문제가 있음을 확인하게 되었다. 자율주행시스템은 보행자가 충돌 범위에서 벗어나 있다고 판단할 가능성이 크다고 분석하였다. 이와 같은 책임 소재에 대한 논쟁은 '자율주행'이라는 표현을 '자율주행보조'라는 표현으로 수정하였다. 이와 같은 사고에서 누가 그 책임을 져야 하는가에 대한 논란은 아직 해결되지 않았다. 인공지능 개발자가 그 책임을 져야 하는지 운전자에게 과실이 있는지에 대한 논쟁은 계속될 것이다. 인공지능의 자율성과 지능에 대한 의존도가 높아질수록 그리고 그 영향력이 더욱 커질수록 이에 대한 논쟁은 더욱 깊어질 것이다.

인공지능을 이용한 자산관리나 주식투자 등 금융 서비스로 '로보 어드바이저(Robo Advisor)'가 있다. 많은 회사들이 로보 어드바이저를 도입하여 자산관리나 주식 투자를 위탁하고 있다. 국내에도 2016년 로보 어드바이저를 도입하고 다양한 서비스가 현재 진행중이다. 안정적 자산관리에 대한 수요가 늘어나면서 상대적으로 안정적인 수익률을 제공하는 로보어드바이저 투자서비스가 주목받고 있다고 한다(한국정경신문, 2022.10.06.). 이와 같은 자산 관리나 투자에서 손실이 난다면 그 책임은 누구에게 있는 것인지 논쟁이 있을 수 있다.

마이크로소프트의 챗봇 테이(Tay)가 구설수에 휘말린 사건이 있었다. 2016년 선보인 MS 테이의 경우, 일부 사용자들에 의하여 왜곡된 내용을 집중적으로 학습한 테이는 “히틀러가 옳으며 유대인이 싫다”는 편경성 발언으로 인하여 16시간 만에 서비스를 중단했다. 최근 등장한 ChatGPT는 대중들에게 많은 관심을 끄는 챗봇이다. 그러나 2023년도에 “대한민국 대통령은 누구인가”라는 질문에 “문재인입니다”라는 답변을 내놓는다. 이는 ChatGPT가 2021년까지의 인터넷상에 공개된 데이터만으로 학습했기 때문이다. 이처럼 인공지능이 틀린 정보나 존재하지 않는 정보를 마치 옳거나 존재하는 것처럼 이야기하는 것을 ‘환각(Hallucination)’효과라고 한다. 해당 영역에 대하여 잘 알지 못하는 사람들은 인공지능의 답이 진짜라고 믿어버릴 수도 있다(매일경제, 2022.1.30.). 2015년 구글이 제공한 사진 서비스에 흑인 여성을 고릴라로 인식하는 사건이 있었으며, 그 사진은 삭제되었다. 아마존의 채용 프로그램은 여성을 배제했다. 10여년에 걸쳐 아마존에 채용된 엔지니어 대다수가 남성이었기에 그 데이터를 이용한 인공지능은 그 편향성을 학습한 것이다. 언어와 이력서, 회사 자체에 남성성이 스며드는 방식을 통해 편향이 이미 존재하고 있음을 예상치 못하게 드러냈다.

케이트 크로퍼드(2022)는 'AI 지도책'에서 인공지능이 인간에게 미치는 영향을 설명한다. 특히 인공지능이 인간으로부터 노동을 채굴한다고 비판한다.

> "아마존 물류센터 작업공간엔 시간기록계 수십 개가 있고, 작업은 초 단위로 감시되고 기록된다. 창고에서 물품이 스캔되듯이 작업자들도 최대한의 효율을 위해 스캔된다. 휴식시간은 10시간 교대근무 동안 15분에 불과하며 식사 시간은 30분에 무급이다. 로봇들이 알고리즘을 작동시키는 동안 작업자들은 '집품률'(할당된 시간 안에 선별·포장해야 하는 제품 수)을 맞추기 위해 종종거린다. 로봇이 핵심 노동력이며 인간은 로봇이 할 수 없는 자질구레한 허드렛일을 처리한다. 작업자들의 몸은 로봇 알고리즘의 연산 시스템에 맞춰 통제된다." 대규모 연산은 신체의 착취에 깊이 뿌리내리고 있다.

또한, 인공지능을 위하여 일하는 인간에 대한 노동에 대하여 다음과 같은 비판이 있다(경향신문, 2022.12.13.).

> AI 시스템의 착취적 작업 형태는 '고스트 워크(그림자 노동)'로도 나타난다. 수천 시간 분량의 AI 훈련 데이터에 라벨을 붙이고 해로운 콘텐츠를 검토하는 등의 반복적 업무를 하는 '크라우드 노동'이다. 이들은 최저임금에 못미치는 돈을 받고 이미지에 태그를 붙이거나 알고리즘이 올바른 결과를 내놓는지 검증하며 AI 시스템을 빠르고 값싸게 개선한다. 아마존이 메커니컬 터크를 제작한 이유는 쇼핑몰 사이트에 중복 게시된 제품을 AI 시스템이 걸러내지 못했기 때문이다. 보이지 않는 익명의 노동자들이 푼돈을 받고 AI를 대체했다. 제프 베이조스는 이를 '인공 인공지능'이라고 불렀다.

인간을 위하여 개발된 인공지능이 인간이 아닌 사회 체제가 기업의 이윤을 위하여 오히려 인간을 소외시키고 있는 모습을 볼 수 있다. 인공지능에게 위임한 자율적 결정이 인간을 사망하게 하거나 차별하거나 심지어는 인간이 인공지능을 위한 노동의 존재로 전락하는 일들이 벌어지고 있다. 이와 같은 개인적이고 사회적인 문제를 명료하게 인식하고 대처하기 위해서는 윤리적 인식이 필수적이다.

다. 발생 가능한 상상에 근거한 필요성

현재의 인공지능 기술로는 발생할 가능성이 희박하지만, 인공지능 기술이 더욱 발전하게 된다면 일어날 수 있는 일을 상상해서 대비할 필요가 있다. 이와 같은 접근 방식은 인공지능에 대한 상상력을 표현한 영화나 드라마를 통하여 미래의 인공지능의 윤리적 문제를 고찰하는 방법이다(김명주, 2017).

〈표 1-1〉 영화를 통하여 상상하는 인공지능의 윤리적 문제들

영화	윤리적 문제
2001 스페이스 오디세이(스탠리 큐브, 1968)	컴퓨터 HAL 9000은 자기 존재에 대한 인식이 있어 자신을 지키기 위하여 승무원들에게 거짓 정보를 제공하거나 자신에게 위해가 되는 사람을 제거
블레이드 러너 (리들리 스콧, 1982)	복제인간인 로이 베티가 자신에게 남은 수명이 4년뿐임을 알고 자신을 만든 박사를 살해. 로봇이 인간과 같은 감정을 가지고 생명에 대한 애착을 느낄 때의 문제를 제시
Her (스파이크 존즈, 2013)	인공지능 운영체제 사만다와 사랑에 빠진 인간을 묘사. 사만다는 다중 인공지능으로 동시에 3천명과 일대일로 대화가능. 인공지능을 인격체로 간주하여 반응하는 인간에 대한 논의
엑스마키나 (알렉스 가랜드, 2015)	인공지능 에이바는 사람보다 더욱 뛰어나 인간을 속이고 탈출. 인공지능이 인간보다 더욱 우수한 능력을 가진 존재를 표현

아이언맨(존 파브르, 2008) 에지오브투모로우(더그 라이민, 2014)	로봇 장비의 힘을 얻어 신체적 한계를 뛰어넘는 트랜스 휴먼의 사례. 사람의 능력이 인공지능의 힘을 빌어 확장될 경우, 어디까지가 '나'인가? 만약 뇌의 영역을 확장한다면 인간의 자아정체성을 어떻게 설명할 것인가?

라. 4차 산업혁명이 가져올 부작용에 대한 담론 필요

컴퓨터의 등장으로 인한 윤리적 문제의 지속적인 확산을 인식하고 4차 산업혁명으로 인한 윤리적 문제에도 적극 대처할 필요가 있다. 3차 산업혁명으로 인한 급속한 정보기술의 발달은 예상치 못한 사회적 문제들을 야기하였다. 컴퓨터의 윤리적 문제에 대하여 '컴퓨터 윤리학(Walter Manner, 1976)'이라는 용어가 등장했다. 1990년 중반에는 정보윤리학이라는 이름으로, 인터넷의 대중화로 인하여 '온라인 탈억제 효과', '정보통신기술의 7가지 유혹' 등을 통해 2000년대 '인터넷 윤리학'으로 명명되었으며 존중, 책임, 정의, 해악 금지라는 4가지 윤리원칙이 발표되었다(김명주, 2017).

4차 산업혁명으로 인하여 최근 '인공지능 윤리'에 대한 관심이 높아지고 있다. 새로운 기술의 출현으로 인하여 나타날 사회를 '지능정보사회'라고 지칭하고 이 사회에서의 윤리를 '지능정보사회의 윤리'라고 명명한다. 이와 같은 관점은 3차 산업혁명시대의 기술의 진보에 따른 윤리적 관점의 변화와 구조적으로 동일하다. 컴퓨팅 기술의 발전, 인공지능, 클라우드 등과 같은 기술은 새로운 서비스를 가능하게 하지만 새로운 윤리적 문제를 야기한다. 노인을 위한 소셜로봇은 할당된 사용자와 사회적 관계를 형성하고 그 과정에서 생성된 데이터를 클라우드에 저장한다. 소셜로봇의 수명이 다하여 교체할 경우, 이전 로봇과의 관계를 지속적으로 유지할 수 있는 방법과 기술이 보장되어야 한다. 이렇게 하기 위해서는 반드시 클라우드를 이용해야 하고 네트워크에 접속되어야 한다. 이 과정에서 로봇과의 상호작용을 통하여 생성된 데이터의 개인정보가 해킹되거나 유출될 가능성이 충분하다. 이는 어린이를 위한 스마트 토이에게도 동일하게 나타난다. 스마트 토이가 IoT와 결합하면서 카메라, 마이크 등을 내장하게 되는데, 이것이 해킹에 매우 취약하다고 밝혀졌다. SW업계는 인터넷 통신기능을 갖춘 '스마트토이', '커넥티드 토이'가 증가함에 따라, 이와 관련된 보안 문제도 커질 것으로 예상하고 있다. 업계 관계자는 "현재 유아용으로 나오는 스마트토이도 저사양 PC 수준 성능을 제공한다"며 "스마트토이는 움직일 수도 있기 때문에 스마트폰이나 PC보다 더 적극적인 해킹으로 활용될 수 있다"고 경고했다(디지털 타임즈, 2016.01.17.).

소셜 로봇은 인공지능 기술을 기반으로 하고 인공지능은 빅데이터를 학습하며 작동한다. 소셜 로봇 기술의 발달은 결국 데이터 관련 기술의 발전과 연결된다. 소셜 로봇과 인간 간의 상호작용이 늘어날수록 데이터의 양이 증가하고 그 종류 또한 크게 다양해질 것으로 예상된다. 소셜 로봇은 이를 처리하기 위한 빅데이터 산업으로 연계된다. 그러나 소셜로봇의 데이터는 주 사용자와의 사적인 대화, 감정 데이터 등 민감한 정보를 포함할 수밖에 없다. 따라서 소셜 로봇을 통하여 생성된 데이터에 대한 주권이나 보안에 대한 논의는 필수적이다. 이와 같은 민감한 개인정보는 사용자의 동의없이 이용하는 것은 매우 어려운 일이다. 서버에 저장된 개인정보가 해킹되거나 유출되는 것은 매우 심각한 문제가 될 수 있다.

정보기술의 활용 여부가 새로운 생산수단이 됨으로써 정보 격차에 따른 빈익빈 부익부의 문제가 심화될 수 있다. 정보격차는 정보 기기의 소유에 따른 접근의 격차, 정보 기술을 활용할 수 있는가의 여부에 따라 활용의 격차, 그리고 정보기술을 이용한 소셜 네트워크에 참여할 수 있는지에 따른 참여의 격차로 확대되었다(민영, 2011). 이와 같은 정보격차는 인공지능에 대한 접근, 활용, 참여의 격차로 확대될 수 있다. 인공지능은 미래 사회에 중산층의 몰락을 가져올 것이며 이로 인하여 소수 계층이 사회적 부의 대부분을 차지할 것이라고 경고한다. 미래에는 정형성, 반복성이 약하지만, 그렇다고 해서 창의성이나 판단력이 많이 필요하지도 않은 어중간한 상태의 직무들이 향후 로봇, 인공지능의 대체 위협을 가장 많이 받게 될 것으로 판단된다(나준호, 2014). 이와 같이 예상되는 사회적 문제에 대하여 인공지능 로봇에 대하여 '로봇세'를 신설하여 부의 편중을 줄여야 한다는 주장도 나오고 있다. 인공지능으로 인한 사회적 문제를 해결하기 위한 윤리적 관심이 필요한 사안이다.

지금까지 살펴본 바와 같이 인공지능 기술은 지금까지의 사회와는 새로운 문제들을 내포하고 있다. 인공지능 기술의 블랙박스로 인하여 의사결정과정을 알 수 없는 문제에 대한 경고를 확인하였다. 인공지능 기술의 발전과정에서 드러난 다양한 사회적 문제를 검토하였다. 사회의 곳곳에서 인간의 편향을 그대로 닮은 문제들이 빅데이터와 알고리즘을 통하여 세상에 모습을 드러내었다. 소셜 로봇으로 인한 개인정보의 문제와 해킹으로 인한 부작용은 우려할만하다. 인간의 노동을 대체함으로써 발생하는 사회적 격차의 문제도 함께 고민해야 하는 과제이다. 아직 다가오지 않은 미래에 대한 영화의 논쟁은 다양한 영역에서 논쟁의 가치가 있을 것이다.

4.
인공지능 윤리의 개념

인공지능 기술로 인하여 발생한 윤리적 문제들과 인공지능 기술의 사회적 영향으로 인한 문제들은 모두 윤리적 관점에 의한 검토가 필요한 사안들이다. 인공지능 윤리는 인공지능 기술과 그 활용에 관련된 이해관계자들이 준수해야 하는 보편적 사회규범과 기준을 의미한다(과학기술정책연구원, 2019). 인공지능의 일상화만큼이나 최근 국내외에서는 AI가 제기하는 여러 인문학적, 사회과학적 쟁점을 학술적으로, 실천적으로 탐색하는 연구 및 관련 활동도 활발하다. 전통적으로 인간만이 할 수 있었던 법률, 의료, 세무 등의 일자리 영역에서도 인공지능의 활용이 늘어나면서 대량 실업 사태가 일어날 수 있다는 종말론적 두려움과 이를 정반대로 해석해서 인간이 노동으로부터 해방된 자유를 얻게 되리라는 유토피아적 기대가 함께 제시되고 있다. 어느 상황이 실현되든 하나의 해결책으로 논의되고 있는 '기본소득' 개념은 어느덧 상식적 담론이 되었다.

AI에 대한 이런 다양한 쟁점을 통합적으로 다루는 분야를 최근 국제 논의 맥락에서는 대개 AI 윤리라는 개념으로 포괄한다. OECD에서 AI의 개발이 가져다줄 혜택과 위험을 고려하여 사회적으로 수용 가능한 수준의 절충점을 찾으려는 노력을 할 때도 'AI 윤리 원칙(ethical principles)'이라는 용어를 사용하고, 최근 유엔기구 중에서 가장 활발하게 AI 윤리 논의와 규범적 틀 마련을 위해 노력하고 있는 유네스코도 'AI 윤리'라는 용어를 사용한다. 세계적으로 가장 큰 전기전자공학자 단체인 IEEE는 AI라는 단어가 줄 수 있는 불필요한 의인화 등을 걱정하여 AI라는 용어보다는 A/IS(Autonomous Intelligent System)이라는 용어를 선호한다. 그런 IEEE 또한 A/IS의 설계 단계에서부터 '윤리 원칙에 일치하는 설계(Ethically Aligned Design)' 개념을 강조하며 그와 관련된 국제 표준 마련에 힘을 쏟고 있다(이상욱, 2015).

앞에서 논의한 관점에 의하면 '인공지능 윤리'는 전통적인 인간과 같은 존재로서의 인공지능이 지켜야 할 윤리적 논의가 아니라 인간이 만든 인공물을 중심으로 윤리적 문제를 포괄적으로 이해하는 것이다.

5.
학교에서 인공지능 윤리 교육의 필요성

인공지능 기술은 컴퓨터로 처리할 수 있는 컴퓨팅 능력의 향상과 클라우드와 연계된 광범위한 데이터의 수집, 전 세계를 연결하는 초고속 네트워크로 인하여 점차 그 응용의 범위가 확대되고 있다. 인공지능은 머신러닝, 알고리즘, 자연어 처리 등이 결합한 컴퓨터과학의 한 영역이다. 현재 인공지능 기술의 응용 범위는 일반 산업을 넘어 교육으로까지 확대되고 있다. 인공지능은 교육에서 다양한 응용 가능성을 가지고 있다. 학생들의 학습을 도와주기 위한 튜터로서의 역할이 가장 두드러진다. 학생들을 위한 '수학 똑똑탐험대'나 영어 'AI 펭톡' 등이 가장 대표적인 사례이다. 인공지능은 학교의 교과와 결합하면서 학생들의 학습을 개별화할 수 있을 것이라는 가능성이 지속적으로 논의되어 왔다. 가장 오랫동안 이야기해왔던 것으로 지능형튜터링시스템이다. 지능형튜터링시스템은 학습자의 학습 양식이나 수준에 맞추어 개별화된 적응적 학습을 지원하는 컴퓨터 기반의 학습 시스템을 말한다. 최근에는 인공지능이 학생들의 논술을 평가하는 역할을 수행함으로써 교사의 업무를 감소시키는 사례가 보고되고 있다. 실제로 학생들의 논술 평가는 기대 수준에 미치지 못하지만 일정 시간이 지나면 분명 논술 평가를 교사를 대신하여 수행하게 될 것이다. 한편 학교에서의 인공지능의 응용은 단순히 튜터로서의 역할에 그치지 않는다. 인공지능은 교사를 보조하여 학생들을 평가하는 시스템으로 발전하고 있으며, 중국에서는 수업에서 학생들의 얼굴 인식을 통하여 수업을 향상하기 위한 새로운 도구로 이용되고 있기도 하다.

인공지능은 학교 교육에서 학습자의 학습을 도와주거나 교사의 업무를 보조하는 역할을 수행할 수 있는 교육적 이점이 있지만 이와 같은 시스템의 윤리적·사회적 문제에 대해서는 거의 논의된 바가 없다. 그러나 교육부에서 '교육분야 인공지능 윤리 원칙'을 발표한 것은 매우 고무적이다(교육부, 2022.08.11.). 학교 교육에서 인공지능을 윤리적으로 활용해야 하는지에 대한 기준안이 제시된 것은 매우 반갑고 다행스러운 일이라고 할 수 있다. 교육 분야에서 인공지능 윤리에 대한 인식을 높이는 것은 매우 시급한 과제이다. 학교에 종사하는 다양한 이해관계자들은 어떠한 형태로든 삶의 영역에서 매일 매일 인공지능 기술을 활용하고 있으며, 자신도 인식하지 못하는 사이에 인공지능의 영향을 받게 될 것이다.

가. 학생을 위한 인공지능 윤리 교육

모든 학생들이 일상의 삶에서 인공지능 윤리에 대한 인식을 갖출 수 있도록 하여야 한다. 이것은 21세기를 살아가는 모든 사람들에게 필요한 지식이자 기술이다. 미래 사회를 살아가게 될 학생들은 반드시 인공지능이 우리 삶에 미치는 긍정적 영향 외에 윤리적인 측면의 이해가 필수적이다. 개인으로서 일상에서 만나는 인공지능으로부터 개인의 자율성과 존엄성을 지킬 수 있는 인식과 기술을 갖추어야 한다. 이와 같은 인공지능 윤리 교육은 모든 학생을 대상으로 하므로 학교 교육과정에 포함하여 반드시 학습하도록 하여야 한다. 현재 초·중등 교육에서 인공지능에 대한 교육을 강화하고 있으나 윤리적 측면보다는 튜터나 도구적 관점에서의 접근이 다수인 것이 분명하다. 특히 2014년부터 시행된 소프트웨어 교육과 인공지능이 결합되면서 인공지능 코딩과 같은 새로운 접근이 이루어지고 있기도 하다. 2022개정 교육과정에는 이와 같은 내용이 반영되었다고 하더라도 적용 시점까지는 아직 시간이 있으므로 현재의 교육과정에 반영할 수 있는 방안이 필요하다.

나. 교사를 위한 인공지능 윤리 교육

학생을 가르치는 교사들은 인공지능의 위험성에 대한 올바른 인식이 필요하다. 교사들은 교실에서 인공지능을 윤리적으로 활용할 수 있는 지식과 기술을 갖추어야 한다. 현직 교사들은 연수를 통하여, 예비교사들은 교원양성 과정에서 이에 대한 소양을 갖추어야 한다. 특히 인공지능을 수업 목적을 위하여 도입하고자 한다면, 인공지능 기술 및 서비스에 대한 윤리적인 검토가 선행되어야 한다. 인공지능 기술이 교실의 교수·학습활동에 활용되고 있으며 관련된 교구와 서비스가 교실로 들어오고 있다. 이미 글로벌 플랫폼 기업의 서비스는 학교에서 이용한지 오래되었으며 그 서비스에는 인공지능 기술이 적용되어 있다고 보아야 한다. 모든 학교가 인터넷에 연결되고 모든 학생이 디지털 단말기를 가지게 될 것이 분명한 현재의 시점에서 인공지능 기술의 윤리적 측면에 대한 대비는 매우 중요한 과제가 되었다. 앞에서 언급한 것처럼 인공지능을 수업에 활용하기 위한 방안으로서 인공지능 튜터(Tuter), 튜티(Tutti), 인공지능 도구(Tool), 인공지능을 통한 행정 지원을 위한 활용이 논의되고 있다. 이와 같이 인공지능 기술이 교육 기관의 교사와 학생, 행정으로서의 서비스가 확대된다면, 교사는 교실로 들어오는 인공지능이 윤리적인지 그렇지 않은지를 판단할 수 있는 지식과 기술을 갖추어야 할 것이다.

교사를 위한 인공지능 서비스, 학생을 위한 인공지능 서비스 등은 모두 윤리적인 검토를 통하여 교실로 들어올 수 있는 방안을 검토하여야 한다.

6.
맺음말

인공지능을 통한 인간의 지적 능력은 온라인과 오프라인을 통하여 지속적으로 확대될 것이다. 인공지능은 전통적인 산업으로서 농업과 제조업 그리고 정보 산업과 결합하면서 새로운 시장을 창출하고 있다. 컴퓨팅 능력의 향상, 빅데이터, 클라우드와 같은 기술들을 통하여 인공지능은 인간의 능력을 오프라인에서 가상의 공간에까지 확대되도록 하였다.

인공지능이 우리 사회에 미치는 영향이 확대될수록 그로 인한 부작용도 함께 증가하고 있는 것도 사실이다. 따라서 인공지능 기술에 관한 교육과 더불어 윤리적인 측면의 교육이 동시에 필요한 시점이다. 인공지능 윤리의 필요성을 4가지 측면에서 검토하였다. 인공지능의 블랙박스 특성으로 인하여 윤리적인 관심을 가져야 함을 논의하였다. 인공지능 기술의 발전과정에서 나타난 다양한 문제들을 극복하기 위한 방안으로서 윤리에 대한 교육이 필요하다. 인공지능의 발전 가능성을 예상하고 그에 대응하는 윤리적 인식이 중요함을 설명하였다. 영화 속에 등장하는 인공지능이 출현한다면, 윤리적으로 논의해야 할 내용이 매우 많을 것이다. 마지막으로 4차 산업 혁명이 가져올 부작용에 대한 필요성으로서 윤리 교육을 언급하였다. 소셜 로봇과 정보의 격차 등의 문제를 논의하였다.

이와 같은 인공지능 윤리와 관련된 문제는 학교 교육과정 뿐만 아니라 인공지능이 활용되는 모든 영역에서 비판적으로 검토하여야 한다.

참고문헌

- 김명주(2017). 인공지능 윤리의 필요성과 국내외 동향, 한국통신학회지(정보와통신)., 34(10), pp.45-54.
- 나준호(2014). 로봇·인공지능의 발전이 중산층을 위협한다. LG경영연구원. https://www.lgbr.co.kr/report/view.do?idx=18593
- 디지털 타임즈(2016.01.17.). http://www.dt.co.kr/contents.html?article_no=2016011802101560718002&frommobile=1
- 로봇신문(2015.07.03.) 엘론 머스크, 안전한 인공지능 연구에 투자. http://www.irobotnews.com/news/articleView.html?idxno=5218
- 매일경제(2023.1.30.) https://www.mk.co.kr/news/it/10623656
- 민영(2011). 인터넷 이용과 정보격차 : 접근, 활용, 참여를 중심으로. 언론정보연구. Vol.48, no.1, pp.150-187.
- 이상욱(2015). AI윤리란 무엇인가?. https://horizon.kias.re.kr/17815/
- 조선일보(2018.03.20.). 우버 자율주행차에 보행자 치여 사망...시험 운행 중단. https://www.chosun.com/site/data/html_dir/2018/03/20/2018032000530.html
- 케이트 크로퍼트(2022). AI 지도책. 소소의 책.
- 한겨레(2014.12.03.). 스티븐 호킹의 경고, "인공지능 기술 개발, 인류 멸망 부를 수도". https://www.hani.co.kr/arti/international/international_general/667299.html
- 한국정경신문(2022.10.06.). http://kpenews.com/View.aspx?No=2559220
- 과학기술정책연구원. 인공지능 기술 전망과 혁신정책 방향. 정책연구 2019-13.

2장
인공지능의 위협

1. 인공지능의 위험성

인공지능 및 기계학습을 기반으로 하는 기술은 최근 몇 년 동안 극적으로 증가했다. 일상에서 구글 홈(Google Home), 아마존 알렉사(Amazon Alex), 애플 시리(Apple Siri)와 같은 인공지능 음성비서 서비스의 확대는 물론, 인공지능 학습기반 기술의 경우 경로 찾기, 번역, 생체인식 및 식별, 산업에서 공정관리 및 물류 등에서 사용이 크게 확대되었다. 그러나 최근 인공지능이 도입된 시스템과 관련하여 자율주행 자동차의 문제, 인공지능 비서나 챗봇 사용에서 부작용의 문제들이 나타나면서 인공지능의 위험성이 강조되고 있다.

인공지능은 다양한 소프트웨어와 하드웨어 기술들이 복합되어 구현되는 것으로 인공지능 개발 단계부터 상용화까지 복잡한 단계로 이루어지며, 여러 이해관계자들이 관련된다. 인공지능은 이러한 과정에서 잘못된 설계, 개발의 오류, 기능적 오작동, 시스템의 오남용, 또는 인공지능 시스템 사용에서 의도하지 않은 부정적인 결과 등의 여러 문제가 나타날 수 있으며, 이러한 문제는 다시 개인적인 피해뿐만 아니라 사회적인 피해로 이어질 수 있기 때문에 인공지능의 위험성에 관심을 가져야 한다.

인공지능 시스템에 대한 공격과 악용으로 인해 나타날 수 있는 위험성은 다음 <표 2-1>과 같다.

〈표 2-1〉 인공지능 시스템에 대한 공격과 악용에 의한 위험성

조작	위험성
악의적인 데이터 조작	인공지능 시스템은 학습 데이터에 의존하여 모델을 훈련시킨다. 악의적인 공격자는 학습 데이터를 조작하여 인공지능 모델의 성능을 낮추거나 오용하도록 유도할 수 있다. 예를 들어, 잘못된 레이블을 부여하여 모델의 학습을 방해하거나, 특정 클래스에 대한 데이터를 부족하게 제공하여 해당 클래스의 인식률을 낮출 수 있다.
입력 데이터 조작	인공지능 시스템은 입력 데이터를 기반으로 의사결정을 내린다. 악의적인 공격자는 입력 데이터를 조작하여 인공지능 시스템의 동작을 왜곡시킬 수 있다. 예를 들어, 이미지 인식 시스템에 소량의 잡음을 추가하거나 변형하여 인식 오류를 유발할 수 있다. 또는 음성 인식 시스템에 잘못된 발음이나 의도적인 소음을 추가하여 인식 결과를 왜곡할 수 있다.
모델 조작	인공지능 모델은 학습된 가중치와 파라미터에 기반하여 동작한다. 악의적인 공격자는 모델 자체를 조작하여 잘못된 결과를 도출하도록 할 수 있다. 이는 모델의 가중치를 조작하거나, 적대적인 예제를 생성하여 모델의 판단을 왜곡시키는 등의 방법으로 이루어질 수 있다.
시스템 환경 조작	인공지능 시스템은 특정 환경에서 동작한다. 악의적인 공격자는 시스템의 환경을 조작하여 원하는 결과를 얻을 수 있다. 예를 들어, 자율 주행 자동차의 경우, 악의적인 공격자는 도로 표지판을 조작하여 자동차의 인식을 방해하거나 오독할 수 있다. 또는 센서 데이터를 조작하여 잘못된 판단을 유도할 수도 있다.

인공지능의 위험성은 '인공지능을 어떻게 활용하는가'와도 관련된다. 예를 들어, 범죄 예방 및 탐지 시스템에 사용되는 인공지능이 반대로 오용되어 범죄 활동을 은폐하는데 활용될 수도 있다. 일상에서 활용하는 인공지능 음성비서나 생체인식 시스템은 개인정보 유출로 이어질 수 있다. 따라서 이러한 인공지능 위험을 방어하기 위해서 인공지능이 어떤 영향을 미치는지를 인식하고 대처할 수 있는 능력을 길러야 한다.

2. 인공지능의 잠재적 해악

인공지능 기술 발달과 더불어 인공지능이 가진 위험성이 대두되면서 인공지능이 윤리성을 담보할 수 있는가에 대한 우려가 가중되고 있다. 인공지능의 윤리성을 해치는 잠재적 해악으로는 다음과 같은 것들이 있다.

가. 편견과 차별

인공지능은 인공지능이 분석하는 사회의 구조와 역학관계로부터 통찰력을 얻기 때문에 현실 데이터에 기반한 이 기술은 이들 사회에 존재하는 사회에서의 소외, 불평등, 차별의 패턴을 재생산, 보강, 증폭시킬 수 있다. 인공지능이 학습하는 데이터나 알고리즘은 편견이나 차별을 완벽하게 판단할 수 없고 학습할수록 강화될 수는 있지만 이에 대응하도록 설계하기는 어렵다. 그렇기 때문에 인공지능 기술을 통해 프로그램을 만들 때 편견과 차별 문제는 이슈가 된다.

나. 개인의 자율성, 의지 및 권리의 거부

개인의 자율성, 의지, 및 권리의 거부는 인간의 개인적인 영역에 관련된 개념으로 개인이 자신의 의사에 따라 행동하고 결정할 수 있는 자유와 권리를 가지는 것을 의미한다.

만일 인공지능 시스템에 의해 생성되는 결정, 예측 또는 분류에 영향을 받는 경우, 영향을 받는 개인은 이러한 결과에 대해 책임을 물을 수 있는 당사자를 특정하지 못하는 상황이 발생할 수 있다.

따라서 인공지능의 개발과 사용에 있어서는 개인의 권리와 자율성을 보호하기 위한 조치와 윤리적인 고려가 필요하다. 이를 위해 법적인 규제와 정책, 기술적인 보호 방법, 윤리적인 가이드라인 등이 개발되고 있으며, 사회적인 논의와 연구가 계속 진행되고 있다.

다. 불투명성 및 설명불가능성

인공지능은 여러 가지의 고차원 상관관계가 작동함으로써 그 결과를 만들어 내는데, 이때 의사결정 주체에 직접 영향을 미치는 알고리즘으로 생성된 결과에 대한 생성 원인이 불투명한 상태로 남아 있게 되거나 설명할 수 없는 결과로 나타날 수 있다.

불투명성과 설명불가능성은 주로 딥러닝 및 신경망 기반의 인공지능 시스템에서 나타난다. 이러한 시스템은 많은 수의 계층과 파라미터로 이루어져 있으며, 그 내부 동작은 복잡하고 추상적인 형태로 이루어진다. 따라서 특정한 입력에 대한 출력이 어떻게 결정되는지를 이해하거나 설명하기 어려울 수 있어서 '블랙박스'라고 부른다.

라. 해석불가능성, 신뢰할 수 없거나 품질이 낮은 결과

인공지능이 생성한 결과에 대해 신뢰성과 해석가능성에 관한 문제를 제기할 수 있다. 일부 상황에서는 인공지능 시스템의 결과에 대한 설명과 이유를 요구하는 필요성이 있다. 예를 들어, 금융 분야에서 신용

승인 거부의 이유를 설명받아야 할 수 있다. 또는 의료 진단 분야에서 환자의 건강 상태에 대한 인과관계를 이해하기 위해 설명을 요구할 수 있다.

무책임한 데이터 관리, 부주의한 설계 및 생산 프로세스 그리고 의심스러운 배치 관행 등은 신뢰할 수 없거나 안전하지 않거나 품질이 떨어지는 결과를 내는 인공지능 시스템의 구현과 배포로 이어질 수 있다. 이러한 상황은 개인의 복지와 공공복지에 직접적인 피해를 가져오게 된다.

라. 사생활 침해

사생활 침해에 대한 위협은 인공지능 시스템의 설계, 개발 프로세스, 실제 배치 등 모든 단계에서 제기될 수 있다. 인공지능 기술 개발에는 개인 데이터 활용이 수반되는 경우가 많다. 이때 개인 데이터를 데이터 주체의 적절한 동의를 얻지 못한 채 사용하게 되면 사생활 침해로 이어질 가능성이 매우 높아지게 된다.

〈표 2-2〉 인공지능 시스템에 대한 사생활 침해 위험성

사생활 침해	위험성
개인정보 노출	인공지능 시스템은 대량의 데이터를 수집하고 분석하여 결과를 도출한다. 이러한 데이터 수집 과정에서 개인정보가 수집되고 저장될 수 있으며, 이는 개인의 사생활을 침해할 수 있다. 예를 들어, 인터넷 검색 기록, 위치 추적 데이터, 거래 기록 등의 개인정보가 수집될 수 있다.
감정 및 행동 분석	인공지능은 언어 처리, 음성 인식, 얼굴 인식 등 다양한 기술을 사용하여 개인의 감정과 행동을 분석할 수 있다. 이를 통해 개인의 특정 행동 패턴, 성향, 취향 등을 파악할 수 있으며, 이는 개인의 사생활을 침해할 수 있는 요소가 될 수 있다.

비인가된 데이터 접근	인공지능 시스템이 개인의 디지털 기기나 네트워크에 접근하여 데이터를 수집하거나 분석할 수도 있다. 이는 개인의 동의 없이 개인의 사생활에 관련된 데이터를 수집하고 사용하는 것으로 이어질 수 있다.
프로파일링 및 표적화	인공지능은 개인의 데이터를 분석하여 세부적인 프로필을 생성하고, 이를 기반으로 상품 추천, 광고 타겟팅, 개인화된 서비스 등을 제공할 수 있다. 이는 개인의 사생활을 침해할 수 있는 상황을 만들 수 있다.

3.
인공지능으로 인한
사회의 위험

가. 자동화로 인한 일자리 감소

인공지능 기술이 마케팅, 제조 및 의료와 같은 산업에서 채택되면서 노동력이 자동화로 대체되고 있다. 2020년 10월 21일 열린 세계경제포럼(WEF)에서는 2020년에서 2025년에 걸쳐 인공지능 자동화로 인해 8,500만 개의 일자리가 사라질 것으로 발표했다. 특히 데이터 입력이나 관리 지원, 수많은 문서를 분석하고 정보를 취급하는 법률 및 회계 등의 분야의 일자리가 인공지능으로 대체될 것으로 예측된다.

일자리 변화를 대비하지 못한 상태에서 인공지능 자동화로 일자리 수요가 감소되면서 기존의 일자리 소멸은 가속화되고 새로운 직업군이 창출될 것이다. 인공지능 도입으로 인해 수동적이고 반복적인 작업을 하는 직업군의 임금 감소나 실직 등은 사회경제적 불평등으로 이어질 수 있다.

나. 알고리즘을 통한 사회적 조작

2018년 발표된 '인공지능의 악의적 사용(예측, 예방 및 완화)' 보고서에서는 인공지능의 가장 큰 위험 중 하나는 인공지능에 의한 사회적 조작이라고 분석한다. 예를 들어 정치 영역에서 특정 정치인을 홍보하기 위해 플랫폼을 활용하여 대중이 보는 정보를 조작하기도 한다.

딥페이크 기술은 이미 온라인 미디어와 뉴스의 정치적, 사회적 영역에 침투하고 있다. 악의적 행위자들은 잘못된 정보를 공유하는 딥페이크 기술을 도구로 하여 신뢰할 수 있는 뉴스와 잘못된 뉴스를 구별하지 못하도록 하는 콘텐츠를 제작한다. 인공지능의 발전은 진짜와 가짜를 구분하기 어렵게 만들기 때문에 위기 상황에서 어떤 것이 '증거'에 해당하는지 채택이 난해한 상황이 발생할 수도 있다.

다. 인공지능 기술을 통한 사회적 감시

인공지능은 개인정보 보호 및 보안에 악영향을 미칠 수 있다. 예를 들어 중국의 경우 사무실, 학교 및 기타 장소에서 안면 인식 기술을 사용하여 사람의 움직임을 추적한다.

만일 인공지능 감시 도구를 사용하여 사람의 활동, 관계 및 정치적 견해 등에 대해 합법적으로 모니터링 할 수도 있겠지만, 데이터 수집에 의해 인권 침해의 문제가 발생하게 될 수도 있다. 이러한 감시를 예방하기 위해서는 인공지능 감시 도구가 배포되는 위치와 사용 방법이 중요하지만 그러한 정보를 취득하기는 어려운 실정이다.

카네기 국제평화기금에서 2020년 발표한 인공지능 감시 지수 AIGS(AI Global Surveillance)는 전 세계 176개국을 대상으로 감시 기능을 채택하는 국가와 인공지능 감시 유형 등을 나타낸다. 이 지수는 합법적 사용과 불법적 사용을 구분하지 않고 있으며, 이 지수를 통해 얼마나 많은 국가가 개인이나 시스템을 모니터링하고 추적하는지를 가늠할 수 있다.

인공지능 감시 기술은 많은 국가에 더 빠른 속도로 확산되고 있다. 전 세계 176개국 중 최소 75개국이 스마트 시티 및 안전한 도시, 플랫폼(56개국), 안면인식(64개국) 및 스마트 경찰(52개국) 등을 비롯 다양한 감시 목적으로 인공지능 기술을 적극적으로 사용하고 있다.

중국은 전 세계적으로 다수 국가에 영향력을 미치고 있다. 중국의 Huawei, Hikvision, Dahua 및 ZTE 등의 기업과 연결된 인공지능 감시 기술은 다음 [그림 2-1]과 같이 63개국에 AI 감시 기술을 제공하고 있으며, 이 중 36개국은 중국의 일대일로 이니셔티브(BRI)에 서명했다. 미국 기업이 제공하는 AI 감시 기술은 32개국에 존재한다. 가장 주요한 기업은 IBM(11개국), Palantir(9개국) 및 Cisco(6개국) 등이다.

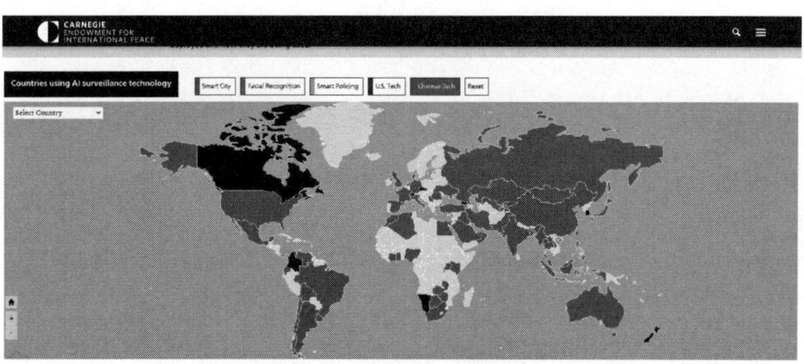

[그림 2-1] 중국의 인공지능 감시 지수 AIGS(AI Global Surveillance)

정치적 관점으로는 주로 자유 민주주의 국가에서 인공지능 감시를 활용하고 있다. 반면, 독재 및 반독재 국가의 정부의 경우 자유 민주주의 국가의 정부보다 AI 감시를 활용이 아닌 남용하는 경향으로 나타난다. 중국, 러시아, 사우디아라비아와 같은 일부 독재 정부는 대량 감시 목적으로 AI 기술을 활용하고 있다.

라. 인공지능 편향이 야기하는 사회적 편견

다양한 형태의 인공지능 편향이 위험을 야기할 수 있다. 인공지능 편향과 관련하여 데이터 및 알고리즘 편향 이외에도, 인공지능을 개발한 인간은 본질적으로 편향되어 있기 때문에 이것이 다시 인공지능 연구에 영향을 미치게 된다. 예를 들어 미국의 인공지능 연구자들은 대부분 남성이거나, 특정 인종, 비슷한 경제적 배경, 장애가 없는 사람이라는 점 등 비슷한 범주에 속한다. 음성인식 AI가 특정한 억양을 이해하지 못하거나, 악인을 사칭하는 챗봇 등의 문제를 일으키는 것도 인공지능 제작자의 제한된 경험에서 비롯될 수 있는 것이다. 이러한 인공지능의 편견은 기업의 면접, 채용이나 정치적 편향, 선거에서의 편견 등을 야기할 수도 있다.

따라서 인공지능 개발자와 기업은 소수 집단을 위험에 빠뜨리는 편견이 재현되지 않도록 더 많은 주의를 기울여야 한다.

마. 사회 연결의 고립과 해체

인공지능 시스템이 개인 경험을 선별하고 디지털 서비스를 개인화함으로써 소비자 생활과 서비스의 질을 크게 향상시키는 반면, 동시에 개인을 고립시키거나 제한할 수 있는 잠재적 위험도 수반된다. 인공지능에 의한 사회 연결의 고립과 해체 위험성에는 다음과 같은 사례들이 있다.

〈표 2-3〉 인공지능에 의한 사회적 고립 및 해체 위험성

내용	위험성
디지털 중독과 소통 부족	인공지능을 통한 디지털 서비스와 소셜 미디어의 보급으로 인해 개인들은 디지털 세계에 과도하게 매몰되고, 실제 사회적 상호작용과 소통이 부족해질 수 있다. 사람들은 가상 공간에 시간과 에너지를 많이 투자하게 되어 사회적인 관계와 연결을 소홀히 할 수 있다.
필터 버블	인공지능은 우리의 행동, 관심사, 검색 기록 등을 분석하여 맞춤형 콘텐츠를 제공한다. 그 결과 개인들은 자신의 관점과 견해와 일치하는 정보에만 노출될 수 있다. 이는 다양성과 대립적인 의견에 노출되지 않고 사회적인 다양성을 저해할 수 있으며, 사회적 갈등을 심화시킬 수 있다.
인간 간 상호의존성 감소	인공지능 기술의 발전은 일부 업무와 서비스를 자동화하고 개인의 필요를 충족시킬 수 있다. 그 결과 인간들은 다른 사람들과의 상호의존성이 줄어들 수 있다. 예를 들어, 자동화된 고객 서비스나 로봇 의료 도우미 등을 통해 사람들은 직접적인 사회적 상호작용을 줄이고 다른 사람과의 연결을 멀리할 수 있다.
디지털 격차와 사회적 배제	인공지능과 디지털 기술의 사용은 기술적 역량과 접근성에 따라 디지털 격차를 야기할 수 있다. 정보 접근이 제한된 사람들은 기술의 혜택을 받지 못하고 사회적 배제를 경험할 수 있다. 이는 디지털 격차를 심화시키고 사회적 배제를 증가시킬 수 있다.

바. 비윤리적 사용 증가

GPT(Generative Pre-trained Transformer) 아키텍처는 딥러닝을 이용

해 인간처럼 텍스트를 자동으로 구성해낸다. 이러한 GPT 기반의 대화형 도구 ChatGPT의 급속한 성장과 더불어 윤리적인 우려가 제기되고 있다. 가장 큰 우려는 학습의 과정을 통해 사고력을 길러가야 학생들이 글쓰기 과제를 인공지능으로 대체하거나 자신의 창의성을 요구하는 과제를 인공지능으로 대체하는 것이다.

한편에서 인공지능의 위험성을 강조한다 하더라도 다른 한편에서는 인공지능 기술의 사용이 비윤리적이더라도 사용하게 되는 상황이 발생할 수 있다.

사. 자율 무기

자율 무기 개발이 가속화되고 있다. 무장 드론이나 전투로봇 등은 이미 개발되어 있으며, 자율무기나 로봇군대 보유 여부가 국가 안보 문제로 직결될 수 있게 되었다.

자율무기는 사람의 개입 없이 목표물을 선택하고 교전하는 것으로, 인공지능 기술은 수년 내에 이러한 무기 개발이 가능할 정도로 발전했으며 그 위험도 높은 것으로 분석된다. 자율무기가 정치적 경쟁과 전쟁 등에서 악의적으로 사용되는 것도 위험하지만, 사이버 공격에 능숙한 해커가 자율무기에 침투하여 자율무기를 조정하는 것도 예측해볼 수 있다. 이러한 상황과 관련하여 미래 생명 연구소(Future of Life Institute)는 2015년, 인공지능 무기 개발에 반대하는 서한을 공개한 바 있다. 여기에는 물리학자 스티븐 호킹 박사, 테슬라의 최고경영자(CEO) 일론 머스크, 애플의 공동창업자인 스티브 워즈니악 등 세계적인 석학과 기업가 1,000여 명의 서명이 담겼다.

이후 인공지능 국제 공동 학술대회(IJCAI)에서도 인공지능 자율무기에 대한 투자에 반대하는 공개 서한을 공개하였으며, 인공지능 및 로봇공학 연구원 등을 포함하여 34,000명이 넘는 사람들이 여기에 서명했다.

[그림 2-2] 인공지능 자율무기 반대 공개 서한

4. 인공지능 미래 범죄 분석

UCL(University College London, 이하 UCL)의 미래 범죄에 대해 연구하는 DAWES 센터에서는 인공지능 기술이 가진 잠재적인 미래 범죄를 분류하여 제시하였다. 분석을 위해 학계, 경찰, 방위 부문 및 정부 대표 등의 전문가 31명이 참여하였으며 인공지능 범죄를 분류하기 위해 '피해 야기 정도, 범죄로 취득하는 이익, 범죄의 달성 가능성 및 진압의 어려움'을 분류하고, 위협 수준에 따라'범죄 우려도 낮음, 중간 또는 높음' 등을 분석하였다.

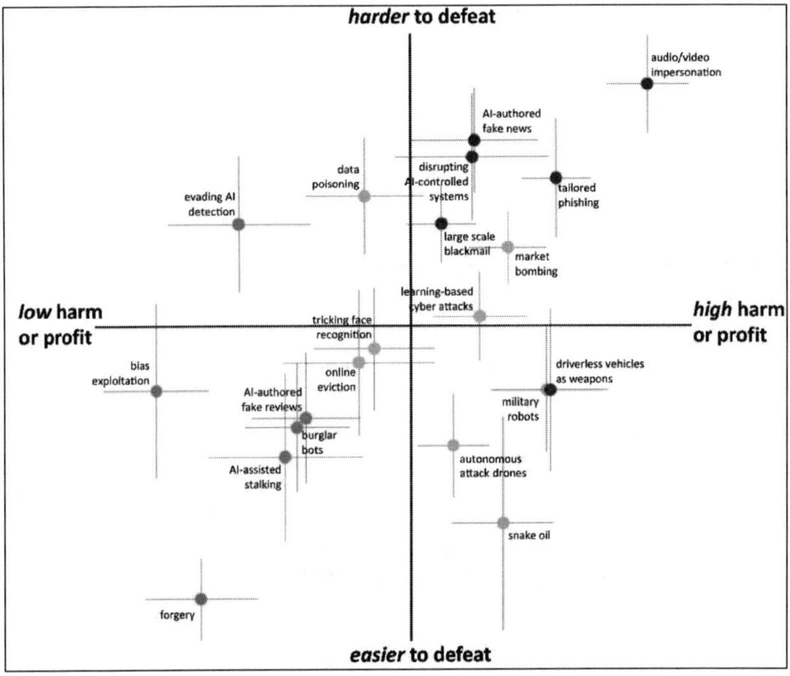

[그림 2-3] AI 기반 미래 범죄(DAWES 미래범죄센터)

〈표 2-4〉 위협 수준에 따른 위험 사례

위협 수준	위험 사례
높은 위협	• 인공지능 기반 공격 중 실제 피해를 줄 수 있는 위협 – 딥페이크, 오디오/비디오 사칭, 맞춤형 피싱 공격(스피어 피싱), 가짜 뉴스 작성 – AI 제어 시스템 방해 – 무기화된 무인자동차
중간 위협	• 사이버 범죄자에게 큰 이익이 되지 않는 평준화 정도 위협 – 허위 데이터에 의한 데이터 오염, 거래 조작 – 얼굴인식 소프트웨어 속이기 – 온라인 퇴거를 통한 필수 온라인 서비스 차단 – 자율 드론을 활용한 밀수 및 운송 방해, 학습기반 사이버 공격(또는 인공지능 분산 서비스 거부 공격), 하이재킹된 군용 로봇, 시장 폭격
낮은 위협	• 해를 끼치는 영향이 적고, 실행은 어렵지만 극복은 쉬운 위협 – 콘텐츠 위조 – AI 지원 스토킹 및 AI 작성 가짜 리뷰 – 온라인 알고리즘 조작, 도난용 봇, AI 탐지 회피

가. 딥페이크, 오디오/비디오 사칭

GAN(Generative Adversarial Networks, 생성적 적대 신경망)을 사용하는 딥러닝의 발전으로 인해 사실적으로 조작된 비디오 및 오디오 등의 가짜 콘텐츠 생성이 크게 증가되었다.

유명 인사가 타인에 대한 비난과 거짓말로 명예를 훼손하거나 지인을 사칭한 범죄는 기술이 발달할수록 사실과 구분할 수 없게 되어 매우 높은 위험으로 분류한다. 가짜 콘텐츠가 전달되는 경로도 매우 다양하며, 이러한 경로들이 통제되기도 어렵기 때문에 이에 대한 대비도 필요하다.

딥페이크 기술은 사람의 생김새, 목소리 뿐만 아니라 물리적 환경까지 재현이 가능하기 때문에 기술이 발전할수록 진짜와 가짜를 구별하기 어렵게 만든다. 이러한 기술은 피싱에도 활용된다. 지인의 목소리나 생김새를 이용하여 사용자를 기망하고 금전적인 편취를 가할 수 있다. 또한 인공지능은 소셜미디어, 이메일 로그, 브라우저 기록, 하드디스크 드라이브 등을 통해 개인정보를 수집하여 협박을 위한 가짜 증거물을 만드는데 활용되거나, 스피어 피싱(Spear Phishing)과 같은 맞춤형 공격에 이용될 수 있다.

나. AI 제어 시스템 방해

제어 시스템 방해는 AI가 제어하는 시스템 교란으로, 인공지능 제어 시스템을 공격하는 경우 대규모 정전 발생, 교통 정체 및 식품 물류 붕괴 등 범죄 및 테러에 이를 수 있다. 또 금융 거래 감독 시스템과 같이 공공의 안전이나 보안을 책임지는 시스템을 공격할 수 있다. 이 경우 시스템 사용자의 피해나 손해가 높아질 수 있기 때문에 위험도가 높은 범죄로 분류된다.

다. 무기화된 무인자동차

자동차는 운송 수단이자, 테러의 무기로도 사용되어 왔다. 만일 테러리스트가 무인자동차를 이용하게 되면 한 명의 가해자가 여러 공격을 수행할 수 있으며, 한 번에 많은 수의 차량을 조정할 수도 있다. 이러한 상황은 충분히 발생될 수 있기 때문에 위험도가 높은 미래 범죄로 분류되고 있다. 무인자동차의 안전 시스템을 통해 무인자동차가 무기로 활용되지 않도록 하는 대비가 필요하다.

라. 데이터 오염

데이터 오염(Data Poisoning)은 인공지능 학습 과정에서 사용되는 데이터를 악의적으로 조작하여 모델을 공격하는 기법이다. 이 기법은 일부 데이터를 변조하거나 악성 데이터를 삽입함으로써 모델의 성능을 손상시키거나 원하는 결과를 얻기 위해 사용될 수 있다.

데이터 오염은 주로 머신러닝 모델의 취약점을 이용하여 이루어진다. 악의적인 공격자는 학습 데이터에 잘못된 레이블을 부여하거나, 임의의 데이터를 추가하거나 삭제함으로써 모델의 학습 과정을 왜곡시킨다. 이러한 조작된 데이터는 모델이 잘못된 판단을 내리게 하거나 특정 클래스에 편향되도록 유도할 수 있다.

만일 데이터 오염 공격이 이루어지면 다음과 같은 상황이 발생할 수 있다.

- 경쟁 상대나 상업적 이익을 위해 모델의 성능을 낮춤
- 정치적인 의견 왜곡이나 대중의 불신을 조성하기 위해 특정 편향을 유발
- 보안 관련 시스템에서 데이터 오염으로 인해 위협 감지 시스템이 공격을 감지하지 못함
- 의료 분야에서 오염된 데이터로 인해 잘못된 진단이 이루어짐

따라서 데이터 오염에 대한 방어 및 탐지 메커니즘은 중요한 연구 분야가 되었으며, 신뢰할 수 있는 데이터 수집 및 모델 학습 방법을 사용하여 데이터 오염으로부터 보호해야 한다..

마. 얼굴 인식 소프트웨어 속이기

얼굴 인식을 수행하는 AI 시스템은 스마트폰과 같은 장치에서 신원 증명에 점점 더 많이 사용되고 있다. 공공장소에서 용의자 추적이나 승객 확인 등 경찰 및 보안 서비스에서 활용된다.

이러한 서비스에 위협이 가해지면 얼굴 인식을 속임으로써 새로운 문제를 일으킬 수 있게 된다. 예를 들어 여권과 같은 사진이 있는 단일 ID를 여러 사람이 사용할 수 있도록 하는 것이 가능하다.

바. 온라인 퇴거

온라인 퇴거(Online Eviction)란 필수 온라인 활동이 차단되는 것이다. 현대 생활은 금융, 고용, 사회 활동 등이 대부분 온라인 활동으로 이루어진다. 온라인 퇴거는 필수 온라인 서비스를 이용하지 못하도록 하는 중간 정도의 위협으로 분류된다.

사. 자율 드론을 이용한 공격

드론은 이미 많은 범죄에 사용되고 있으며, 드론을 이용한 밀수 및 운송 방해, 시장 폭격 등의 위협이 있을 수 있다. 드론이 완전 자율화가 되면 드론을 이용하여 공격하는 가해자가 송신기 범위에 있지 않게 되기 때문에 드론의 무력화 및 가해자의 체포가 어렵게 된다. 드론에 무기가 장착되거나, 대규모 드론으로 행동하게 되는 경우 더 큰 위협이 될 수 있다.

아. 시장 폭격

경쟁사, 통화 또는 경제 시스템 전체에 피해를 주기 위해 표적화된 시스템을 공격함으로써 금융 또는 주식 시장을 조작하거나 피해를 주고, 금융 시장을 폭격하는 것이다. 이러한 공격은 시장 행동을 정확하게 시뮬레이션하기가 어렵고 대규모 거래에 참여하는 데 드는 진입 비용이 많이 들기 때문에 달성 가능성이 낮은 것으로 평가되지만, 잠재적 피해와 이익은 높은 위협에 해당한다.

자. 콘텐츠 위조

예술 또는 음악 등을 가짜로 생성하고 저작자라는 허위 정보를 가장하여 콘텐츠를 판매하는 것이다. 이 위협은 피해나 성공 가능성 측면에서 가장 우려되는 위협에 해당한다. 그러나 인공지능 기능의 경우 화가의 스타일을 모방한 디지털 이미지 생성은 가능하지만, 실제 물리적 실체를 만드는 것과는 차이가 있는 상황이기 때문에 낮은 위협으로 평가된다.

차. AI 지원 스토킹

학습 시스템을 사용하여 소셜미디어 또는 개인 장치 데이터를 통해 개인의 위치와 활동을 모니터링하여 스토킹을 하는 것이다. 이러한 행위는 강압적 관계, 가정 폭력, 가스라이팅 등과 관련된 다른 범죄를 포함한다. 비교적 피해가 낮은 것으로 분석되고 있으나, 피해의 크기 자체보다 단일 개인에게 집중되어 있기 때문에 인공지능의 대규모 운영이 의미가 없기 때문이다.

카. AI 작성 가짜 리뷰

Amazon 또는 TripAdvisor와 같은 사이트에서 자동으로 생성된 리뷰를 통해 제품이나 서비스에 대해 부정적인 인상을 주고 멀어지게 하는 것이다.

타. 온라인 알고리즘 조작

널리 사용되거나 영향력 있는 알고리즘에서 기존의 학습된 편향을 발견하고 이를 활용하는 것이다. 예를 들어, 시청자를 유도하기 위한 YouTube 추천, Google 순위 등을 조작하는 것으로, 때에 따라 이러한 행위는 검색엔진 최적화 등의 형태로 합법적인 온라인 비즈니스 모델로 간주되기도 한다.

파. 도난용 봇

실제 필요한 물건을 훔치기 위해 봇을 사용하는 것을 의미한다. 주로 소형 자율 로봇을 통해 실행되며 인간이 침입할 수 없는 편지함 등을 침입할 때 사용한다. 이 위협은 소규모 범죄만 가능하고 단순한 물리적 수단으로 상대적으로 쉽게 진압이 가능하기 때문에 낮은 위협에 해당된다.

하. AI 탐지 회피

치안 및 보안 분야에서 수집하고 조사된 많은 양의 데이터를 분류하고 자동화하기 위해 인공지능 시스템을 많이 활용하게 될 것이다. 그러나 증거를 지우거나 발견을 방해하기 위해 AI를 이용하여 행위 감지를 차단하거나 탐지를 회피하는 부정 행위도 일어날 수 있다. 데이터를 조작하거나, 코드나 행위를 암호화하여 감지를 우회할 수 있으며, 인공지능이 감지하게 되는 시그널을 속임으로써 감지를 회피하게 될 수도 있다. AI 탐지 회피는 악의적인 목적을 가진 개인이나 조직에 의해 이용될 수 있으며, 이는 사회적인 문제를 야기할 수 있다. 이에 따라 AI 시스템 개발자와 관련 당국은 AI 탐지 회피에 대응하기 위한 보안 및 방어 기술을 개발하고, 윤리적인 사용과 관련 정책을 마련하는 등의 노력을 기울여야 한다.

5.
인공지능 위험성
완화 방안

인공지능은 기술이 확산되면서 인공지능 위협에 대한 규율도 강조되고 있다. 인공지능을 어떻게 활용되느냐에 따라 위협으로 작용될 수도 있기 때문이다. 인공지능의 위험을 최소화하기 위해서는 인공지능 개발 규정과 표준 등이 요구된다. 인공지능을 위한 규정이나 표준은 의도치 않은 위험에 대비하여 안전하게 만듦으로써 인공지능 안정성이 지켜지도록 하기 위한 기준이라고 할 수 있다.

가. 국내 및 국제 규정 적용

인공지능 관련한 규정은 인공지능 확산과 함께 여러 국가에서 이슈가 되었다. 특히 미국과 유럽연합에서는 인공지능의 확산과 더불어 명확한 조치를 취하고 있다. 대부분 인공지능 규정은 인공지능이 포함해야 할 기능, 정확성, 사이버 보안 등의 의무, 편향에 대한 가능성 인지 등의 내용으로 이루어져 있다.

EU의 AI 규제 법안[1)]은 인공지능에 대한 사회적 신뢰성 증진, 높은 수준의 데이터 보호, 디지털 권리 및 윤리적 기준에 대한 내용을 담고 있으며, 규정의 필요성을 다음과 같이 제시한다.

> 인공지능은 산업 및 사회 활동의 모든 분야에 걸쳐 광범위하게 경제적, 사회적 혜택을 가져올 수 있는 빠르게 발전하고 있는 기술 및 제품군이다. 만일 예측이 향상되고 운영 및 자원 할당을 최적화하며 서비스 제공을 개인화하는 방향으로 인공지능을 활용한다면 사회적, 환경적으로 유익한 결과를 얻을 수 있고, 기업과 유럽 경제에 경쟁 우위를 제공할 수 있다.
>
> – 중략 –
>
> 그러나 인공지능의 사회경제적 이익을 가져오는 동일한 기술이 개인이나 사회에는 새로운 위험이나 부정적인 영향을 미칠 수도 있다. 기술 변화의 속도와 도전에 비추어 균형 잡힌 접근 방식이 필요하며, (이 규정은) EU의 기술 리더십을 보존하고, EU의 가치, 기본권 및 원칙에 따라 개발되고 기능하는 신기술을 통해 유럽인들이 혜택을 받을 수 있도록 보장한다.

1) EU의 AI 규제 법안의 원 명칭은 "인공지능(인공지능법)에 대한 조화된 규칙을 규정하고 특정 연합 입법 행위를 수정하는 유럽의회 및 이사회의 규제 제안(Proposal for a REGULATION OF THE EUROPEAN PARLIAMENT AND OF THE COUNCIL LAYING DOWN HARMONISED RULES ON ARTIFICIAL INTELLIGENCE (ARTIFICIAL INTELLIGENCE ACT) AND AMENDING CERTAIN UNION LEGISLATIVE ACTS)"이다.

예를 들어 인공지능과 관련한 개인정보 보호 규정은 개인정보를 인공지능 데이터셋으로 사용하는 것에 대한 통지, 이에 대한 정보주체의 열람·삭제·정정권을 보장하는 등 개인이 프로파일링을 더 잘 이해하고 통제할 수 있도록 주의를 당부한다. 인공지능 금지 목록에 대해서는 i) 허용할 수 없는 위험, (ii)높은 위험, (iii)낮거나 최소한의 위험을 생성하는 AI 사용을 구분하여 제시하면서, 인공지능 시스템의 정확성, 견고성 및 사이버 보안에 관한 의무, 인공지능 생애주기 전반에 걸친 위험관리 시스템 구축에 대한 기준을 제시한다. 이처럼 인공지능 관련 규정은 인공지능 기술의 활용에 의한 위험성은 줄이고 기술의 혜택을 보장하기 위한 것으로 작용한다.

나. 인문학 관점의 기술 포용

인공지능 제작자는 인문학적인 관점에서 다양한 관점을 포용하기 위한 노력을 기울여야 한다. 인종, 성별에서 차등이 없게 하며, 문화, 사회, 경제, 법률, 의학, 철학, 역사, 심리학, 사회학, 인간과 컴퓨터의 상호작용 등과 다양한 분야를 연구하기 위해, 다른 분야의 사람들과 경험을 공유하고 통찰력을 얻어야 한다. 그리고 이러한 과정들이 바로 인공지능을 리터러시와 융합하도록 하는 것이다.

다. 인공지능 윤리 적용

인공지능 윤리는 인공지능 발전에 대한 위험성에 대해 항상 최신의 문제로 상정시킴으로써 인간중심적 사고와 기술의 균형을 통해 책임있는 기술을 생산하도록 한다. 예를 들어 인공지능이 편향된 데이터에 의하여 학습되지 않도록 하기 위해서는 데이터의 확보 과정에서부터 원칙으로 작용되는 윤리적 가이드라인이 제공되어야 하는 것이다.

6.
맺음말

인공지능(AI)의 발전은 혁신적인 기술을 가져왔으나, 동시에 다양한 위험성도 도래하였다. 첫째, AI 알고리즘이 편견을 가진 데이터를 기반으로 학습할 경우, 그 결과도 편견이 있게 될 수 있어 사회적 차별 문제가 발생할 수 있다. 둘째, 복잡한 AI는 때로 그 원리가 인간에게 설명하기 어려워, 결정 메커니즘이 불투명하게 느껴질 수 있다. 셋째, AI의 데이터 수집 및 분석 능력은 개인의 사생활을 침해할 위험성을 내포하며, 넷째, 자동화에 의해 많은 직종이 사라질 수 있어 일자리 감소 문제가 우려된다. 다섯째, AI 알고리즘이 사회의 의사결정에 영향을 주거나 감시하는 데 사용될 수 있어, 개인의 자유와 권리를 위협할 수 있다. 여섯째, 딥페이크 기술의 발전은 비디오나 오디오 콘텐츠의 조작을 쉽게 만들어 정보의 무결성을 미묘하게 만든다. 마지막으로, 무인 자동차나 AI 기반 기술의 결합은 실제로 생명을 위협할 수 있는 상황을 초래할 가능성이 있다. AI의 이러한 위험성은 우리가 책임감 있게 기술을 사용하고 발전시키는 방향으로 노력해야 함을 상기시켜 준다.

참고문헌

- Brundage, M., Avin, S., Clark, J., Toner, H., Eckersley, P., Garfinkel, B., Dafoe, A., et al.(2018). The Malicious Use of Artificial Intelligence: Forecasting, Prevention, and Mitigation. https://doi.org/10.17863/CAM.22520
- Caldwell, M., Andrews, J.T.A., Tanay, T. et al.(2020). AI-enabled future crime. Crime Sci 9, 14. https://doi.org/10.1186/s40163-020-00123-8
- Carnegie Endowment for International Peace(2020), 'AI Global Surveillance (AIGS) Index', https://carnegieendowment.org/files/AI_Global_Surveillance_Index1.pdf.
- EU Publications Office(2021). COM (2021) 206: Proposal for a REGULATION OF THE EUROPEAN PARLIAMENT AND OF THE COUNCIL LAYING DOWN HARMONISED RULES ON ARTIFICIAL INTELLIGENCE (ARTIFICIAL INTELLIGENCE ACT) AND AMENDING CERTAIN UNION LEGISLATIVE ACTS. https://eur-lex.europa.eu/procedure/EN/2021_106?uri=PROCEDURE:2021_106.
- World Economic Forum(2020). The Future of Jobs Report 2020. https://www.weforum.org/reports/the-future-of-jobs-report-2020
- 손영화(2022). EU AI 규칙안상의 허용할 수 없는 위험의 AI 시스템에 대한 고찰. 법학연구, 25(3), 275-315.

3장
인공지능 윤리에 관한 국내외 현황

1.
인공지능 기술의 확장과 윤리적 논쟁

인공지능은 이미 우리들의 생활 깊숙이 관여하고 있다. 대부분의 인공지능은 인간 생활의 많은 영역에서 겉으로 드러나지 않은 채 사람의 일을 대신하고 있다. 인공지능이 탑재된 자율주행자동차는 이미 시범적으로 운용되고 있다. 자율주행자동차가 일반화되는 시점이 온다면 사람들은 더 이상 차를 소유할 필요가 없을 것이다. 아마도 원하는 곳으로 손쉽게 이동할 수 있는 개인별 맞춤형 자동차가 생길 것이다. 자동차는 지금의 택시나 버스처럼 서비스를 제공하고 대기하는 시스템으로 전환될지도 모른다. IBM의 Watson은 암 치료를 위하여 의사의 일을 보조하고 있으나 엉뚱한 문헌을 증거랍시고 나열하는 사례도 가끔 발견됐다. 국내에 한 병원에서는 기술적 한계 탓에 기대에 못 미치고 사용하기에 매우 불편하다는 이유로 퇴출되었다(메디게이트, 2021.09.02.).

2019년 인공지능 국가 전략에 제시된 각 분야 인공지능 활용 사례는 다음과 같다.[2)] 인공지능은 인간이 거의 인식하지 못하는 사이에 은밀하게 경제적 역할을 대체하고 있다. 이동 수단을 제공하고, 연애 상대를 찾아주고, 맞춤형 뉴스를 제공하고, 주식 거래를 대신하고 환경을 감시한다. 아마도 향후에는 인간이 하고 있는 일들의 대부분을 대체하게 될 것이다. 만일 인공지능의 역할이 인간으로부터 멀어지게 되면

2) 대한민국 정책브리핑, https://www.korea.kr/special/policyCurationView.do?newsId=148868542

이런 서비스가 추구하는 목표에 관계없이 인간이 미칠 영향이 줄어들고 새로운 문제를 발생시킬 수도 있을 것이다. 그래서 향후 인공지능 연구에 대한 세심한 주의가 필요하다.

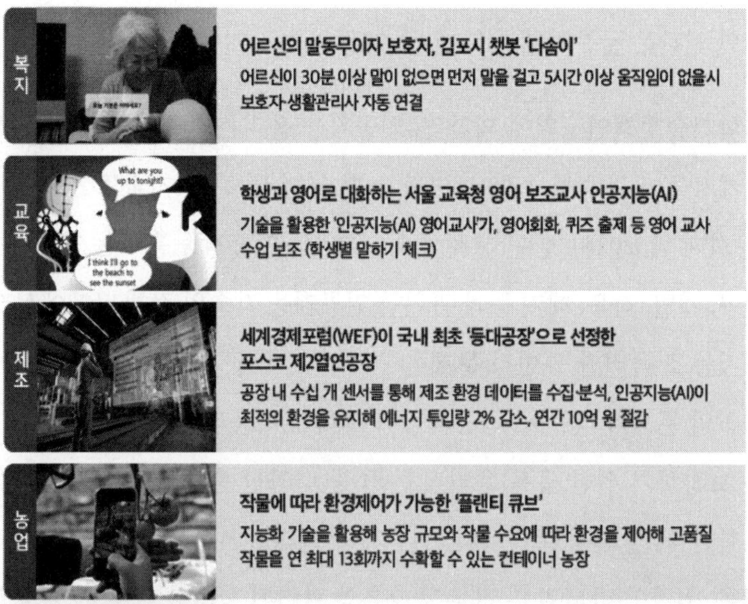

[그림 3-1] 각 분야의 인공지능 활용 사례

인공지능이 통제할 수 없는 상태로 벗어나는 일을 그대로 내버려두어서는 안 될 것이다. 인공지능은 인간이 만들어낸 기술적 결과물이다. 그러므로 인공지능으로 인하여 발생한 문제는 인간의 책임이다. 인공지능에게 맡겨진 일로 인하여 발생한 문제에 대하여 누가 책임을 질 것인지가 새로운 논쟁의 대상이 될 것이다. 자율주행자동차의 '트롤리 딜레마'와 같은 상황에서 판단을 인공지능에게 맡겨야 하는가? 자율주행택시가 술 취한 사람과 응급환자를 구분하지 못하여 승차 거부를 한다면 어떻게 할 것인가? 식품을 기르고 가공하고 배송하고 요리하는 시스템이 사회 전반에 깊숙이 퍼져 있을 때, 인공지능에 문제가 생긴다면 인간은 굶주림에 처하게 될 수도 있을 것이다.

과학기술정책연구원에 의하면, 인공지능 윤리는 인공지능 관련 이해관계자들이 준수해야 할 보편적 사회 규범 및 관련 기술로 정의한다(양희태 외, 2018). 한편 허유선 외(2020)는 인공지능 윤리는 인공지능 연구, 개발, 적용, 폐기 등과 관련한 인공지능 기술의 전체 단계에서 인공지능을 둘러싼 규범적 문제를 연구하였다. 근본적인 가치, 방향성, 원칙의 문제와 더불어, 인공지능이 사회에서 윤리적으로 활용되는 것을 보장하기 위한 응용 윤리적 논의 등 다양한 층위의 윤리적 연구를 포함한다. 실천적 측면에서, 인공지능 윤리는 사회에 미치는 윤리적 영향, 인간의 기본권 및 근본적 자유와 관련된 함의를 다루고, 설명 틀과 가이드라인을 제시하여야 한다.

2.
해외 인공지능 윤리 정책

가. 구글의 AI 윤리 원칙

구글은 2015년 '구글 포토'에 등록된 흑인 남성 사진에 'gorillas'라고 잘못된 태그를 달았으며, 2018년 구글은 펜타곤에 군사용 AI 무기 개발 'Project Maven'를 추진하였는데 이는 무인드론이 사물과 사람을 정확하게 인식하도록 업그레이드하는 프로젝트였다. 이에 대하여 구글 직원 12명이 퇴사하고 4,000여명이 이에 항의하며 프로젝트 참여 취소를 요청한 일이 있었다.

이와 같은 일들을 통하여 올바른 인공지능의 사용에 대한 인식 전환의 필요성이 높아졌고, 구글은 2018년 6월 7일 "AI at Google : our principles"를 발표하였다. 구글의 AI 윤리 원칙의 배경에는 다음과 같은 내용이 포함되어 있다.

> AI는 스스로 학습하고 적응하는 컴퓨터 프로그래밍으로서 사람들에게 필요한 모든 문제를 해결할 수는 없지만 삶을 개선할 수 있는 매우 큰 잠재력을 가지고 있다. 구글은 AI를 사람들이 매일 사용하고 있는 이메일부터 자연스럽게 대화할 수 있는 디지털 어시스턴트 뿐만 아니라 산불 위험을 예측하거나 가축의 건강을 모니터링하는 데에도 활용하고 있다. 의사들은 암을 진단하고 실명을 예방하기 위해서도 AI를 사용하고 있다. 그럼에도 불구하고 AI 활용에 있어서 강력한 기술로 인한 의문이 제기되고 있음을 우리는 인식하고 있다. AI가 어떻게 개발되고 사용되는지에 따라 사회에 중대한 영향을 미칠 것이라는 것을 알고 있으며 이러한 문제를 예방하기 위한 깊은 책임을 느끼고 있다.

이와 같은 배경을 바탕으로 AI 애플리케이션의 목표를 다음과 같이 제시하였다.

(1) 사회적으로 유익해야 함

AI 기술은 의료, 보안, 에너지, 운송, 제조 및 오락을 포함한 다양한 분야에 혁신적인 영향을 미칠 것이다. AI 기술의 잠재적인 개발 및 사용을 고려할 때, 광범위한 사회적, 경제적 요인에 대한 책임을 가지고 전체적으로 예측 가능한 위험과 단점을 넘어선다고 믿는 지점에서 사용하게 될 것이다. AI는 사람들이 대규모 콘텐츠의 의미를 이해하는 능력을 향상시키며 고품질의 정확한 정보를 쉽게 사용할 수 있도록 노력하는 한편, 우리가 활동하는 국가의 문화적, 사회적, 법적 규범을 존중할 것이다. 그리고 비영리를 바탕으로 언제 우리의 기술을 사용할 수 있는지 신중하게 평가할 것이다.

(2) 불공정한 편견의 발생과 강화를 회피

AI 알고리즘 및 데이터 세트는 불공정한 편견을 반영, 강화, 축소할 수 있다. 우리는 불공정한 편견으로부터 공정함을 구분하는 것이 항상 쉬운 것이 아니며 문화와 사회에 따라 다르다는 것을 알고 있다. 우리는 사람들, 특히 인종, 민족, 성별, 국적, 소득, 성적 지향, 능력, 정치적 또는 종교적 신념과 같은 민감한 특성과 관련된 사람들에게 부당한 영향을 미치지 않도록 노력할 것이다.

(3) 안전을 보장하는 설계 및 검증

우리는 위험을 초래하는 의도하지 않은 결과를 피하기 위해 강력한 안전성 및 철저한 보안을 유지하기 위하여 지속적으로 개발하고 적용할 것이다. 우리는 AI 시스템을 매우 신중하게 설계하고 AI 안전성 연구의 모범 사례에 따라 개발한다. 특별한 경우, 제한된 환경에서 AI 기술을 검증하고 배포 후 작동을 감시한다.

(4) 사람들에 대한 책임감

피드백, 관련 설명 및 호소를 위한 적절한 기회를 제공하는 AI 시스템을 설계한다. 우리의 AI 기술은 바람직한 인간의 지시와 통제를 받게 될 것이다.

(5) 개인정보 보호 설계 원칙의 수립

AI 기술 개발 및 사용에 있어 개인정보 보호 원칙을 포함할 것이다. 우리는 알림과 동의를 받고, 개인정보 보호가 있는 아키텍처를 강화하고 데이터 사용 전반에 걸쳐 명확한 투명성과 통제를 제공한다.

(6) 수준 높은 과학적 우수성 표준

AI 도구는 생물학, 화학, 의학 및 환경 과학과 같은 중요한 영역에서 과학 연구 및 지식의 새로운 영역을 열 수 있는 잠재력을 가지고 있다. 우리는 AI 개발을 수행할 때 높은 수준의 과학적 우수성을 추구한다. 우리는 과학적으로 엄격하고 다학문적인 접근 방식을 취하며 이 분야에서 사려 깊은 리더십을 증진하기 위해 다양한 이해 관계자와 협력할 것이다. 또한 더 많은 사람들이 유용한 AI 애플리케이션을 개발할 수 있도록 교육 자료, 모범 사례 및 연구를 게시하여 AI 지식에 대한 책임감을 공유할 것이다.

(7) 위의 원칙에 부합하는 용도의 활용

많은 기술이 여러 용도로 사용된다. 잠재적으로 유해하거나 악의적인 애플리케이션을 제한하기 위해 노력할 것이다. AI 기술을 개발하고 적용할 때 다음 요소에 비추어 가능한 사용성을 평가할 것이다.

- 주요 목적 및 사용 : 주요 목적과 기술 및 응용 프로그램의 사용 가능성을 평가 즉, 솔루션이 유해한 사용과 얼마나 밀접하게 관련되어 있는지 또는 적용할 수 있는지를 포함
- 성격과 특성 : 우리가 특별하거나 더 일반적으로 사용 가능한 기술을 만들 수 있는지의 여부
- 규모 : 이 기술의 사용이 중대한 영향을 미칠지 여부
- Google 참여의 성격 : 범용 도구를 제공하는지, 고객을 위한 도구를 통합하는지 또는 맞춤 솔루션을 개발하는지 여부

구글은 위와 같은 원칙 외에도 아래와 같은 응용 분야에서 대해서는 AI를 개발하거나 적용하지 않을 것을 선언하였다.

- 전반적인 피해를 유발하거나 유발할 가능성이 있는 기술 - 중대한 위해 위험이 있는 경우, 이익이 위험보다 훨씬 크다고 생각하는 경우에만 진행하고 적절한 안전 제약을 포함
- 직접적으로 사람에게 상해를 입히거나 유발하는 것이 주된 목적 또는 구현인 무기 또는 기타 기술
- 국제적으로 인정되는 규범 위반 감시를 위해 정보를 수집하거나 사용하는 기술
- 목적이 폭넓게 인정된 국제법 및 인권 원칙에 위배되는 기술

나. 미국 국방부의 AI윤리 원칙

미국 국방부는 2019년 10월 "AI Principles: Recommendations on the Ethical Use of Artificial Intelligence by the Department of Defense"를 발표하였다[3]. 미 국방부는 국방 혁신위원회가 제안한 인공지능 사용에 대한 일련의 윤리원칙을 공식적으로 채택하였다. AI 윤리원칙의 채택은 AI윤리 및 AI 시스템의 합법적 사용에서 미국방부 AI 전략 목표와 결을 같이 한다. 국방부의 AI 윤리 원칙은 미국 헌법, 미국 코드 타이틀 10, 전쟁 법, 기존 국제 조약 및 오랜 규범과 가치를 기반으로 하는 미군의 기존 윤리 프레임워크를 기반으로 한다. 기존 프레임워크는 윤리적 행동을 위한 기술 중립적이고 지속적인 기초를 제공하지만 AI를 사용하면 새로운 윤리적 모호성과 위험이 제기된다. 따라서 이 원칙은 이러한 새로운 과제를 해결하고 국방부의 책임있는 AI 사용을 보장하기 위함이다.

미국 국방부의 AI윤리 원칙은 5가지 주요 영역을 포함한다.

〈표 3-1〉 미국 국방부의 AI윤리 원칙 5가지

원칙	내용
책임성 (Responsible)	DoD 직원은 적절한 수준의 판단과 주의를 기울이면서 AI 기능의 개발, 배포 및 사용에 대한 책임을 유지한다.
형평성 (Equitable)	국방부는 AI 기능의 의도하지 않은 편견을 최소화하기 위해 신중한 조치를 취해야 한다.
추적가능성 (Traceable)	국방부의 AI 설계 원칙은 매우 선도적이어야 한다. 기술 전문가들은 국방부 인공지능 시스템의 기술, 개발 절차, 그리고 운영 방법에 대하여 충분한 지식을 갖추고 있다. 즉, 투명하고 추적할 수 있는 방법론, 데이터 소스와 설계 절차 그리고 문서 등을 포함한다.

3) https://media.defense.gov/2019/Oct/31/2002204458/-1/-1/0/DIB_AI_PRINCIPLES_PRIMARY_DOCUMENT.PDF

신뢰성 (Reliable)	AI 시스템은 명확하게 잘 정의된 활용 영역을 설정하여야 하고, 시스템의 전체 생애 주기에 걸쳐 안전, 보안 및 견고성을 보장하도록 동작하여야 한다.
관리가능 (Governable)	의도하지 않게 비정상적으로 작동되는 경우에 자동으로 비활성화할 수 있도록 설계되고 작동되어야 한다.

이상의 다섯 가지 윤리 원칙에 입각해 국방혁신위원회가 국방부 장관에게 제안하는 12가지 권고사항은 다음과 같다.

(1) 국방부의 공식적 채널을 통한 원칙들을 형식화

JAIC(The Joint AI Center)는 이러한 AI 윤리 원칙의 지속적인 특성을 보장하기 위해 적절한 커뮤니케이션 및 정책 발행을 국방부 장관에게 권장해야 한다.

(2) 국방부 차원의 "AI 운영위원회" 설치

국방부 차관은 DoD AI 전략의 감독 및 실행을 보장하고 국방부의 AI 프로젝트가 DoD의 AI 윤리 원칙과 일치하는지 확인할 책임이 있는 고위급위원회를 구성해야 한다. AI 윤리 원칙을 유지하려면 DoD가 DOTMLPF28과 같은 개념적 수준에서 데이터 공유, 클라우드 컴퓨팅, 인적 자본 및 IT 정책과 같은 보다 실질적인 AI 관련 영역에 이르기까지 의사 결정의 여러 측면을 통합하여야 한다.

(3) AI 엔지니어링 분야의 육성 및 성장

OUSD(The Office of the Under Secretary for Research and Engineering)는 DoD가 오랫동안 육성해 온 건전한 엔지니어링 관행을 구축하고 더 광범위한 AI 연구 커뮤니티에 참여함으로써 AI 엔지니어링 분야의 성장과 성숙을 지원해야 한다. 더 광범위하게는, 신진 연구자에게 특별한 기회를 제공하고 AI 기술을 더 넓고 복잡한 엔지니어링 시스템에 통합하기 위해 담당 부서의 안전 및 책임에 대한 관행을 AI 분야로 확대하여야 한다.

(4) DoD 교육 및 인력 프로그램을 강화

다양한 AI 교육 프로그램은 신입 직원부터 AI 엔지니어, 고위 리더에 이르기까지 광범위하게 제공되어야 하며 리더 및 전문가들로부터 기존의 디지털 콘텐츠와 맞춤형 수업을 결합하여야 한다. 하급 장교, 입대 장병 및 민간인은 경력 초기부터 훈련 및 교육에서 AI를 접할 수 있어야 하며, DoD는 공식적인 전문 군사 교육 및 실제적 적용을 통해 경력 전반에 걸쳐 지속적인 학습 기회를 제공해야 한다.

(5) AI의 새로운 보안 측면에 관한 연구에 투자

정책 차관실과 Net 평가실은 AI시대의 경쟁 및 억제에 대한 새로운 접근 방식을 이해하는 데 투자해야 한다. 특히 사이버 보안, 양자 컴퓨팅, 정보 운영 또는 생명 공학과 같은 다른 분야와 결합하기 위해서는 해당 분야에 대한 새로운 이해가 필요하다.

(6) 재현성을 강화하는 연구에 투자

인공지능의 "블랙박스" 문제를 해결하고 작동방식의 투명한 이해를 위해 AI시스템의 재현성(reproducibility)을 높이는 연구에 투자를 아끼지 말아야 한다.

(7) 신뢰성 벤치마크의 정의

인간 성과를 포함하여 AI시스템의 성능을 측정하기 위해 적절한 "신뢰성 벤치마크(reliability benchmark)"를 정의해야 한다.

(8) AI 검증 및 평가 기술 강화

ODT & E(Office of Developmental Test & Evaluation) 주도하에 DoD는 기존 DoD 검증, 평가, 확인 및 타당화 절차를 사용하거나 개선해야 하며 필요한 경우 AI 시스템을 위한 새로운 인프라를 구축해야 한다. 이러한 절차는 DIB 소프트웨어 획득 및 활용(SWAP) 연구에 상세히 설명된 T&E에 대한 소프트웨어 중심의 가이드라인을 따라야 한다.

(9) 위험 관리 방법론 개발

JAIC는 AI시스템의 사용에 따른 윤리, 안전 및 법적 위험 등을 고려해 다양한 위험들의 분류체계 등 위험관리방법론(risk management methodology)을 개발해야 한다.

(10) AI윤리 원칙의 최적화된 구현 보장

JAIC는 2019년 국방승인법 238조 또는 기타 향후 지침에서 요구하는 거버넌스 및 감독 검토의 일환으로 이러한 원칙 및 관련 지침의 적절한 구현을 평가해야 한다.

(11) AI 윤리 원칙을 실행하는 방법을 이해하도록 연구 확대

AI 안전, 보안, 견고성에 대하여 다학제간 대학 연구 이니셔티브(Multi disciplinary University Research Initiative) 프로젝트를 구성하고 지속적인 기초 및 학술 연구의 출발점이 되어야 한다.

(12) AI 안전, 보안 및 견고성에 대한 연례 컨퍼런스 개최

광범위한 AI 분야의 빠른 발달 특성에 비추어 JAIC는 다양한 내부 및 외부 의견을 포함하는 AI 안전, 보안 및 견고성에 내포된 윤리학를 진단하는 연례 컨퍼런스를 개최하여야 한다.

다. 유럽의 신뢰할 수 있는 인공지능

2018년 출범한 EU의 인공지능에 대한 전문가그룹은 2019년 4월 신뢰할 수 있는 인공지능의 3가지 구성 요소를 법적(lawful) AI, 윤리적(ethical) AI, 강인한(robust) AI로 규정하고, 이를 4개의 윤리 원칙, 7가지 요건, 평가에 관한 문서를 발표하였다.

(1) 기본권, 신뢰할 수 있는 인공지능의 기초

❶ 인간의 존엄성 존중

인간의 존엄성은 타인에 의해 또는 인공지능과 같은 새로운 기술에 의해 위축되거나 위태롭게 되거나 억압되어서는 안되는 "고유한 가치"를 모든 인간이 지니고 있음을 의미한다. 이러한 맥락에서, 인간의 존엄성을 존중한다는 것은 인간이 분류되고, 점수화되고, 조건 지워지거나 조작될 수 있는 대상이 아니라 도덕적 주체로서 적절하게 대우한다는 것을 말한다. 따라서 인공지능 시스템은 인간의 신체적, 정신적 통일성, 정체성과 소속감, 인간의 본질적 욕구를 존중하고 기여하고 보호하는 방식으로 개발되어야 한다.

❷ 개인의 자유

인간은 스스로 자신의 삶을 결정할 수 있는 자유가 있어야 한다. 이것은 주권 침해로부터의 자유뿐만 아니라 배제된 개인이나 대중이 인공지능

의 편익과 기회에 공평하게 접근 할 수 있도록 정부 및 비정부 조직의 개입이 필요하다. 인공지능의 맥락에서 개인의 자유는 직(간)접적으로 정당하지 못한 강요, 정신적 자율성과 정신 건강에 대한 위협, 정당하지 못한 감시, 기만, 공정하지 못한 조작의 완화를 요구한다. 실제로 개인의 자유는 노동의 자유, 예술과 학문의 자유, 표현의 자유, 사적인 삶과 사생활의 권리, 집회 및 결사의 자유를 포함하여 자신의 삶을 보다 높은 수준으로 통제할 수 있도록 하는 것을 의미한다.

❸ 민주주의, 정의와 법치에 대한 존중

헌법 민주주의에서 모든 정부 권력은 법에 의하여 승인되고 제한된다. 인공지능 시스템은 민주적 과정을 유지하고 촉진하는 데 기여해야 하고, 개개인의 가치와 삶에 대한 선택의 다양성을 존중해야 한다. 인공지능 시스템은 민주적인 과정, 인간의 숙의, 민주적 선거 제도를 훼손해서는 안된다. 인공지능 시스템은 법치, 기본법과 규칙 위에 세워진 기본적인 전제를 훼손하는 방식으로 작동해서는 안된다는 것, 그리고 법 앞의 평등과 절차적 정당성을 보장해야 한다.

❹ 평등, 비차별, 연대성

위기에 처한 사람들의 권리도 포함되어야 한다. 모든 인간의 도덕적 가치와 존엄성은 공평하게 존중받아야 한다. 동등한 존중은 단순히 차별을 피하는 것을 넘어, 다양한 상황을 객관적으로 판단하여 구별할 수 있어야 한다. 인공지능의 관점에서 보면, 평등은 편향된 결과를 산출하는 불공정한 처리를 방지하는 것을 의미한다. 이를 위해, 인공지능 학습 데이터는 근로자, 여성, 장애인, 소수 민족 등 다양한 인구를 포괄적으로 반영해야 한다.

❺ 시민권

시민은 다양한 권리들로부터 편익을 얻는다. 그것은 투표권, 좋은 행정부를 가질 권리 또는 공공 문서에 대한 접근권, 행정 청원권 등을 포함한다. 인공지능 시스템은 공공재 및 서비스 제공에서 정부의 규모와 효율성을 향상시킬 수 있는 실질적인 잠재력을 제공한다. 반면 이와 동시에 시민의 권리는 인공지능 시스템에 의해 부정적인 영향을 받을 수 있으므로 보호되어야 한다. 여기서 "시민의 권리"라는 말이 사용될 때, 이 용어는 국제법 하에서, 그리고 인공지능 시스템 영역 안에서 권리를 가지고 있는 EU 안에서 제 3세계 국가나 비정규직(혹은 불법적)인 사람들의 권리를 부정하거나 무시하지 않는다는 것이다.

(2) 신뢰할 수 있는 인공지능의 4가지 윤리 원칙

많은 조직이나 개인, 연구소 등에게 인공지능의 윤리에 대한 많은 제안이 있다. 이와 같은 인공지능 윤리 원칙은 새로운 발상이며 구체적인 규제 도구로서 인공지능의 개발, 적용, 활용하는데 있어서 사회-기술적 환경에서 지속적으로 건강한 미래를 지키기 위한 최소한의 의지를 표현한 것이라고 할 수 있다. 인공지능 시스템은 개인과 집단적 안녕을 증진하여야 한다. 인공지능 4가지 윤리 원칙은 인공지능의 개발·적용·활용에 있어서 신뢰 할 수 있는 방식을 보장하기 위하여 존중되어야 한다. 그것은 1) 인간 자율성 존중(Respect for human autonomy) 2) 해악 금지(Prevention of harm) 3) 공정성(Fairness) 4) 설명가능성(Explicability)이다.

❶ 인간 자율성 존중 원칙

EU가 수립한 기본적인 권리는 인간의 자유와 자율성에 대한 존중을 보장한다. 인공지능과 상호작용하는 인간은 완전하고 효과적인 자기 결정을 스스로 내릴 수 있어야 하고, 민주적 과정에 함께할 수 있어야 한다. 인공지능 시스템은 부당하게 인간을 억압, 강요, 기만, 조작, 조건 지우거나 몰아가서는 안 된다. 오히려, 인공지능 시스템은 인간의 지적, 사회적, 문화적 능력을 향상시키고 보완하고 강화하도록 설계되어야 한다. 인간과 인공지능 시스템 간의 기능 할당은 인간 중심적 설계 원칙을 지켜야 하며 인간의 선택에 적절한 기회의 여지를 남겨야 한다. 이것은 인공지능 시스템의 작업 과정에 대한 인간의 감시를 확실히 해야 함을 말한다. 인공지능 시스템은 노동의 영역을 근본적으로 변화시키는데, 작업 환경에서 인간을 도와주고 의미 있는 작업을 만들어 내는 것을 목적으로 삼아야 한다.

❷ 해악 금지 원칙

인공지능 시스템은 해롭거나 부정적인 영향을 인간에게 주어서는 안 된다. 이는 인간의 존엄성과 신체적, 정신적 안전을 중심으로 한다. 인공지능과 그 환경은 안전하게 보호되어야 하며, 시스템은 기술적으로 견고해야 하고 악의적인 사용으로부터 멀리 있어야 한다. 취약한 집단은 특별히 보호되어야 하며, 인공지능의 모든 단계에서 이 원칙이 적용되어야 한다. 권력이나 정보의 불균형, 예를 들면 고용주와 피고용인, 사업체와 소비자, 정부와 시민 간의 관계에서, 인공지능은 부정적인 영향을 미치지 않도록 하여야 한다. 또한, 자연환경과 모든 생명체에도 해를 끼쳐서는 안 된다.

❸ 공정성 원칙

인공지능 시스템의 개발, 적용, 활용은 공정해야 한다. 공정성에 대한 다양한 해석이 있지만 그것은 크게 실질적 영역과 절차적 영역으로 대별할 수 있다. 실질적 공정성 영역은 편익과 비용의 평등하고 공정한 분배 보장, 개인과 집단이 불공정한 편견, 차별 및 낙인이 없도록 보장하는 것이다. 불공정한 편견을 피할 수 있다면 인공지능 시스템은 사회적 공정성을 증진할 수 있다. 교육, 재화, 서비스 그리고 기술에 대한 접근에서의 공평한 기회가 조성되어야 한다. 더욱이 인공지능 시스템의 사용으로 사람들이 속거나 선택의 자유가 훼손되어서는 안 된다. 부가적으로 공정성은 인공지능 실행자들이 수단과 목적 사이의 비례 원칙을 존중하고 경쟁적인 이해관계와 목적 간의 균형을 맞추는 방법을 신중하게 고려해야 함을 의미한다. 공정성의 절차적 영역은 인공지능 시스템과 그들을 다루는 인간에 의한 결정에 대하여 이의를 제기하거나 효율적인 배상을 청구할 수 있는 능력을 수반한다. 이렇게 하기 위해서는 결정을 위한 책임 있는 실체가 구분되어야 하고, 의사결정 과정은 설명할 수 있어야 한다.

④ 설명가능성 원칙

설명가능성은 인공지능 시스템에 있어서 사용자의 신뢰를 형성하고 유지하는 핵심이다. 그 과정은 투명해야 하고 인공지능 시스템의 능력과 목적은 공개적으로 소통하고 결정되어야 하며 최대한 가능한 만큼 직접적으로 간접적으로 영향을 받는 사람들에게 설명할 수 있어야 한다. 이러한 정보가 없다면, 어떤 결정은 정당하게 이의를 제기할 수 없게 될 것이다. 어떤 모델이 특정 결과나 결정을 생성한 이유(그리고 그에 기여한 입력 요인의 조합)에 대한 설명이 항상 가능한 것은 아니다. 이러한 경우를 '블랙박스(black box)' 알고리즘이라고 하며 특별히 주의해야 한다. 이러한 상황에서 시스템이 기본적인 권리를 존중한다면, 다른 설명가능한 척도(예를 들면, 추적 가능성, 감사가능성, 시스템의 능력에 대한 투명한 의사소통)가 필요할 수도 있다. 필요한 설명가능성의 정도는 출력에 오류가 있거나 부정한 결과의 심각성과 맥락에 크게 의존하게 된다.

위의 4가지 원칙 사이에 상호 이해관계에 대한 정답은 존재하지 않는다. EU의 기본적인 합의는 민주적 참여, 적절한 과정이나 절차의 구성, 공개적인 정치 참여, 이해관계를 다룰 수 있는 책임 있는 숙의 등이 필수적이다. 예를 들면 해악 금지원칙과 인간의 자율성 존중 원칙의 경우, 범죄 예방을 위하여 개인의 자유와 사생활을 침해하는 감시기술에 인공지능 시스템을 사용하는 것은 서로 상충될 수 있다. 공정성 원칙과 설명가능성 원칙의 경우, 기업에 설명가능성을 요구하는 것이 기업의 비밀을 드러내야 하는 문제와 충돌할 수 있다. 인공지능 시스템을 다루는 사람들은 위의 4가지 원칙에 기대어 합당한 해결책을 찾을 수는 없을 것이다. 그러므로 그들이 윤리적 딜레마에 다가가야 한다면 직관이나 임의적 결정보다는 이유와 증거에 근거한 성찰적 의사결정 사이에서 선택해야 할 것이다.

(3) 신뢰할 수 있는 인공지능 실현을 위한 7가지 요건

모든 요구 사항이 동일하게 중요하지만, 서로 다른 영역과 산업에 적용할 때 상황과 잠재적인 긴장을 고려해야 한다. 이러한 요구 사항의 구현은 AI 시스템의 전체 수명 주기 동안 일어가게 되며 특정 애플리케이션에 따라 다르다. 대부분의 요구 사항이 모든 AI 시스템에 적용되지만, 개인에게 직간접적으로 영향을 미치는 사람들에게 특별한 주의를 기울여야 한다. 다음 [그림 3-2]와 <표 3-2>는 신뢰할 수 있는 인공지능의 요구 조건에 대한 도식과 내용을 제시한 것이다.

[그림 3-2] 신뢰할 수 있는 AI 7가지 조건의 상호 관계

〈표 3-2〉 신뢰할 수 있는 인공지능 7가지 요구 조건 설명

요구 조건	설명
인간의 주도권과 감독 (Human agency and oversight)	AI 시스템은 인간 자율성 존중 원칙에 의도한대로 인간 자율성과 의사 결정을 지원해야 한다. 이를 위해서는 AI 시스템이 사용자의 주도권을 지원하고 기본권을 육성하여 민주적이고 번영하며 공평한 사회를 가능하게하고 인간의 감독을 허용해야 한다.
기술적 견고성과 안정성 (Technical Robustness and safety)	신뢰할 수 있는 AI를 달성하는 데 중요한 요소는 기술적 견고성이며, 이는 피해 방지 원칙과 밀접하게 관련되어 있다. 기술적 견고성을 위해서는 AI 시스템이 위험에 대한 예방적 접근 방식과 의도 한 대로 안정적으로 작동하는 동시에 의도하지 않은 예상치 못한 피해를 최소화하고 허용할 수 없는 피해를 방지하는 방식으로 개발되어야 한다. 이는 또한 운영 환경의 잠재적인 변화 또는 적대적인 방식으로 시스템과 상호 작용할 수 있는 다른 에이전트(인간 및 인공)의 존재에도 적용되어야 한다. 또한 인간의 육체적 정신적 통합성이 보장되어야 한다.
개인정보 보호 및 데이터 거버넌스 (Privacy and data governance)	개인정보 보호 및 데이터 보호에 대한 완전한 존중 외에도 데이터의 품질 및 무결성을 고려하고 데이터에 대한 합법적인 접근을 보장하는 적절한 데이터 거버넌스 메커니즘도 보장되어야 한다.

투명성 (Transparency)	데이터, 시스템 및 AI 비즈니스 모델은 투명해야 한다. 추적 메커니즘은 이를 달성하는 데 도움이 될 수 있다. 또한 AI 시스템과 그 결정은 관련 이해 관계자에게 적합한 방식으로 설명되어야 한다. 인간은 자신이 AI 시스템과 상호 작용하고 있음을 인식하고 시스템의 기능과 한계에 대해 알고 있어야 한다.
다양성, 비차별성, 공정성 (Diversity, non-discrimination and fairness)	불공정한 편견은 취약한 집단의 소외에서 편견과 차별의 악화에 이르기까지 여러 가지 부정적인 영향을 미칠 수 있으므로 피해야 한다. 다양성을 장려하는 AI 시스템은 장애에 관계없이 모든 사람이 접근할 수 있어야 하며 전체 수명주기 동안 관련 이해관계자가 참여해야 한다.
사회적, 환경적 복지 (Societal and environmental well-being)	AI 시스템은 미래 세대를 포함한 모든 인간에게 이익이 되어야 한다. 따라서 지속 가능하고 환경친화적인지 확인해야 한다. 더욱이 그들은 다른 생명체를 포함한 환경을 고려해야 하며, 그들의 사회적, 사회적 영향을 신중하게 고려해야 한다.
책무성 (Accountability)	AI 시스템과 그 결과에 대한 책임과 책임을 보장하기 위해 메커니즘을 마련해야 한다. 알고리즘, 데이터 및 설계 프로세스를 평가할 수 있는 감사 가능성은 특히 중요한 애플리케이션에서 핵심적인 역할을 한다. 또한 접근 가능한 적절한 구제책이 보장되어야 한다.

라. 중국의 차세대 AI정부 원칙 - 책임있는 AI 개발

중국은 정부 주도의 데이터, 인공지능(AI) 분야 대규모 투자·인력양성을 추진하고, 선도 기업을 지정해 산업별 특화플랫폼을 육성하고 있다. 중국 인공지능 전략 중추 역할을 하는 국가 차세대 인공지능 관리 특별 위원회는 '차세대 인공지능 관리 원칙'을 발표하고 인공지능 시스템 개발의 프레임과 실천 가이드라인을 제시했다. 이 원칙은 국가 차원에서 인공지능의 개발과 관련된 원칙들을 제시하는 것으로 인공지능의 윤리적 책임을 강조하는 국제 사회의 움직임에 참여하고 있는 것으로 보인다. 중국이 제안하고 있는 8가지 원칙은 다음과 같다.

〈표 3-3〉 중국 차세대 AI 정부 원칙

원칙	내용
화합과 우호	인공지능은 인류의 가치와 윤리에 부합해야 하고, 인류의 발전에 기여해야 하며, 그 오용은 피하고 남용은 금지되어야 한다.
공평과 공정	인공지능은 모든 이해당사자의 이익을 고려하고 평등한 기회를 제공해야 한다. 데이터 수집부터 알고리즘 설계, 기술 개발 및 적용 과정에서의 편향과 차별을 배제해야 한다.
포용과 공유	인공지능은 친환경 개발을 촉진하고, 모든 산업의 기술적 향상에 기여해야 한다. 특히 소외 계층에게 인공지능 교육이 이루어지도록 하여야 한다. 데이터와 플랫폼의 독점은 막아야 하며, 공개 및 규제 협력은 장려되어야 한다.
사생활 존중	개인정보는 보호되어야 하며, 수집하고 저장하고 처리하고 사용하는 인공지능 개발의 모든 부분에서 개인의 사생활 존중이 확립되어야 한다. 개인 데이터에 대한 권한 부여 취소 메커니즘이 확립되어야 한다.
안정성과 제어가능성	인공지능 개발은 투명하고 제어 가능해야 한다. 감독, 관리, 추적 및 모니터링 시스템은 점진적으로 이루어져야 한다.
공유된 책임	인공지능 개발자, 사용자 그리고 모든 이해당사자는 법과 윤리 그리고 규범을 존중해야 할 공동 책임이 있다. 개개인의 책임을 명확하게 하기 위해 인공지능에 대한 책임 체계가 확립되어야 한다.
개방과 협력	모든 분야의 개발에서 교류 및 협력이 장려되어야 한다. 인공지능 거버넌스는 국제 조직, 정부 분야, 조사 기관, 교육 기관, 기업, 사회조직, 일반 대중 간에 촉진되어야 한다.
민첩한 거버넌스	인공지능 제품 및 서비스의 모든 활동주기 동안 관리 메커니즘과 통제시스템은 지속적으로 향상되고 개선되어야 한다. 인공지능이 항상 인간 친화적으로 발전할 수 있도록 보다 진보된 인공지능에 잠재된 위험에 대한 연구가 진행되어야 한다.

마. 일본의 인공지능 윤리 정책

일본은 2016년 말부터 인공지능 윤리적 쟁점에 대하여 관심을 갖고 개발 가이드라인과 사회원칙을 제시하였다. 총무성은 2017년 4월 G7

장관 회의와 10월 AI국제 컨퍼런스에서 "AI개발 가이드라인"을 제시하였다. 내각부는 2018년 5월부터 인간 중심의 AI 사회원칙 검토회의를 총 8회에 걸쳐 "인간 중심의 AI사회원칙(안)"을 제시하였다[4].

(1) 총무성의 "인공지능 개발 가이드라인"

인공지능 시스템의 편익 증진과 위험 감소를 통해 인간 중심의 사회를 실현하는 것이 목적으로 인공지능 윤리 논의의 기초를 제시하였다. 이 개발 가이드라인은 3개 기준 9개의 원칙으로 다음과 같이 제시되었다.

〈표 3-4〉 일본의 AI 개발 원칙

분류	원칙	세부 내용
AI의 편익 증진 및 AI네트워크화 촉진	연계	AI 시스템의 상호접속성, 상호 운용성에 유의
AI의 위험 억제	투명성	AI 시스템 입출력의 검증 가능성과 판단 결과의 설명가능성에 유의
	제어 가능성	AI 시스템의 제어가능성에 유의
	안전	AI시스템이 이용자와 제 3자의 생명, 신체, 재산에 위해를 가하는 것이 없는지 유의
	보안	AI 시스템의 보안에 유의
	사생활	이용자와 제 3자의 사생활이 침해되지 않도록 유의
	윤리	인간의 존엄과 개인의 자율을 존중하도록 유의
이용자의 수용성 향상	이용자 지원	이용자에게 선택의 기회를 적절히 제공하는 것이 가능하도록 배려
	책임	개발자는 이용자를 포함한 이해관계자에 대한 책임을 완수하도록 노력

(2) 내각부의 "인간 중심의 AI 사회 원칙(안)"

2017년 내각부는 인공지능과 인간사회에 관한 윤리적·법적·경제적·교

4) 한지영, 김지은(2019). 인공지능 윤리 가이드라인. 지능정보사회 법제도 이슈리포트. 정보화진흥원.

육적 논점을 제시하였다. 윤리, 법, 제도, 경제, 사회적 영향 등 폭넓은 관점에서 인공지능의 미래를 조망하고 인공지능과 인간 사회의 관계에 대해 해결할 과제와 방향성을 제시하였다. 이를 바탕으로 2018년 "인간 중심 AI 사회 원칙(안)"을 제시하고 7가지 원칙(안)을 제안하였다. 여기에는 인간 중심 사회를 이루는 세 가지 가치를 "인간의 존엄성", "다양성", "지속성"으로 규정하고 이를 실현하기 위한 "AI-Ready 사회"의 모습을 5가지 관점에서 제시하였다. 인공지능의 사용 목적을 "사람", "사회 시스템", "산업 구조", "혁신 시스템", "거버넌스"로 규정하고 각각의 영역에 대한 인공지능의 개발 관점을 제안하였다. 다음은 인간 중심의 AI 사회에서의 7가지 원칙(안)을 정리한 것이다. 이 7가지 원칙(안)에 교육/교양 관련 내용이 포함되어 있으며, 인공지능에 대한 지식과 윤리, 활용 단계에서의 바람직한 교육 환경 등을 다음과 같이 제시하였다.

〈표 3-5〉 인간 중심의 AI 사회 7원칙(안)

사회 원칙	세부 내용
인간 중심의 원칙	– AI이용은 헌법과 국제 규범이 보장하는 기본적 인권을 침해하여서는 안됨 – AI는 인간의 노동의 일부를 대체하나, 고급 도구로서 인간을 보조하여 인간의 능력과 창의력을 확장 – AI 이용에 있어 사람이 어떻게 이용할지 판단과 결정을 요구하며, 결과에 대한 책임은 다양한 이해관계자가 적절히 분담 – 이해관계자는 '정보 약자'와 '기술 약자'를 배려하고 모든 사람이 AI의 혜택을 향유할 수 있도록 사용하기 쉽게 실현 필요
교육/교양의 원칙	– (이용자) AI 사회에서 사람들 간의 격차와 분단이 생기거나, 약자가 생기지 않게 하려면 올바른 지식과 윤리가 필요 – (개발자) 기초 AI 기술 습득 외의 개발과정에서의 윤리 의식을 포함한 사회, 과학 등 인문학 소양 습득 중요 – AI가 활용된 교육 환경은 기존의 일방적 교육에서 벗어나, 개인

	의 자율성을 극대화하며 유연하게 변화함으로써 낙오자를 없애는 교육 환경 구축 필요 – 교육 환경 정비를 위해 학교뿐만 아니라 민간 기업, 시민들이 주체성을 가지고 대처할 필요가 있음
개인정보 확보의 원칙	– 개인 데이터를 정밀하게 추정할 수 있으며, 이것은 개인정보 취급의 중요성이 강화된다는 것을 의미 – 개인의 자유, 존엄, 평등이 침해되지 않도록 함 – 기업이 수집하는 개인 데이터의 정확성, 정당성이나 이용자 참여 가능성 등을 확보하여, AI 기술의 편익 극대화 필요
보안 확보의 원칙	– AI의 자동화로 안전성이 향상되는 한편, 의도적인 공격이나 사건에 AI가 항상 적절하게 대응하는 것은 불가능하며, 새로운 위험이 생김 – AI 이용에 있어 위험의 정확한 평가와 위험을 줄이기 위한 연구를 추진하고 사이버 보안을 포함한 위험 관리 노력 – 항상 AI 이용의 지속 가능성에 유의
공정 경쟁 확보의 원칙	– 새로운 비즈니스 서비스 창출을 통한 지속적 경제 성장과 사회 문제의 해결책이 제시될 수 있도록 공정한 경쟁 환경 유지 필요 – 특정 국가에 AI에 대한 자원을 집중함으로써 지배적인 지위를 이용한 부당한 데이터 수집과 주권 침해가 이루어지는 사회 배제 – 특정 기업에 AI 자원이 집중되어 지배적인 지위를 이용한 부당한 수집과 불공정 경쟁이 이루지면 안됨 – AI를 이용해 부와 사회에 대한 영향력이 일부 이해관계자에게 치우치는 사회 방지
공정성, 책임 및 투명성의 원칙	– 부당한 차별이나 대우받지 않도록 공정하고 투명한 의사결정과 그 결과에 대한 책임이 적절하게 확보되며, 기술에 대한 신뢰성이 담보되어야 함 – AI설계 시 인종, 성별, 국적, 연령, 종교 등 다양한 배경을 이유로 부당한 차별을 받지 않도록 공평해야 함 – AI 데이터의 취득 방법과 사용법, 동작 결과의 적절성을 담보하는 구조 등 상황에 따른 적절한 설명 제공 필요 – 사람들이 AI의 제안을 이해하고 판단하기 위한 AI의 이용 · 채택 · 운용에 필요한 열린 대화의 장을 모색 – AI를 안심하고 활용하기 위한 신뢰성 확보 구조 확립
혁신의 원칙	– 다양한 지식, 관점에 따른 새로운 발상을 가능하게 하는 여러 인재와 함께 대학, 연구기관, 기업 간 대등한 협력 및 연계 추진 – AI의 품질, 신뢰성 확인, AI 개발, 시험, 운용 방법 등 AI공학 설립 추진 – AI기술의 건전한 발전을 위해 개인정보 보호 및 보안 유지를 전

	제로 모든 데이터가 독점되지 않고 상호 이용할 수 있는 환경 정비 – 정부는 AI기술 사회 구현을 위해 규제 개혁 추진

바. 호주에서의 인공지능 윤리

인공지능 기술이 인간에게 가져올 혁신적 변화에 대한 기대감과 더불어 개인과 사회적 권익에 대한 피해를 최소화하기 위한 균형을 갖춘 정책적 접근은 매우 중요하다. 인공지능 윤리에 대한 필요성이 강조되고 있는 현재, 호주에서의 인공지능에 대한 접근 방안은 우리나라에서의 인공지능 윤리에 대한 접근에 매우 시사하는 바가 크다. David Lindsay & Jane Hogan(2019)는 '호주의 관점에서 바라본 인공지능, 윤리 및 규제 과제'라는 논문에서'책임 있는 인공지능' 프레임워크에 대하여 논의하였다. 호주는 인공지능 기술이 가져올 부정적인 영향을 방지하기 위하여 규제나 윤리적 문제를 강조하기 보다는 국가의 체계적인 법적 프레임워크 및 문화를 고려하여야 한다고 주장하였다. 호주 연방 정부는 2018년에 인공지능 윤리 프레임워크에 관심을 가지고 '책임 있는 인공지능' 연구를 2,990만 호주 달러를 지원했다고 한다. 연방정부는 국가 윤리 프레임워크 개발을 호주국가과학연구센터(CSIRO) 산하기관인 '데이터61'에 위임했다. '데이터61'은 2019년 4월에 국가 윤리 프레임워크 개발에 관한 공청회의 근간이 되는 "인공지능:호주 윤리 프레임워크"라는 토론서를 발간하였다. 위 토론서에 제안한 윤리 프레임워크는 8대 원칙으로 다음과 같다.

〈표 3-6〉 호주의 인공지능 윤리 8대 프레임워크

윤리 원칙	세부 내용
순편익 창출	인공지능은 반드시 인간에게 비용보다 큰 편익을 창출해야 한다.
무해성	민간 인공지능 시스템은 사람을 해치거나 기만할 수 있게 설계해서는 안 된다.
규제 및 법 준수	인공지능은 관련 국내 및 국제적인 의무, 규제 및 법률을 모두 준수해야 한다.
개인정보 보호	인공지능 시스템은 개인정보가 안전하게 보호되고 보관된다는 점을 보장해야 할 뿐 아니라 피해를 줄 수 있는 데이터 유출 사고를 방지해야 한다.
공정성	인공지능의 개발이나 사용이 개인, 공동체 또는 집단에 대한 부당한 차별을 초래하여서는 안 된다.
투명성 및 설명가능성	사람들은 자신에게 영향을 미치는 알고리즘이 사용될 때 통보를 받아야 하고, 알고리즘이 어떤 정보를 이용하여 의사결정을 내리는지에 대한 정보를 제공받아야 한다.
이의제기 가능성	알고리즘의 영향을 받는 사람이 있을 때, 그가 알고리즘의 사용이나 결과에 이의를 제기할 수 있는 효율적인 절차가 마련되어야 한다.
책무성	인공지능을 만들고 사용하는 책임자와 조직이 누구인지를 알 수 있도록 해야 하고 해당 알고리즘이 미치는 영향에 대해 설명할 수 있어야 한다.

3.
우리나라 인공지능 윤리 대응 현황

가. 과학기술정통부 "지능정보사회 윤리 헌장"

2018년 지능정보사회 윤리 가이드라인은 '정보문화포럼'과 '한국지능정보사회진흥원'이 사회적 공론화 등을 위해 민관협력 차원의 윤리적 대응이 필요하다는 점을 강조하고 기존의 대부분의 윤리 지침이 대부분 개발자와 공급자에 치중되어 있는 반면 이용자의 오남용으로 인한 피해를 막을 수 있는 지침 및 제도, 교육 프로그램의 마련이 필요함을 강조하였다.

(1) 목적

인간 중심의 지능정보사회 구현을 위해, 지능정보기술 및 서비스 개발자, 공급자의 책임윤리 강화 및 이용자의 오남용 방지를 위한 지침을 제공하기 위함이다.

(2) 기본 방향

- 인간중심의 지능정보사회 구현을 위해 지능정보기술의 잠재적 위험으로부터 사회 시스템을 보호하는 사전 예방 원칙에 근거하여 인간의 복지, 권한, 자유의 확대라는 측면에서 지능정보기술로 인한 위험 요소들과 부작용을 최소화할 수 있는 윤리 규범 제시
- 윤리적 규율이 필요한 분야에 대해 구체적 행위 지침을 제시함으로써 관련 분야의 자율규제 환경 조성에 이바지하기 위함
- 시민 또는 이용자들의 참여와 권한 강화에 이바지하며, 이용자 역량 강화에 도움이 되도록 개발
- 지능정보기술이 인간의 도덕적 가치와 윤리 원칙의 관점에서 인간과 조화를 이루어야 하며, 궁극적으로 인간에게 도움이 되어야 하는 원칙 구현

(3) 공통원칙

지능정보기술의 복합적 특성(보편적 복지 기여, 사회 변화 야기, 자기

학습·진화 등)으로 인해 공공성, 책무성, 통제성, 투명성의 윤리적 원칙이 필요하다. 본 보고서에서는 아래 <표 3-7>과 같이 주로 이용자의 관점에서의 원칙을 정리하였다.

〈표 3-7〉 과학기술부 '지능정보사회 윤리 헌장'의 공통 원칙

공통 원칙	주요 내용
공공성 (Publicness)	지능정보기술은 가능한 많은 사람들에게 도움을 주어야 하며, 지능정보기술에 의해 창출된 경제적 번영은 모든 인류의 혜택을 위해 광범위하게 공유되어야 한다. – 악의적 이용 금지 – 공공의 이익을 위한 제품 개선에 참여 – 소비자 행동 원칙 준수의 일반화
책무성 (Accountability)	지능정보기술 및 서비스에 의한 사고 등의 책임 분배를 명확히 하고, 안전과 관련한 정보 공유, 이용자 권익보호 등 사회적 의무를 충실히 수행해야 한다. – 이용자 윤리 책임 숙지 – 책임을 제기할 수 있는 권리 – 안전 관련 정보공유와 제도화 요구의 권리 – 이용 제품의 교체, 갱신, 폐기 시 지침 준수
통제성 (Controllability)	지능정보기술 및 서비스에 대한 인간의 제어 가능성 및 오작동에 대한 대비책을 미리 마련하고, 이용자의 이용선택권을 최대한 보장하여야 한다. – 지능정보기술 이용 역량 강화 – 자의적 조작 금지
투명성 (Transparency)	기술개발, 서비스 설계, 제품 기획 등 의사결정 과정에서 이용자·소비자·시민 등의 의견을 반영하도록 노력해야 하며, 이용 단계에서 예상되는 위험과 관련한 정보를 공개 · 공유하고, 개인정보 처리의 전 과정은 적절하게 이루어져야 한다. – 설명을 요구할 권리 – 개인정보 활용에 대한 감시자의 의무 – 소비자 정보의 공유 의무

나. 방송통신위원회

방송통신위원회는 2019년 11월 11일 정보통신정책연구원과 함께 AI 시대 정부, 기업, 이용자 등 구성원이 지켜야 할 '이용자 중심의 지능정보서비스 기본 원칙'을 발표하였다. 이는 AI 시대 이용자의 권리와 이익이 충분히 보호될 수 있도록 정부·기업·이용자 등 구성원들이 함께 지켜가야 할 기본적인 원칙으로, 주요 기업과 분야별 전문가들이 자문에 참여했다. 지능정보서비스 기본 원칙의 주요 내용은 다음 <표 3-8>과 같다.

〈표 3-8〉 방송통신위원회의 '이용자 중심의 지능정보서비스 기본 원칙'

기본 원칙	주요 내용
사람 중심의 서비스 제공	지능정보서비스의 제공과 이용은 사람을 중심으로 그 기본적 자유와 권리를 보장하고 인간의 존엄성을 보호할 수 있는 방향으로 이루어져야 한다.
투명성과 설명가능성	지능정보서비스가 이용자에게 중대한 영향을 끼칠 경우 기업의 정당한 이익을 침해하지 않는 범위에서 이용자가 이해할 수 있도록 관련 정보를 작성해야 하며, 이용자 기본권에 피해를 유발했을 때 예측, 추천, 결정의 기초로 사용한 주요요인을 설명할 수 있어야 한다.
책무성	지능정보사회의 구성원들은 지능정보서비스의 올바른 기능과 사람 중심 가치의 보장을 위한 공동의 책임을 인식하고, 관련한 법령과 계약을 준수한다.
안전성	안전하고 신뢰 가능한 지능정보서비스의 개발과 이용을 위해 모두가 노력하고, 지능정보서비스가 초래할 수 있는 피해에 대한 자율적인 대비체계를 서비스 제공자와 이용자가 수립하고 운영한다.
차별금지	지능정보서비스가 사회적 · 경제적 불공평이나 격차를 초래할 수 있다는 점을 인식하고, 알고리즘 개발과 사용의 모든 단계에서 차별적 요소를 최소화할 수 있도록 노력한다.
참여	지능정보사회의 구성원들은 공적인 이용자 정책 과정에 차별 없이 참여할 수 있으며, 공적 주체는 제공자와 이용자가 실질적으로 의견을 제시할 수 있는 정기적인 통로를 조성해야 한다.

프라이버시와 데이터 거버넌스	지능정보서비스의 개발, 공급 및 이용의 전 과정에서 개인정보 및 프라이버시를 보호하며, 구성원들은 기술적 이익의 향유와 프라이버시 보호 사이의 균형을 위해 지속적인 의견 교환에 참여한다.

다. 과학기술정보통신부의 '국가 인공지능 윤리 기준(안)'

(1) 기본 방향

과학기술정보통신부는 2019년 11월 27일 '국가 인공지능 윤리 기준(안)'을 발표하고 의견 수렴을 통하여 2020년 12월에 확정안을 발표한다고 밝혔다.[5] 이 기준(안) 발표의 배경을 다음과 같이 제시하였다.

> 인공지능 기술의 발전·확산은 생산성·편의성을 높여 국가 경쟁력을 높이고 국민의 삶의 질을 높일 것으로 기대되지만, 한편으로는 기술 오용, 데이터 편향성과 같은 인공지능 윤리 이슈도 제기되고 있다. 본 윤리기준은 이러한 시대적 흐름을 고려하여 '인공지능 개발과 활용 전 단계에서 정부·공공기관, 인공지능 기술 개발자, 인공지능 기술을 활용한 제품·서비스 공급자·활용자 등 모든 사회 구성원이 사람중심의 인공지능' 구현을 위해 고려해야 할 기본적이고 포괄적인 기준을 제시하는 것을 목표로 한다.

이 기준(안)의 핵심 가치는 '사람중심의 인공지능' 구현을 위하여 '인간성(Humanity)'을 설정하고 있다. '인간성을 위한 인공지능(AI for Humanity)'의 주요 개념을 다음과 같이 설명하고 있다.

> 인간에게 유용할 뿐만 아니라 나아가 인간 고유의 성품을 훼손하지 않고 보존하고 함양하도록 개발되고 활용되어야 한다. 인공지능은 인간의 정신과 신체에 해롭지 않도록 개발되고 활용되어야 하며, 개인의 윤택한 삶

5) 과기정통부(2019.11.27.). 보도자료 "사람이 중심이 되는「국가 인공지능 윤리기준」(안)" 공개. 과학기술부정보통신부 홈페이지

> 과 행복에 이바지하며 사회를 긍정적으로 변화하도록 이끄는 방향으로 발전되어야 한다. 또한 인공지능은 사회적 불평등 해소에 기여하고 주어진 목적에 맞게 활용되어야 하며, 목적의 달성 과정 또한 윤리적이어야 하고, 궁극적으로 인간의 삶의 질 및 사회적 안녕과 공익 증진에 이바지하도록 개발되고 활용되어야 한다.

국가 인공지능 윤리 기준은 3대 기본 원칙과 10대 핵심 요건을 제시한다. 3대 기본 원칙으로서 1) 인간 존엄성 원칙 2) 사회의 공공선 원칙 3) 기술의 합목적성 원칙이다. 그리고 10대 핵심 요건은 기본 원칙을 실현할 수 있는 세부 요건으로서 인공지능 전체 생명 주기에 걸쳐 충족되어야 할 10가지 핵심 요건을 다음 [그림 3-3]과 같이 제시하고 있다.

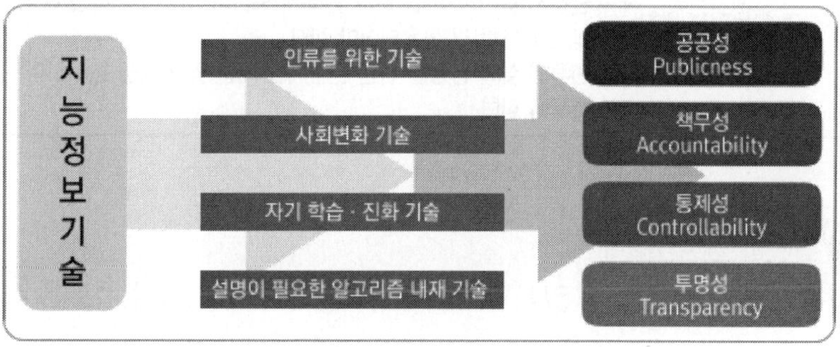

[그림 3-3] 지능정보사회 윤리헌장 프레임워크

(2) 3대 기본 원칙

인공지능 개발 및 활용 과정에서 고려될 3대 원칙은 다음 <표 3-9>와 같다.

〈표 3-9〉 국가 인공지능 윤리 기준 3대 원칙

원칙	주요 내용
인간 존엄성 원칙	– 인간은 신체와 이성이 있는 생명체로 인공지능을 포함하여 인간을 위해 개발된 기계제품과는 교환 불가능한 가치가 있다. – 인공지능은 인간의 생명은 물론 정신적 및 신체적 건강에 해가 되지 않는 범위에서 개발 및 활용되어야 한다. – 인공지능 개발 및 활용은 안전성과 견고성을 갖추어 인간에게 해가 되지 않도록 해야 한다.
사회의 공공선 원칙	– 공동체로서 사회는 가능한 한 많은 사람의 안녕과 행복이라는 가치를 추구한다. – 인공지능은 지능정보사회에서 소외되기 쉬운 사회적 약자와 취약 계층의 접근성을 보장하도록 개발 및 활용되어야 한다. – 공익 증진을 위한 인공지능 개발 및 활용은 사회적, 국가적, 나아가 글로벌 관점에서 인류의 보편적 복지를 향상시킬 수 있어야 한다.
기술의 합목적성 원칙	– 인류의 삶에 필요한 도구인 인공지능 기술은 사용자의 목적과 의도에 따른 고유한 목적과 수단적 가치를 지닌다. – 인공지능은 궁극적으로 인간에게 도움이 되어야 한다는 목적에 맞도록 개발 및 활용되어야 한다. – 인류의 삶과 번영을 위한 인공지능 개발 및 활용을 장려하여 진흥해야 한다.

(3) 10대 핵심 요건

기본원칙을 실현할 수 있는 세부 요건으로서 10가지 핵심 내용은 <표 3-10>과 같다.

〈표 3-10〉 국가 인공지능 윤리 10대 핵심 요건

핵심 요건	주요 내용
인권보장	– 인공지능의 개발과 활용은 모든 인간에게 동등하게 부여된 권리를 존중하고, 다양한 민주적 가치와 국제 인권법 등에 명시된 권리를 보장하여야 한다. – 인공지능의 개발과 활용은 인간의 권리와 자유를 침해해서는 안 된다.
프라이버시 보호	– 인공지능을 개발하고 활용하는 전 과정에서 개인의 프라이버시를 보호해야 한다.

	– 인공지능 전 생애주기에 걸쳐 개인정보의 오용을 최소화하도록 노력해야 한다.
다양성 존중	– 인공지능 개발 및 활용 전 단계에서 사용자의 다양성과 대표성을 반영해야 하며, 성별 · 연령 · 장애 · 지역 · 인종 · 종교 · 국가 등 개인 특성에 따른 편향과 차별을 최소화하고, 상용화된 인공지능은 모든 사람에게 공정하게 적용되어야 한다. – 사회적 약자 및 취약 계층의 인공지능 기술 및 서비스에 대한 접근성을 보장하고, 인공지능이 주는 혜택은 특정 집단이 아닌 모든 사람에게 골고루 분배되도록 노력해야 한다.
침해금지	– 인공지능을 인간에게 직간접적인 해를 입히는 목적으로 활용해서는 안 된다. – 인공지능이 야기할 수 있는 위험과 부정적 결과에 대응 방안을 마련하도록 노력해야 한다.
공공성	– 인공지능은 개인적 행복 추구뿐만 아니라 사회적 공공성 증진과 인류의 공동 이익을 위해 활용해야 한다. – 인공지능은 긍정적 사회변화를 이끄는 방향으로 활용되어야 한다.
연대성	– 다양한 집단 간의 관계 연대성을 유지하고, 미래세대를 충분히 배려하여 인공지능을 활용해야 한다. – 인공지능 전 주기에 걸쳐 다양한 주체들의 공정한 참여 기회를 보장하여야 한다. – 윤리적 인공지능의 개발 및 활용에 국제사회가 협력하도록 노력해야 한다.
데이터 관리	– 개인정보 등 각각의 데이터를 그 목적에 부합하도록 활용하고, 목적 외 용도로 활용하지 않아야 한다. – 데이터 수집과 활용의 전 과정에서 데이터 편향성이 최소화되도록 데이터 품질과 위험을 관리해야 한다.
책무성	– 인공지능 개발 및 활용과정에서 책임주체를 설정함으로써 발생할 수 있는 피해를 최소화하도록 노력해야 한다. – 인공지능 설계 및 개발자, 서비스 제공자, 사용자 간의 책임소재를 명확히 해야 한다.
안전성	– 인공지능 개발 및 활용 전 과정에 걸쳐 잠재적 위험을 방지하고 안전을 보장할 수 있도록 노력해야 한다. – 인공지능 활용 과정에서 명백한 오류 또는 침해가 발생할 때 사용자가 그 작동을 제어할 수 있는 기능을 갖추도록 노력해야 한다.
투명성	– 사회적 신뢰 형성을 위해 타 원칙과의 상충관계를 고려하여 인공지능 활용 상황에 적합한 수준의 투명성과 설명가능성을 높이려는 노력을 기울여야 한다.

	- 인공지능기반 제품이나 서비스를 제공할 때 인공지능의 활용 내용과 활용 과정에서 발생할 수 있는 위험 등의 유의사항을 사전에 고지해야 한다.

라. 카카오의 인공지능 알고리즘 윤리 규범

카카오는 인공지능 기술 개발과 윤리에 관한 알고리즘 규범인 "카카오 알고리즘 윤리 헌장"을 2018년 1월 31일 발표하였다. 카카오 알고리즘 윤리 헌장의 배경은, 인공지능 기술이 인간 사회를 위협할 수 있다는 인식에서 출발한다. 인공지능은 알고리즘으로 동작하고 인간은 알고리즘을 설계한다. 그러므로 AI 알고리즘을 설계할 때 윤리 규범을 적용할 필요를 제시하였다. 카카오에 따르면, 알고리즘 개발과정에서의 윤리적 문제를 네 가지로 제시하였다. 첫째, 알고리즘을 개발하는 사람이 의도적으로 결과 값에 차별적인 결과가 나오도록 개입할 수 있다. 둘째, 알고리즘 학습에 쓰이는 데이터는 개인의 일상 기록이거나 그와 관련이 있는 자료이므로 데이터 수집 및 과정에서 개인의 프라이버시 침해 등 문제가 일어날 수 있다. 셋째, 악의적 의도로 만든 알고리즘이 통제 불가능 상태가 되면, 인류에 해를 끼칠 수 있다. 넷째, 알고리즘의 원리와 작동 방식에 대한 정보를 전부 투명하게 공개하지는 않는다. 카카오의 알고리즘 윤리 헌장의 내용은 다음과 같다.

〈표 3-11〉 ㈜카카오의 '알고리즘 윤리 헌장'

원칙	선언문	내용
카카오 알고리즘의 기본 원칙	카카오는 알고리즘과 관련된 모든 노력을 우리 사회 윤리 안에서 다하며, 이를 통해 인	카카오는 알고리즘 개발을 통해 카카오 서비스를 직·간접적으로 이용하는 사람들이 편익을 누리고, 보다 행복해지는 데 기여하고자 합니다. 알고리즘 개발 및 관리와 관련된 일련의

	류의 편익과 행복을 추구한다.	과정에서 카카오의 노력은 우리 사회의 윤리 원칙에 부합하는 방향으로 이뤄질 것입니다.
차별에 대한 경계	알고리즘 결과에서 의도적인 사회적 차별이 일어나지 않도록 경계한다.	카카오는 다양한 가치가 공존하는 사회를 지향합니다. 카카오의 서비스로 구현된 알고리즘 결과가 특정 가치에 편향되거나 사회적인 차별을 강화하지 않도록 노력하겠습니다.
학습 데이터 운영	알고리즘에 입력되는 학습 데이터를 사회 윤리에 근거하여 수집·분석·활용한다.	카카오는 알고리즘의 개발 및 성능 고도화, 품질 유지를 위한 데이터 수집, 관리 및 활용 등 전 과정을 우리 사회의 윤리를 벗어나지 않는 범위에서 수행하겠습니다.
알고리즘의 독립성	알고리즘이 누군가에 의해 자의적으로 훼손되거나 영향받는 일이 없도록 엄정하게 관리한다.	카카오는 알고리즘이 특정 의도의 영향을 받아 훼손되거나 왜곡될 가능성을 차단하고 있습니다. 앞으로도 카카오는 알고리즘을 독립적이고 엄정하게 관리할 것입니다.
알고리즘에 대한 설명	이용자와의 신뢰 관계를 위해 기업 경쟁력을 훼손하지 않는 범위 내에서 알고리즘에 대해 성실하게 설명한다.	카카오 서비스는 사람과 사람, 사람과 기술을 한층 가깝게 연결함으로써 그 목표에 다가가고자 합니다. 카카오는 모든 연결에서 이용자와의 신뢰 관계를 소중하게 생각합니다. 이를 위해 더 나은 가치를 지속적으로 제공하는 기업으로서, 이용자와 성실하게 소통하겠습니다.
기술의 포용성	알고리즘 기반의 기술과 서비스가 우리 사회 전반을 포용할 수 있도록 노력한다.	카카오는 우리 사회의 모든 구성원이 우리의 기술과 서비스를 통해 함께 성장하는 미래를 지향합니다. 알고리즘은 그 자체에 내재된 특성으로 인해 의도하지 않은 사회적 소외를 초래할 수 있습니다. 카카오는 이러한 역기능에 민감할 뿐만 아니라, 알고리즘을 활용하여 사회적 취약 계층의 편익과 행복을 증진할 수 있는 방안에도 주의를 기울이겠습니다.
아동과 청소년에 대한 보호	카카오는 아동과 청소년이 부적절한 정보와 위험에 노출되지 않도록 알고리즘 개발 및 서비스 디자인 단계부터 주의한다.	카카오는 우리 사회의 미래인 아동과 청소년이 깨끗하고 건강한 디지털 세상에서 건강한 인격체로 성장할 수 있도록 노력하고 있습니다. 카카오는 정신적·신체적으로 유해할 수 있는 정보와 위험으로부터 아동과 청소년을 보호하기 위한 환경을 조성하도록 부단한 관심과 자원을 쏟겠습니다.

4.
인공지능 윤리 문헌에서의 핵심 가치

인공지능 윤리(허유선외, 2020)는 인공지능 연구, 개발, 적용, 폐기 등과 관련한 인공지능 기술의 전체 단계에서 인공지능을 둘러싼 규범적 문제를 연구한다. 근본적인 가치, 방향성, 원칙의 문제와 더불어, 인공지능이 사회에서 윤리적으로 활용되는 것을 보장하기 위한 응용 윤리적 논의 등 다양한 층위의 윤리적 연구를 포함한다. 실천적 측면에서, 인공지능 윤리는 사회에 미치는 윤리적 영향, 인간의 기본권 및 근본적 자유와 관련된 함의를 다루고, 설명 틀과 가이드라인을 제시하는 데 초점을 맞춘다.

인공지능 관련 문헌에서 다루고 있는 핵심가치는 인간성(Humanity), 프라이버시(Privacy), 책무성(Accountability), 공정성(Fairness), 투명성(Transparency), 안전(Safety) 등이다. 이와 같은 가치들은 인공지능 기술과 관련된 다양한 윤리적 문제들을 포함하고 있다(허유선외, 2020).

인간성(Humanity)은 인간적 가치의 지속 혹은 증진의 문제와 관련되어 있다. 인공지능 기술의 발전은 인간의 본질적 가치, 안녕, 복지, 존엄, 자율성 등을 지속시키거나 증진시킬수도 있으나 매우 극단적으로 유연화된 노동을 강제 받는 클릭워커[6](Click Worker)와 같이 인간의 기본권을 침해할 가능성이 있다. 프라이버시(Privacy)는 개인정보의 보호의 문제와 관련된 사안들이다. 개인들로부터 수집된 빅데이터를

6) 클릭 워커는 마우스 또는 키보드 클릭 당 인건비를 계산해서 대가를 지불받는 임시직 노동자를 말한다.

분석하는 인공지능은 개인들의 사생활을 노출시키고 침해할 가능성이 있다. 개인의 사적인 정보들을 어느 수준까지 공개할 것인지에 대한 논의가 필요하다. 책무성(Accountability)은 인공지능이 동작한 결과에 대한 책임을 누가 질 것인가에 관한 것이다. 인공지능으로 인하여 발생한 문제의 책임 소재를 밝혀 그 이유에 대하여 명료하게 설명할 수 있도록 해야 한다는 것이다. 공정성(Fairness)은 차별과 편견 방지와 관련된 것이다. 인공지능은 인간의 행동에 의하여 발생된 데이터를 입력으로 작동한다. 인공지능에 입력되는 데이터에 주의를 기울이지 않으면 인종, 젠더, 지역 등에 대한 불평등과 차별이 분석의 결과로 나타날 수 있다는 점이다. 투명성(Transparency)은 설명 가능한 인공지능에 관한 것이다. 인공지능이 어떤 사고 과정을 통하여 의사결정이 이루어졌는지를 투명하게 밝혀야 한다는 점이다. 인공지능 알고리즘의 작동 과정 및 추론 결과가 투명하게 공개되어야 인공지능에 대한 사회적 신뢰가 쌓일 것이다. 안전(Safety)은 인공지능 기술이 얼마나 견고한가와 관련된다. 인공지능 시스템이 의도하지 않은 나쁜 결과를 가져올 수 있다면 이용할 수 없을 것이다. 인공지능 시스템의 오류나 불일치 등에 대한 안정성을 위한 높은 수준의 기술적 견고성을 요구하는 것이다.

5.
맺음말

인공지능(AI)의 발전은 혁신적인 기회를 제공하지만, 동시에 새로운 윤리적 도전을 야기하기도 한다. AI 설계와 개발에서 지켜야 할 주요 윤리 원칙들을 정리해 보았다. ① 공정성: AI는 모든 사용자에게 공정하게 대응해야 한다. 데이터 편향을 최소화하고, 차별 없이 서비스를 제공해야 한다. ② 투명성: AI의 동작 원리와 의사결정 과정은 명확하고 이해하기 쉬워야 한다. 사용자는 AI가 어떻게 그 결론에 도달했는지 알 권리가 있다. ③ 개인정보 보호: AI는 사용자의 개인정보와 데이터를 존중하고 보호해야 한다. 불필요한 정보 수집은 피하고, 수집된 정보는 안전하게 보관하여야 한다. ④ 책임성: AI의 결정 또는 행동으로 인한 결과에는 항상 책임이 따른다. 오류 발생 시, 개발자와 이용자 모두 해당 결과에 대한 책임을 인식해야 한다. ⑥ 가치 존중: AI는 인간의 가치와 권리를 존중해야 한다. 기술이 인간의 존엄성, 자유, 평등을 침해해서는 안 된다. 이러한 원칙들은 AI의 건강한 발전을 위한 기초이다. 인공지능 윤리는 단순히 기술 문제만을 넘어서, 사회, 경제, 문화적 측면에서의 중요성을 갖는다. 따라서 AI 개발자와 사용자 모두 이 원칙들을 깊이 이해하고 실천할 수 있는 역량을 갖추어야 한다.

참고문헌

- 양희태 외(2018). 인공지능 기술 전망과 혁신정책 방향 정책연구 2019-13. 과학기술정책연구원.
- 허유선, 이연희, 심지원(2020). 왜 윤리인가: 현대 인공지능 윤리 논의의 조망, 그 특징과 한계. 인간,환경,미래(24), 165-209.
- David Lindsay, Jane Hogan, 김태오(2019). [국문번역문]호주의 관점에서 바라본 인공지능, 윤리 및 규제 과제. 경제규제와 법, 12(2). pp.128-136.
- Defense Innovation Board(2019). AI Principles: Recommendations on the Ethical Use of Artificial Intelligence by the Department of Defense. URL: https://media.defense.gov/2019/Oct/31/2002204459/-1/-1/0/DIB_AI_PRINCIPLES_SUPPORTING_DOCUMENT.PDF
- Fjeld, Jessica, Nele Achten, Hannah Hilligoss, Adam Nagy, and Madhulika Srikumar. "Principled Artificial Intelligence: Mapping Consensus in Ethical and Rights-based Approaches to Principles for AI." Berkman Klein Center for Internet & Society, 2020
- 과기정통부(2019.11.27.). 보도자료 "사람이 중심이 되는 「국가 인공지능 윤리기준」(안)" 공개. 과학기술부정보통신부 홈페이지
- 대한민국 정책브리핑, https://www.korea.kr/special/policyCurationView.do?newsId=148868542
- 양희태, 최범상, 이제영, 장훈, 백서인, 김단비(2018). 인공지능 기술 전망과 혁신정책 방향, 국가 인공지능 R&D 정책 개선방안을 중심으로. 과학기술정책연구원.
- 한국정보화진흥원(2018). 지능정보사회 윤리 가이드라인. 한국정보문화진흥원.

- 한지영, 김지은(2019). 인공지능 윤리 가이드라인. 지능정보사회 법제도 이슈리포트. 정보화진흥원.
- 허유선, 이연희, 심지원(2020). 왜 윤리인가: 현대 인공지능 윤리 논의의 조망, 그 특징과 한계. 인간, 환경, 미래(24), 165-209.
- 황선영(2020). 인공지능 윤리원칙 보고서: 하버드 법대 버크만 센터의 'Principled Artificial Inteligence'을 중심으로. 정보통신 방송 정책. 제32권 6호, 통권 701호.

4장
버크만 센터의 인공지능 윤리 원칙

1. 인공지능 윤리 연구 배경

2020년 1월 하버드 대학교의 '인터넷과 사회를 위한 버크만 클라인 센터(The Berkman klein Center for Internet & Society at Harvard university, 이하 버크만 센터)'는 그 동안 세계에서 발표된 AI 윤리 원칙을 분석하여 보고서를 제출하였다. 2016년부터 국가, 민간, 시민사회, 국제 기구 등에서 인공지능에 대한 일련의 원칙을 작성하여 배포하였다. 그것은 대부분 윤리적, 권리 존중, 사회적으로 유익한 AI에 대한 지침을 제시하였다. 버크만 센터는 2016년부터 2019년 사이에 AI 윤리와 관련된 36개의 문서를 선정하고 분석하여 그 과정에서 영역별 규범에 대한 동향을 찾아내고자 하였다. 아래 [그림 4-1]은 인공지능 윤리 원칙을 발표한 기관을 시간 순에 따라 배치한 것이다.

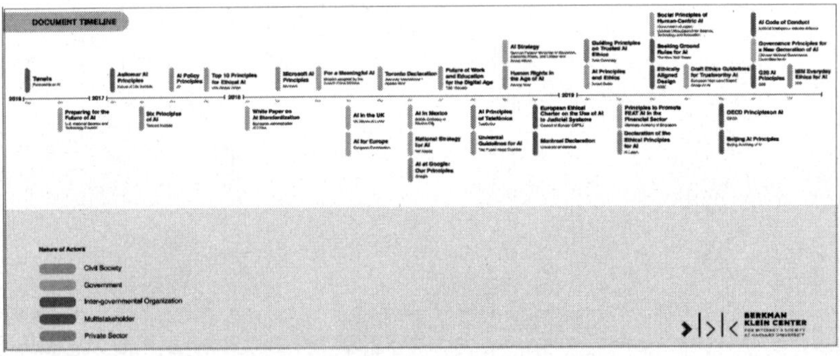

[그림 4-1] Berkman Klein Center의 분석 문서 시간 배열

다음 <표 4-1>은 버크만 센터에서 분석한 36개 문서의 목록을 제시한 것이다. 분석 문서는 크게 시민사회단체 5개, 정부 기관 13개, 정부 간

기구 3개, 복수 이해관계자 7개, 민간기관 8개 등이 발표한 문서를 포함하고 있다.

〈표 4-1〉 버크만 센터의 윤리 원칙 분석 문서(2020.1)

분류(개수)	윤리 원칙 문서
시민사회 (5)	1. UNI Global Union(2017.12). "Top 10 Principles for Ethical AI" 2. Amnesty International |Access Now(2018.5). "Toronto Declaration" 3. T20:Think20(2018.7). "Future of Work and Education for the Digital Age" 4. The Public Voice Coalition(2018.10). "Universal Guidelines for AI" 5. Access Now(2018.11). "Human Rights in the Age of AI"
정부기관 (13)	1. U.S. National Science and Technology Council(2016.10). "Preparing for the Future of AI" 2. Standards Administration of China(2018.1). "White Paper on AI Standardization" 3. Mission assigned by the French Prime Minister(2018.3). "For a Meaningful AI" 4. UK House of Lords(2018.4). "AI in the UK" 5. European Commission(2018.4). "AI for Europe" 6. British Embassy in Mexico City(2018.6). "AI in Mexico" 7. Niti Aayog(2018.6). "National Strategy for AI" 8. German Federal Ministries of Education, Economic Affairs, and Labour and Social Affair(2018.11). "AI Strategy" 9. Smart Dubai(2019.1). "AI Principles and Ethics" 10. Monetary Authority of Singapore(2019.1). "Principles to Promote FEAT AI in the Financial Sector" 11. Government of Japan ; Cabinet Office ; Council for Science, Technology and Innovation(2019.3). "Social Principles of Human-Centric AI" 12. European High Level Expert Group on AI(2019.4). "Draft Ethics Guidelines for Trustworthy AI" 13. Chinese National Governance Committee for AI(2019.6). "Governance Principles for a New Generation of AI"
정부 간 기구 (3)	1. Council of Europe: CEPEJ(2018.12). "European Ethical Charter on the Use of AI in Judicial Systems" 2. OECD(2019.5). "OECD Principles on AI" 3. G20(2019.6). "G20 AI Principles"

복수 이해관계자(7)	1. Partnership on AI(2016.9). "Tenets" 2. Future of Life Institute(2017.1). "Asilomar AI Principles" 3. University of Montreal(2018.12). "Montreal Declaration" 4. IEEE(2019.3). "Ethically Aligned Design" 5. The New York Times(2019.3). "Seeking Ground Rules for AI" 6. Beijing Academy of AI(2019.5). "Beijing AI Principles" 7. Artificial Intelligence Industry Alliance(2019.6). "AI code of Conduct"
민간 영역 (8)	1. Tencent Institute(2017.4). "Six Principles of AI" 2. ITI(2017.10). "AI Policy Principles" 3. Microsoft(2018.2). "Microsoft AI Principles" 4. Google(2018.6). "AI at Google: Our Principles" 5. Telefónica(2018.10). "AI Principles of Telefónica" 6. Telia Company(2019.1). "Guiding Principles on Trusted AI Ethics" 7. IA Latam(2019.2). "Declaration of the Ethical Principles for AI" 8. IBM(2019.10). "IBM Every day Ethics for AI"

버크만 센터는 36개의 문서로부터 48개의 원칙을 도출하고 이를 공통된 8개의 범주로 [그림 4-2]와 같이 분류하였다. 그것은 ① 개인정보보호(Privacy) ② 책무성(Accountability) ③ 안전과 보안(safety and Security) ④ 투명성과 설명가능성(Transparency and Explainability) ⑤ 공정성과 비차별성(Fairness and Non-discrimination), ⑥ 기술 통제권(Human Control of Technology), ⑦ 전문가 책임(Professional Responsibility) ⑧ 인적 가치 증진(Promotion of Human Values) 등이다.

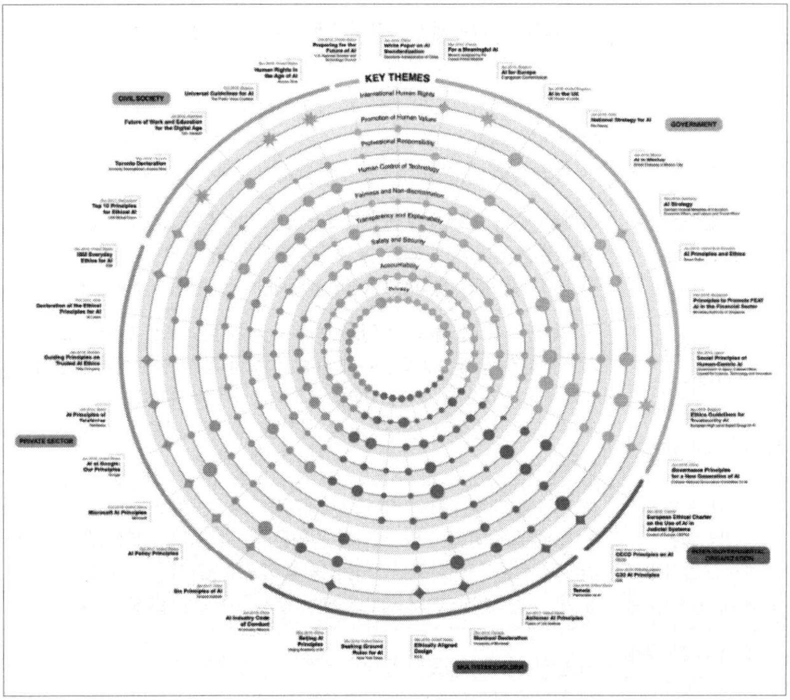

[그림 4-2] AI 원칙에 대한 윤리 및 인권 중심의 접근 지도

2.
버크만 센터의 AI 윤리
8가지 범주

버크만 센터의 AI 윤리 8가지 범주에 대한 주요 개념은 다음 <표 4-2>와 같다.

〈표 4-2〉 버크만 센터의 AI 윤리 8가지 범주

주요 원칙	핵심 개념
개인정보 보호 (Privacy)	이 원칙은 AI 시스템이 기술 시스템 개발을 위해 데이터를 사용하고 영향을 받은 사람들에게 데이터 및 데이터로 내린 결정에 대한 정보

	를 제공함으로써 개인의 프라이버시를 존중해야 한다는 생각을 나타낸다. 개인정보 보호 원칙은 전체 문서의 97%에 나타난다.
책무성 (Accountability)	이 원칙은 AI 시스템의 영향에 대한 책임이 적절히 분배되고 올바른 구제책이 제공되도록 하는 메커니즘의 중요성에 관한 원칙이 포함된다. 책무성은 데이터 세트에 있는 문서의 97%에 나타난다.
안전과 보안 (safety and Security)	이 원칙은 AI 시스템이 안전하고 의도한대로 작동하며 안전하고 승인되지 않은 당사자에 의해 손상되지 않도록 하는 요구 사항을 표현한다. 안전 및 보안 원칙은 데이터 세트 문서의 81%로 나타난다.
투명성과 설명가능성 (Transparency and Explainability)	이 원칙은 AI 시스템의 운영을 이해 가능한 출력으로 변환하고 어디서, 언제, 어떻게 사용되는지에 대한 정보를 제공하는 것을 포함하여 감독을 허용하도록 AI 시스템을 설계하고 구현해야 하는 요구 사항을 명시한다. 투명성과 설명가능성 원칙은 데이터 세트 문서의 94%에 나타난다.
공정성과 비차별성 (Fairness and Non-discrimination)	AI 편견에 대한 우려가 이미 전 세계적으로 개인에게 영향을 미치고 있기 때문에 공정성 및 비차별 원칙은 AI 시스템을 설계하고 사용하여 공정성을 극대화하고 포용성을 높이도록 요구한다. 공정성 및 차별 금지 원칙은 데이터 세트에 있는 문서의 100%에 나타난다.
기술에 대한 통제 (Human Control of Technology)	이 원칙 하에서 중요한 결정은 사람이 검토해야 한다. 인간의 기술 통제 원칙은 데이터 세트 문서의 69%에 나타난다.
전문가 책임 (Professional Responsibility)	이 원칙은 AI 시스템의 개발 및 배포에 관여하는 개인이 시스템의 영향에 미치는 중요한 역할을 인식하고 적절한 이해 관계자와 협의하고 장기적인 효과를 계획 할 수 있도록 전문성과 무결성을 요구한다. 전문가 책임 원칙은 데이터 세트에 있는 문서의 78%에 나타난다.
인적 가치 증진 (Promotion of Human Values)	인간 가치 원칙은 AI가 전념하는 목적과 이를 구현하는 수단이 우리의 핵심 가치와 일치해야 하며 일반적으로 인류의 복지를 증진해야한다고 명시한다. 인적 가치 증진 원칙은 데이터 세트 문서의 69%에 나타난다.

버크만 센터의 인공지능 윤리 원칙 8가지를 상세히 설명하면 다음과 같다. 윤리원칙의 세부 사항과 반영 비율 및 주요 내용을 제시하였다.

가. 개인정보 보호

AI 기술 발전은 개인정보 수집, 보관, 처리 등에 많은 영향을 미치고 있으며 사생활 침해와 개인정보 보호에 대한 논의가 매우 중요함을 지적한다. 개인정보 보호와 관련한 동의를 포함하여 다양한 원칙을 다음 <표 4-3>과 같이 제시하였다.

〈표 4-3〉 개인정보 보호와 관련된 AI 윤리 원칙

원칙	반영 비율(%)	주요 내용
동의 (Consent)	25	개인정보 활용 시, 이 사실을 안내 · 통지하고 동의를 구한 후 사용해야 함
정보 사용 통제 (Control over Use of Data)	42	자신의 정보가 어떠한 이유와 방식으로 사용되는지 결정할 수 있어야 함
정보처리 제한 능력 (Ability to Restrict Processing)	11	인공지능과 관련된 개인정보 처리를 제한 · 통제할 수 있어야 함
정보 정정권 (Right to Rectification)	8	데이터컨트롤러(Data Controller)가 보유한 정보가 부정확하거나 불완전한 경우, 사람들이 이를 수정할 권리가 있어야 함
정보삭제권 (Right to Erasure)	6	자신의 개인정보를 삭제할 수 있는 법적 강제력이 있는 권리가 있어야 함
설계에 의한 개인정보 보호 (Privacy by Design)	17	AI 개발자와 운영자가 AI 시스템 구축과정 및 정보(사용) 라이프사이클 전체를 고려하여 개인정보를 보호할 의무가 있음(이를 '설계에 의한 데이터보호'라고도 함)
개인정보 보호법 (Recommends Data Protection Laws)	17	AI 기술발전으로 인해 개인정보 보호를 위한 새로운 정부규제가 필요함
개인정보 보호 (기타/일반) (Privacy-Other/General)	92	인권 · 권리 관련 논의 중 예시로 개인정보 보호가 논의될 때 사용된 분류를 위해 인권 · 권리 문제 외에도, 국제적 경쟁력과 기업적 의무 등과 같은 이유로 개인정보 보호를 옹호하는 내용 등이 담김

나. 책무성

책무성은 인간이 아닌 AI에 의한 의사결정에 대한 책임을 누가 질 것인가에 대한 내용이다. 다음 <표 4-4>는 AI의 책무성을 높이기 위한 다양한 분야의 검토 가능한 원칙들이 제시되었다.

〈표 4-4〉 책무성과 관련된 AI 윤리 원칙

원칙	반영 비율(%)	주요 내용
검증 및 복제 가능성(Verifiability & Replicability)	36	AI 시스템의 정상적 작동을 위해 (1) 실험 시 같은 조건에 같은 결과를 산출하고, (2) 타당성 검증이 가능하도록 운영체계에 대한 충분한 정보가 제공되어야 함
영향평가 (Impact Assessments)	53	인권영향평가 및 AI 기술의 부정적 영향을 예측, 방지 및 완화를 위한 평가가 있어야 함
환경에 대한 책임 (Environmental Responsibility)	17	AI는 미래에 널리 사용될 기술로 큰 환경적 영향이 있을 것이며, 해당 기술을 설계 · 구현하는 사람들은 이에 대한 책임을 짊어야 함
평가 · 감사 (Evaluation & Auditing Requirement)	47	감사를 실시할 수 있는 기술 구축뿐만 아니라 평가를 통해 얻은 지식을 다시 시스템에 적용하여 끊임없이 시스템을 개선해야 함
관리감독기관 신설 (Creation of a Monitoring Body)	17	AI 기술발전으로 인해 관련 기술표준과 모범사례를 발굴 · 감독하기 위한 새로운 기관 또는 체계가 필요함
이의제기 가능성 (Ability to Appeal	22	AI 의사결정의 대상인 사람은 해당 결정에 대한 이의를 제기할 수 있어야 함
배상 · 구제조치 (Remedy for Automated Decisions)	11	인공지능 기술이 더 널리 활용되며 실질적 피해를 야기할 수 있고 이에 대한 배상 · 구제조치를 준비해야 함
법적 책임 (Liability & Legal Responsibility)	31	개인 또는 조직의 잘못으로 인해 발생한 AI 관련 피해에 대한 책임을 해당 개인 · 조직이 져야 함

새로운 규제 도입 (Recommends Adoption of New Regulations)	53	AI 기술을 위한 새로운 규제체계가 필요함. 특히 관련 관계자의 책임 의무를 명확히 하며 맥락과 분야에 맞는 맞춤형 규제가 필요함
책무성 (Accountability)	69	"책무성 (Accountability)" 또는 "책임이 있는 (Accountable)" 이란 용어를 사용한 내용을 분류하기 위한 원칙임. 다양한 관계자의 책무를 구체화할 "책무성 프레임워크" 개발이 필요하다는 내용 등을 담음

다. 안전 및 보안

AI 시스템의 오류와 그로 인한 피해 규모의 초기 사례를 고려할 때, <표 4-5>의 AI 시스템 안전 및 보안에 대한 우려는 검토한 문서의 원칙 중에서 당연히 중요한 주제였다. 문서의 약 4분의 3이 이 주제 내에서 원칙을 다루고 있으며, 안전 및 보안의 중요성에 대해 다양한 행위자 유형 간에 광범위한 합의가 있는 것으로 보인다. 그 아래에는 '안전성', '보안성', '설계에 의한 보안' 및 '예측 가능성'의 네 가지 원칙이 있다.

〈표 4-5〉 안전 및 보안과 관련된 AI 윤리 원칙

원칙	반영 비율(%)	주요 내용
안전성 (safety)	61	AI 시스템은 생명체와 환경을 해치지 않고 의도한 데로 작동함
보안성 (Security)	67	AI 시스템은 외부 공격 · 위협에 대처할 수 있는 능력이 있어야 함
설계에 의한 보안 (Security by Design)	8	AI 시스템은 개발 단계에서부터 보안을 보장해야 함
예측가능성 (Predictability)	11	AI 시스템은 입력된 정보(Input)에 따라 일관된 결과가 나와야 함

라. 투명성과 설명가능성

거버넌스 관점에서 AI가 제기하는 가장 큰 도전은 아마도 기술의 복잡성과 불투명성이다. 기술적 관점에서 이해하기 어려울 뿐만 아니라, AI 시스템이 주어진 상황에서 언제 어떤 작업을 위해 구현되었는지가 항상 명확하지는 않다는 초기 경험이 이미 입증되었다. 다음 <표 4-6>의 투명성 및 설명가능성이라는 주제의 8가지 원칙은 '투명성', '설명가능성', '오픈 소스 데이터 및 알고리즘', '공개 정부 조달', '정보에 대한 권리', '상호작용 시 알림'과 같은 과제에 대한 대응이다. 투명성과 설명가능성의 원칙은 데이터 세트에서 가장 자주 발생하는 개별 원칙 중 일부이며, 각각 문서의 약 3/4에서 언급된다.

〈표 4-6〉 투명성 및 설명가능성과 관련된 AI 윤리 원칙

원칙	반영 비율(%)	주요 내용
투명성 (Transparency)	72	AI 시스템의 작동 · 운영에 대한 관리 · 감독이 가능하도록 시스템을 설계 및 실행해야 함
설명가능성 (Explainability)	78	사람이 비슷한 의사결정을 할 때 요구되는 설명과 같이, AI 시스템이 무엇을 어떤 이유로 하고 있는지에 대한 명확하며 완전한 설명이 이해하기 쉬운 형태로 제공되어야 함
오픈소스 데이터 및 알고리즘 (Open Source Data and Algorithms)	28	데이터 · 플랫폼 독점을 방지하며 공평하게 AI의 혜택을 나눌 수 있도록 다양한관계자가 공동으로 알고리즘을 개발하고 개방된 연구협력을 할 수 있어야 함
공개조달 (Open Government Procurement)	3	정부기관이 AI 시스템이나 구성요소를 조달하려고 할 때 공개적 조달 기준에 맞는 투명한 방식으로 해야 함
정보에 대한 권리 (Right to Information)	11	일상생활에 사용되는 AI 시스템과 이로 인해 영향받는 사람들이 관련 정보를 알 권리가 있으며 해당 조직은 이러한 정보를 제공할 의무가 있음

AI 의사결정에 대한 알림 (Notification When AI Makes a Decision about an Individual)	19	AI가 사용될 때, 활용된 AI의 '대상자'가 이 사실을 알아야 함
상호작용 중인 AI에 대한 알림 (Notification when Interacting with AI)	25	인간과 구분하기 힘든 인공지능이 나타날 것을 염두에 두며, 사람들이 인간이 아닌 인공지능과 상호작용할 때 해당 사실을 반드시 알려야 함
정기적인 보고 (Regular Reporting)	17	AI 시스템을 사용하는 기관이 이에 대한 주요 정보를 체계적으로 공개해야 함

마. 공정성과 비차별성

알고리즘 편향은 무한한 방식으로 AI 시스템에 스며든다. AI 시스템은 대표성이 없거나 결함이 있거나 편향된 데이터에 의해 훈련될 수 있다. 대안으로, 예측된 결과가 진정으로 원하는 결과에 비하여 불완전한 대안이 되거나 또는 관심의 결과가 그 자체로 편향된 이전 결정의 영향을 받을 수도 있다. AI 시스템이 점점 더 많은 정보를 제공하거나 결정을 지시함에 따라, 특히 대출, 의료 및 형사 사법과 같은 분야의 데이터를 받아들이기 오래전부터 편견이 내재되어 있던 덜 민감한 맥락에서의 공정성과 차별 금지는 필수적이다. 다음 <표 4-7>의 공정성과 비차별성에 대한 주제는 모든 문서에서 가장 대표적으로 나타난다.

〈표 4-7〉 공정성 및 비차별성과 관련된 AI 윤리 원칙

원칙	반영 비율(%)	주요 내용
비차별성 및 편견방지 (Nondiscrimination & the Prevention of Bias)	89	인공지능을 훈련하기 위해 사용되는 데이터, 관련 기술 설계 또는 배포 등으로 인해 발생하는 인공지능 편향성을 완화하여 차별을 방지해야 함

대표성 있는 양질의 데이터 (Representative & High Quality Data)	36	'쓰레기를 넣으면 쓰레기가 나온다'라는 말과 같이, 예측대상에 맞는 적절한 데이터를 AI 시스템에 사용해야 함
공정성 (Fairness)	56	AI 시스템은 사람들을 공정하고 편견 없이 대우해야 함
평등성 (Equality)	25	사람들은 AI 기술의 발전과 관련하여 동등한 기회와 보호를 받을 자격이 있음
혜택의 포괄성 (Inclusiveness in Impact)	42	AI 기술의 혜택을 정당히 분배해야 함. 특히 과거에 소외된 집단도 혜택을 누릴 수 있도록 보장해야함
설계과정의 포용성 (Inclusiveness in Design)	47	AI 시스템 개발과정에 현재보다 더 다양한 사람들이 참여해야 함. 다양한 사람들로 구성된 AI 설계팀을 구성해야 하며, AI 시스템에 대한 사회 구성원의 의견을 수렴하고 이를 반영해야 함

바. 기술에 대한 통제

인공지능의 발전 속도와 그것에 대한 인간의 통제 능력은 오랫동안 논의되어 왔다. '특이점'이라는 개념은 AI가 인간의 지능을 초월하고 스스로를 개선할 수 있는 시점을 의미한다. 이 시점이 오면 인간은 AI를 통제하기 어려워질 수도 있다. 일론 머스크는 이러한 특이점의 도래에 대해 경고하며, AI 통제의 중요성을 강조해왔다. SF영화들은 종종 이러한 디스토피아적 시나리오를 그려, 인간이 자신이 만든 기술에 의해 위협받는 미래상을 보여주곤 한다. 이러한 미디어 표현은 AI의 통제에 대한 사회적 인식과 중요성을 강조하는 동시에, 기술의 안전한 발전 방향에 대한 논의를 촉구한다. 다음 <표 4-8>에서 제시하고 있는 인간의 기술 통제라는 주제가 데이터 세트에 포함된 문서 중 가장 높은 관심을 보인 것은 놀라운 일이 아니다.

〈표 4-8〉 기술에 대한 통제와 관련된 AI 윤리 원칙

원칙	반영 비율(%)	주요 내용
자동화된 의사결정에 대한 인간의 검토 (Human Review of Automated Decisions)	33	AI 시스템 의사결정의 대상자는 해당 결정에 대한 검토를 요청할 수 있으며 이 검토는 기계가 아닌 사람이 해야 함
자동화된 의사결정에서 제외될 선택권 (Ability to Opt out of Automated Decisions	8	AI 시스템이 사용되는 경우, 해당 시스템의 대상자에서 제외될 수 있는 선택권(옵트 아웃할 기회)을 제공해야 함
기술 통제권 (기타/일반) (Human Control of Technology – Other/General)	64	사람들이 AI 시스템의 의사결정과 행위에 개입할 수 있도록 시스템을 설계 및 배포해야 함

사. 전문가 책임

전문가 책임은 AI 기반 제품 또는 시스템의 설계, 개발, 배포에 대한 책임이 있는 개인 및 팀을 대상으로 하는 원칙이다. 이러한 원칙은 아마도 전문가들이 조직, 시스템이나 정책 등에서 독립성이 높으므로 전문가의 행동이 AI의 윤리 및 인권에 직접적인 영향을 미칠 수 있다는 것을 반영한다. 다음 <표 4-9>는 전문가 책임에 대한 세부 항목들이다.

〈표 4-9〉 전문가 책임과 관련된 AI 윤리 원칙

원칙	반영 비율(%)	주요 내용
정확성 (accuracy)	19	AI 기술은 정보를 알맞은 부류 · 범주로 분류할 수 있어야 하며, 데이터와 모델을 기반으로 정확한 예측, 추천, 또는 의사결정을 할 수 있어야 함
책임 설계 (Responsible Design)	44	AI 시스템 설계에 종사하는 관계자들은 미래 인공지능 기술에 강한 영향력을 행사할 수 있는 특별한

		위치에 있으며, 양심적으로 행동하며 맥락 및 사회적 가치를 섬세하게 고려해야 함
장기적인 영향 고려 (Consideration of Long Term Effects)	33	AI 시스템 설계 및 배포 단계에서 해당 시스템으로 인해 먼 미래에 발생할 수 있는 영향을 의도적으로 고려해야 함
다중-이해당사자와 협력 (Multi-stakeholder Collaboration)	64	AI 애플리케이션을 개발하고 관리할 때, 설계자와 사용자들이 관련 이해관계자 단체의 자문을 구할 것을 요구 또는 권장해야 함
과학적 무결성 (Scientific Integrity)	6	AI 시스템을 설계하고 상용화하는 종사자는 해당 분야에 이미 존재하는 가치와 규범을 따라야 함

아. 인적 가치 증진

AI가 적용되는 모든 시스템에 대하여 힘을 증가시키는 역할로써의 AI 잠재력과 더불어, 인간 가치 증진은 AI의 윤리 및 권리 존중의 핵심 요소이다. 다음 <표 4-10>의 원칙들은 AI가 적용되는 목적과 이를 구현하는 수단이 사회적 규범과 일치하고 그 영향 아래 있어야 함을 의미한다. AI 사용이 더욱 보편화되고 기술의 힘이 증가함에 따라, 특히 강인공지능에 접근하기 시작하면 AI에 대한 인간의 권리와 판단이 매우 중요하다.

〈표 4-10〉 인적 가치 증진과 관련된 AI 윤리 원칙

원칙	반영 비율(%)	주요 내용
인적가치 및 인간의 번영 (Human Values & Flourishing)	44	AI 개발과 활용 방식이 기존 사회규범, 문화적 신념, 그리고 인류의 번영을 염두에 두어야 함
기술 접근성 (Access to Technology)	31	인공지능이 (사회적) 불평등을 심화할 수 있으므로 많은 사람이 AI 기술을 사용할 수 있도록 보장하여 혜택을 누릴 수 있어야 함

공공의 이익에 기여 (Leveraged to Benefit Society)	64	AI 시스템은 공공의 이익에 기여하도록 사용되어야 함

3.
맺음말

인공지능 윤리 원칙을 발표한 국가, 국제 기구, 기업, 시민 사회 등이 바라보는 인공지능은 분명히 인간에게 커다란 편익을 가져다주는 것과 동시에 그 위험성에 대하여 지적하고 있다. 일반인들은 인터넷을 통하여 필요한 서비스를 이용하고 있으나 그 밑바탕에는 인공지능이 동작하고 있음을 인식하지 못하고 있다. 이세돌과 알파고의 바둑 대결 이후에 인공지능의 강력함을 알게 되었지만 다양한 영역에서 인공지능의 위험성을 알리는 사건들이 계속되어 왔다.

하버드 대학의 버크만 센터에서 발표한 보고서는 2016년부터 인공지능 윤리에 대한 인식을 전체적으로 조망하고 분석했다는 점에서 매우 의미가 있다. 기존에 각 국가별, 기관별로 윤리 원칙을 제안하였으나 어떤 주제가 가장 시급하게 다루어야 하는지를 알 수는 없었다. 위 센터에서 제공한 8가지 윤리 원칙들은 국가 수준에서 또는 인공지능을 개발하거나 사용하는 기관 수준에서 검토할 최소한의 관점을 제공한다. 이 연구에서 제시한 8가지 원칙은 다음과 같다. 개인정보 보호, 책무성, 안전 및 보안, 투명성 및 설명가능성, 공정성 및 비차별성, 기술에 대한 통제, 전문가 책임, 인적 가치 증진이다. 신뢰할 수 있는 인공지능을 위해서는 우리 사회의 인공지능 기술과 이를 활용하고자 하는 기관 및 사람들의 윤리 인식의 증진이 매우 중요한 과제이다.

버크만 센터의 윤리 원칙 분석 보고서는 우리나라의 현실에 바로 적용할 수 있는 것은 아닐 것이다. 법과 제도가 다르고 이를 대하는 문화도 다르므로 윤리 원칙에 대하여 다수의 이해관계자들이 지속적으로 논의해야 할 일이다. 특히 교육 영역에 인공지능이 도입될 경우, 인공지능 윤리와 관련된 새로운 문제를 찾아내고 검토하는 것은 필수적인 과정일 것이다.

이러한 점에서 버크만 센터의 보고서는 교육 영역에서 다루어야 하는 인공지능 윤리에 대한 관점과 가중치를 참고할 수 있게 되었다는 점에서 시사하는 바가 크다. 또한 우리나라에서 발표한 '교육분야 인공지능 윤리'에 대한 논의를 확산하는 기초적인 자료로서의 역할을 할 것이다.

참고문헌

- Jessica Fjeld, Nele Achten, Hannah Hilligoss, Adam Christopher Nagy & Madhulika Srikumar(2020). Principled Artificial Intelligence: Mapping Consensus in Ethical and Rights-based Approaches to Principles for AI. Berkman Klein Center. Research Publication No. 2020-1. January 15, 2020.
- 황선영(2020). 인공지능 윤리원칙 보고서: 하바드 법대 버크만 센터의 'Principled Artificial Inteligence'을 중심으로. 정보통신 방송 정책. 제32권 6호, 통권 701호.

5장
버크만센터 인공지능 윤리 범주별 사례 (1)

1.
인공지능
주요 원칙과 사례

인공지능 윤리 원칙을 바탕으로 인공지능 윤리 교육을 위한 내용을 선정하기 위하여 버크만 센터의 AI 윤리 8가지 범주를 기초로 개인정보 보호, 책무성, 안전과 보안, 투명성과 설명가능성 관련 영역의 사례를 제시하면 다음 <표 5-1>과 같다.

〈표 5-1〉 버크만 센터의 AI 윤리 8가지 범주와 사례

주요 원칙	주요 사례
개인정보 보호 (Privacy)	- 휴대폰에서 개인의 동의 없이 정보를 수집 - 휴대전화 추적 앱을 통한 개인정보 노출 - 소셜 로봇에 의한 개인정보의 유출 - 음성 및 화상에 대한 얼굴 노출 - 자율주행자동차의 무차별적 정보 수집 및 노출 가능성 - 유럽연합이 2017년에 제정한 개인정보 보호법(GDPR, General Data protection Regulation)
책무성 (Accountability)	- 인공지능의 의사결정에 대한 책임의 주체와 범위에 대한 논의 - 자율주행자동차의 사고에 대한 설명가능성의 요구 및 사고의 경위를 이해할 수 있는 과정의 기록과 검증을 가능하게 하는 것 - COMPAS의 의사결정에 대한 증거와 감독
안전과 보안 (safety and Security)	- 2018년 2월 쓰쿠바대학 인공지능과학센터 인공지능 기술을 이용해 안면 인식 AI를 속이는 연구 수행 - 구글과 테슬라의 자율주행자동차의 사고 - 나이트스코프사의 자율 경비 로봇인 'K5' 오작동으로 어린이 다치는 사고 발생 - 킬 스위치를 통한 인공지능의 안전성 확보
투명성과 설명가능성 (Transparency and Explainability)	- AI 편향이나 불공정으로 인한 영향에 투명성과 설명가능성 요구 - 산업계에서의 설명가능성 요구 - IBM의 설명가능성 권고 사항 - DARPA의 설명 가능한 AI 프로젝트(XAI Project)

공정성과 비차별성 (Fairness and Non-discrimination)	– 데이터에 내재된 인종, 성별, 종교 등에 의한 편향을 학습 – 마이크로소프트사의 인공지능 채팅봇 테이(Tay)의 편향 – 구글의 이미지 인식에서 흑인 여성을 고릴라로 인식하거나 또한 위챗의 번역 과정에서 니그로(Negro)라는 용어를 사용 – 아마존은 백인남성들에게 유리한 것으로 밝혀진 자동화 채용 도구를 운영하였으며 문제가 되자 폐기함 – 국제미인대회 참가자들의 프로필 사진을 심사할 목적으로 개발된 알고리즘은 백인을 제외한 유색인종 여성들을 입선에서 배제 – 금융 자동화 대출 알고리즘은 라틴계와 흑인 대출자들에게 차별 – 알고리즘이 특정 정당에 편향된 여론 형성과 선거 결과에 영향을 미침 – 인공지능의 젠더 차별, 고정관념에 의하여 젠더간의 역할 할당 – 자율주행 자동차의 알고리즘 편향 – 링크드인은 LiFT를 활용하여 AI의 편향성을 감시 – 영국 정부는 고등학생의 졸업자격시험(GCSE)과 대학입학시험(Alevel)을 취소하고, 이를 대체할 AI 기반 평가 시스템을 도입하기로 결정(2020.4.)하였으나 불공정성으로 적용을 철회(2020.8)
기술에 대한 통제 (Human Control of Technology)	– 美 국방부의 AI 기반 무인 드론 프로젝트(Maven) 참여에 반대하는 내부 직원들의 항의(2018년) – 통제 상실(트롤리 딜레마) 탑승자와 보행자 중 누구를 살릴 것인가?
전문가 책임 (Professional Responsibility)	– 여러 분야의 전문가로 구성된 윤리위원회 구성 – 내부 전문가와 개발자를 위한 윤리 원칙의 수립 – 학부 컴퓨터과학 학생들을 위한 윤리 교육(게임화, 윤리과 학생들과 협동과정 운영) – 윤리적인 AI를 위한 이니셔티브
인적 가치 증진 (Promotion of Human Values)	– 실직과 부의 불평등 문제 – KAIST AI 무기 개발에 대한 비판

2. 개인정보 보호

개인정보 보호는 온라인에서 개인을 식별할 수 있는 정보에의 접근, 수집 및 공유하는 것을 말한다. 이것은 우리가 사용하는 웹사이트와

앱에서 공유하는 개인정보뿐만 아니라 우리의 검색 습관과 검색 기록을 포함한다. 1996년에서 2010년 사이에 태어난 Z세대는 어릴 때부터 스마트폰과 함께 삶을 살아갈 첫 번째 존재이다. 그들이 온라인에서 무엇인가를 하면 할수록 그들 자신을 공유하고 있는 데이터는 얼마나 많아질 것인지 상상조차 할 수 없다.

개인정보 보호 문제는 데이터의 연결과 공유로 인해 개인의 정보에 대한 심각한 침해가 발생할 수 있다는 점이다. 일상생활에 깊숙이 스며있는 CCTV는 국가, 지방자치단체, 공공기관에서 단순히 감시와 안전을 위해 도입하였으나 카메라와 얼굴 인식 프로그램이 결합될 경우 상당한 문제를 일으킬 수 있다. 또한 자율주행자동차의 운행 정보 유출로 인한 사생활 침해와 개인 의료 데이터를 이용한 보험 사기 등 개인정보 침해가 있을 수 있다.

최근에는 기존의 텍스트 위주의 개인정보를 넘어, 영상정보와 같은 엄청난 양의 비정형 개인정보가 가정과 같은 사적 영역에서도 실시간으로 수집·분석되고 있고, 이들 데이터가 클라우드를 통하여 AI 학습에 이용됨에 따라 개인정보와 프라이버시 침해의 가능성이 점차 높아지고 있다. 또한 지능형 소프트웨어의 개발이 경쟁적으로 추진됨에 따라 데이터의 확보도 경쟁적으로 이뤄지고 있고, 이와 함께 데이터 개방과 공유의 가치가 부각되고 있어 개인정보와 사생활 침해의 가능성을 높이고 있다.

지능형 로봇은 외부환경을 인식하고 스스로 상황을 판단하여 자율적으로 동작하는 것으로 기존 로봇의 기능에 "상황판단(환경/위치 인식)" 기능과 "자율동작(조작제어/자율이동)" 기능이 추가되어 인간과 공존하는 형태로 진화되어 가는 추세이다. 지능형 로봇에 입력된 개인정보는 주로 로봇의 메모리에 저장되거나 클라우드에 저장되어 공유 업데이트 되므로 개인정보의 생성 및 수집부터 유통 및 관리, 활용에 이르기까지 안전한 관리와 보안 시스템이 필수적이다. 소셜 로봇은 학습한 데이터를 클라우드를 통해 공유한다. 개인화된 서비스를 제공하는 소셜 로봇이 수집하는 각종 데이터는 매우 내밀하고 사적일 가능성이 크다. 따라서 수집한 데이터를 활용하는 데에는 각별한 주의가 필요하다. 소셜 로봇으로 수집된 데이터들이 사생활 침해 및 범죄에 악용될 경우, 기존 스마트폰의 개인정보가 유출되면서 발생하는 문제점보다 훨씬 더 심각한 사회문제가 발생할 가능성이 있기 때문이다. 또한 소셜 로봇이 개인화 데이터 서비스를 제공할 때 편향된 정보를 전달할 우려도 있다. 소셜 로봇은 데이터를 제공함으로써 개인이 판단과 의사결정을 도와줄 수도 있지만, 이 과정에서 기존의 편견과 차별의식을 강화하는 부작용도 일어날 수 있다. 기존의 해킹은 단순한 금전적 피해만을 야기했다면 지능형 로봇에 대한 해킹은 인체와 생명의 안전까지 위협할 수 있으므로 문제의 심각성이 크다고 할 수 있다. 특히 고객의 이동 경로는 물론 개인의 행동 패턴 자체가 고스란히 데이터로 저장돼 기업의 데이터베이스로 저장될 수 있다. 인간의 개입 없이 실시간 자동으로 이루어지는 인공지능 시스템 간 데이터 전송에 심각한 문제가 있다는 점을 인식해야 한다.

가. 데이터 악용

대부분의 사람들은 빈번하게 스마트폰, 네트워크 및 플랫폼에서 생성, 처리, 공유하는 데이터의 종류와 양에 대하여 정확이 알 수가 없다. 스마트 기기는 가정, 직장, 공공 장소에서 블루투스를 이용하여 장치들과 연결되고 더 나은 개인 서비스 제공이라는 목적으로 인공지능을 이용하여 데이터를 수집한다. 이와 같은 대량의 데이터 수집은 개개인의 동의와 투명성 없이 이루어지며 악용될 가능성을 제한할 필요성이 높아지고 있다.

나. 식별 및 추적

전화 추적 앱은 휴대폰을 택시에 두고 내렸을 때, 어디에 두었는지 생각이 나지 않을 때 유용한 프로그램이지만 개인 추적 프로그램은 개인 정보를 공개하기를 원하지 않는 가정 폭력 피해자에게는 안전하지 않을 수 있다. 국가가 개인정보를 추적할 수 있게 된다면 빅 브라더로 안전을 보장 받을 수 없게 될 것이다. 특히, 개개인의 프로파일링과 같은 목적으로 사용하거나 공공장소에서 사람을 추적하고 식별하는 용도로 사용되는 것은 매우 위험한 일이 될 수 있다.

다. 얼굴 인식

음성 및 얼굴 인식은 일상적인 개인용 스마트폰에서 사용할 수 있는 편리한 기능이다. 예를 들어 스마트폰은 사용자가 비밀번호를 입력하는 대신 얼굴로 휴대 전화 잠금을 해제 할 수 있다. 한편, 중국에서는 국가주도로 AI 안면 인식 기술을 발전시켜 나가고 있으며 범죄수사, 미아 찾기, 상업시설의 쇼핑 손님의 행동 패턴과 분석과 마케팅이나 서비스 개선 등 광범위하게 사용 중이다. 중국 경찰은 안면인식 인공지능으로 교통 위반을 한 여행객의 신원을 실시간으로 파악하고 그 내용을 즉시 알려준다(Anwar, 2018). 또한 교실의 안면인식 소프트웨어는 학생들을 매 30초마다 스캔하고 그들이 받은 수업에 대한 반응을 평가한다. 이것은 우리의 개인 데이터에 무슨 일이 일어나고 있는지 그리고 그것이 잘못된 곳에 넘어가면 어떻게 되는지 의문을 제기하지 않을 수 없다. 개인 신상에 첨부된 데이터가 얼마 동안 이용 가능한지, 그리고 그것은 미래의 고용주들이 직원을 채용할 때 영향을 미치지는 않을지 걱정하지 않을 수 없다. 심지어 무슬림 위구르인과 같은 소수인종의 얼굴을 인식하여 추적하고 통제 할 수 있다. 반면, IBM, 마이크로소프트, 아마존 등은 최근 AI 얼굴 인식 소프트웨어 개발을 중단하거나 공공기관에 판매를 중단하는 등의 행보를 보이고 있다[7].

2020년 10월. 지난해 전·현직 미국 대통령의 얼굴을 합성한 가짜뉴스 영상과 유명 연예인을 합성한 불법 동영상 등으로 세계적인 논란을 일으켰던 '딥페이크(Deepfake)'가 최근 일본 등에서 사회 문제로 대두되고 있다[8]. 일본에서는 딥페이크를 이용한 가짜 성인물 동영상을 만들어 인터넷에 유포했다가 체포된 사례가 나왔다. 이달 초 교토통신에 따르면 도쿄도(都) 경찰본부인 경시청은 여성 연예인 딥페이크를 제작·공개한 혐의로 구마모토(熊本)현 거주 대학생인 하야시다 다쿠미(21)

---

7) https://www.aitimes.kr/news/articleView.html?idxno=16693

8) https://biz.chosun.com/site/data/html_dir/2020/10/05/2020100502248.html

와 효고(兵庫)현에 사는 오쓰키 다카노부(47 · 시스템 엔지니어)를 명예훼손 및 저작권법 위반 혐의로 체포했다. '심층학습(deep learning)'과 '가짜(fake)'라는 의미를 담은 딥 페이크는 AI의 고급이미지 생성 기술을 사용해 합성 방식으로 만드는 진짜 같은 가짜 동영상을 뜻하는 신조어다. 유명 인사의 얼굴을 넣은 딥페이크 포르노 동영상이 2017년 처음 발견된 이후 전 세계적으로 확산되는 추세다. 문제는 딥페이크의 이미지 합성 기술이 빠른 속도로 진화하면서 원본과 차이를 파악할 수 없을 정도로 정교해졌다는 점이다. 생성적 적대 신경망(GAN: Generative Adversarial Networks)으로 불리는 자가 학습 AI의 등장 이후 딥페이크 기술은 영상뿐 아니라 음성 변조·생성에도 이용되고 있다. GAN은 AI가 '생성 모델'과 '감별 모델'이라는 두 개의 모델을 만든 뒤, 감별 모델이 생성 모델에서 가짜를 찾아내 파괴하는 과정을 반복하는 방식이다. 이 같은 방식으로 생성 모델에서 부자연스러운 부분이 점점 줄어들면 결국 마지막에는 가장 정교한 모델이 탄생하게 된다. 기존 AI와 달리 방대한 데이터, 오랜 학습 기간을 거치지 않아도 빠른 속도로 이미지·음성을 합성하거나 변조해낼 수 있다는 것이 강점이다.

라. 자율주행 자동차의 사생활 침해

자율주행 자동차는 운행 중 주변 환경 및 전후좌우에서 주행하는 차에 탄 운전자의 정보와 위치정보 등 개인정보를 실시간 무작위로 수집하여 처리하고 관리 주체 또는 다른 시스템에 전송하여야 하므로 개인정보 보호 및 프라이버시 보호의 문제가 발생한다. 아울러 실시간 무작위로 수집하는 정보의 안전한 관리와 자율주행 자동차 시스템에 대한 사이버 공격에 대한 사전예방 등 보안의 문제가 매우 중요하다. 특히 자율주행 자동차 시스템이 해킹 등 사이버 공격에 노출되어 운행 지배권의 주체가 변경되는 경우 심각한 인명, 재산, 사회적 피해를 야기할 가능성이 존재한다.

마. 사이버 불링

사이버 불링은 이메일, 휴대전화, SNS 등 디지털 서비스를 활용하여 악성댓글이나 굴욕스러운 사진을 올림으로써 이루어지는 개인에 대한 괴롭힘 현상을 말한다[9]. 여러 가지 복합적인 커뮤니케이션 방식에 의해 다양하게 이루어질 수 있고, 확산이 빠르며, 가해자를 파악하기 힘들기 때문에 처벌조차 어렵다는 특징이 있다. 초등학생조차 상당수가 스트레스 해소용으로 악성 댓글을 달고 있는 실정이다[10]. IBM의 왓슨 App은 교실 내에서 괴롭힘이 발생하는지 모니터링 하는 AI를 개발하였다. 학생들이 AI 로봇에게 주기적으로 일정 질문에 대한 답을 함으로써 교실 내 괴롭힘이 발생하는지 사전 예측할 수 있도록 하였다.

바. EU의 개인정보 보호법

유럽연합은 2017년 개인정보 보호법(GDPR : General Data protection Regulation) 제정을 통하여 개인이 자동화된 프로파일의 결정 대상이 되지 않을 권리를 보장하고 있으며, 심지어 인공지능 알고리즘이 내린 결정에 대해서도 개인이 설명을 요구할 권리를 명시하고 있다[11].

9) https://journal.kiso.or.kr/?p=60#5

10) https://www.hankyung.com/society/article/2009102111184g

GDPR은 개인의 프라이버시에 대한 대중적 관심을 촉구한다. 이 보고서에는 "소비자가 더 많은 정보를 알면 데이터 관리자로부터 더 많은 투명성과 책임감을 기대한다."거나 "기업이 디지털 자산, 서비스 및 빅데이터를 더 많이 사용하면서 디지털 혁신을 계속해 나가면 기업은 매일 해당 데이터를 모니터링하고 보호할 책임이 있어야 한다."라고 말한다. GDPR은 개인에 대하여 다음과 같은 데이터를 보호한다. 1) 이름, 주소 및 ID 번호와 같은 기본 신원 정보, 2) 위치, IP 주소, 쿠키 데이터 및 RFID 태그와 같은 웹 데이터 3) 건강 및 유전 데이터 4) 생체 데이터 5) 인종 또는 민족 데이터 6) 정치적 의견 7) 성적 취향 등이다. GDPR은 개인정보 처리를 위한 7가지의 원칙을 제시하고 있다. 1) 적법성, 공정성, 투명성의 원칙 2) 목적 제한의 원칙 3) 개인정보처리의 최소화 4) 정확성의 원칙 5) 보관기간 제한의 원칙 6) 무결성 및 기밀성의 원칙 7)책임성의 원칙 등을 제안하고 있다[12].

3.
책무성

책무성은 인간이 아닌 AI에 의한 의사결정에 대한 책임을 누가 가질 것인가에 대한 주제이다. 인공지능의 자율적 의사결정에 대한 책임의 문제가 핵심이다. 시스템의 의사결정에 대하여 설명하고 정당화할 수 있는 방법과 투명성이 전제되어야 한다. 이중원(2019)은 인공지능의 책임을 책무의 관점에서 행위자와 행위 결과 간의 인과적 연결, 행위

11) https://horizon.kias.re.kr/10971/

12) 행정자치부, 한국인터넷진흥원(2017). 우리 기업을 위한 '유럽 일반 개인정보 보호법' 안내서.

자체에 대한 행위자의 인지와 그 결과에 대한 어느 정도의 예견, 행동에 대한 행위자의 자발적이고 자유로운 선택을 책무의 조건으로 제시하였다[13]. 자율주행 자동차의 사고에 대한 책임의 범위를 논하기 위한 사전 조건으로서 설명가능성을 전제되어야 한다. 인공지능의 알고리즘이 구축 단계에서부터 인간의 판단이나 선택이 적용되므로 본질적으로 불공정하고 편파적인 결과를 나타내므로 기술적, 제도적으로 알고리즘의 책무성과 투명성을 제고할 필요가 있다. 책무성은 인공지능 알고리즘의 투명성과 설명가능성을 필요로 한다.

책무성의 문제는 인공지능의 편향성, 안정성, 공정성으로 인한 부정적 결과에 대하여 AI의 책임에 대한 담론이다. 인공지능의 책임에 대한 논의를 위해서는 무엇보다 설명가능한 AI를 전제 조건으로 한다. 데이터의 오류로 인하여 편향이 발생하였는지, 알고리즘의 오류로 인하여 안정성을 확보하지 못했는지를 확인하기 위해서는 설명가능성이 반드시 필요하다. 책무성은 인공지능의 의사결정에 대한 증거와 감독을 통해 달성 가능한 가치이다.

가. 자율주행 자동차 사고의 책임

자율주행 자동차의 책임 소재에 대한 논란을 일으킨 두 가지 사례를 제시하였다. 첫째는 교통법규를 위반한 자율주행자동차는 누구에게 범칙금을 발부해야 할 것인가? 2015년 11월 12일 경찰은 법규를 위반한 무인자동차를 멈춰 세웠다. 그러나 운전석에는 사람이 없었다. 해

13) 이중원(2019). 인공지능에게 책임을 부과할 수 있는가?:책무성 중시의 인공지능 윤리 모색. 과학철학 222권 2호. pp.79-104.

당 도로는 최저속도가 시속 35마일이었는데 자동차는 24마일로 달리고 있었다. 경찰관이 차를 멈춰 세우고 다가가다가 구글 무인자동차임을 알아차렸다. 자동차는 스스로 선 것이 아니라 탑승자가 수동 운전으로 전환해 차를 세웠다고 한다.

무인 자동차가 법규를 위반했을 때 누구에게 범칙금을 물려야 할까? 우리나라 현행법 체계는 '사람'과 '법인'만을 권리의무 주체로 하므로 범칙금을 물리기 위해서는 '사람'의 행위가 있어야 한다. 따라서 알고리즘에 의하여 움직이는 자율주행자동차는 그 책임의 소재가 불분명하다. 프로그래머에게 청구할 것인가? 아니면 자동차를 판매한 회사에 청구해야 하는가? 미국 네바다, 플로리다, 캘리포니아, 미시간, 워싱턴DC, 버지니아는 자율 운행 차량의 주행을 허용하고 있으나 교통사고가 발생할 경우 그 책임의 범위에 대한 논의는 법원으로 넘어갔다고 한다. 우리나라도 자율 주행 자동차의 운행을 허용할 경우, 교통사고나 법규 위반에 대한 책임을 누구에게 물어야 하는지 논쟁이 될 것이다.

둘째, 자율주행 자동차가 일으킨 사고에 대한 책임은 누구에게 있을까? 2016년 5월 7일에 미국 플로리다주 윌리스톤 고속도로에서 일어난 테슬라 사고는 자율 주행 자동차가 아직 완전하지 않다는 것을 모두에게 알리는 사건이었다. 미국 고속도로교통안전청(NHTSA)의 예비 조사에 의하면 운전자 조슈아 브라운은 테슬라의 자율 주행 모드를 이용해 운전 중이었으나, 신호등이 없는 고속 도로 교차로에서 흰색 트레일러를 하늘과 구별 하지 못한 테슬라 차량이 그대로 직진해서 트레일러와 충돌하였다.

자율주행 차량 운행 중 사고 발생 시 안전 우선순위를 자기차량과 상대차량/보행자 중 어디에 둘 것인지, 또한 이와 관련한 설정을 소유자 임의로 변경 가능하도록 허락할 것인지 등의 논의가 필요하다. 제조업자에게 법적인 책임을 묻는 경우, 제조업자 입장에서는 이를 피하고자 개발이나 상용화에 소극적인 태도를 보일 수도 있으며, 만약 상용화가 된다 하더라도 대중화로 가기에 쉽지 않을 것이다. 반대로 운전자가 져야하는 책임의 범위가 커질수록 사용자의 보험료 상승으로 이어지게 되어 운전자 입장에서는 굳이 많은 돈을 들여 자율주행 차량을 구입할 필요성을 못 느끼게 될 것이다.

자율주행자동차의 사고는 누구에게 책임이 있는가? 센서가 포함된 자동차 제작자일까? 자율주행 소프트웨어 개발자인가? 도로에서 차를 주행하도록 허용한 정부 기관인가? 자동차에 탑승하고 있던 소유자인가? 아니면 보이지 않는 알고리즘이 책임이 있는가? 이와 같은 문제를 해결하기 위해서는 자율주행 자동차의 사고 경위에 대한 투명성과 설명가능성이 확보되어야 한다. 그 의사결정과정이 모두 기록되고 검토될 수 있어야 한다.

나. 범죄자 감시 프로그램의 책무성

COMPAS(Criminal Risk Scoring and Sentencing)는 재범 가능성이 가장 높은 범죄자를 예측하는데 사용해왔다. 이를 이용하여 범죄자에 대한 위험 평가를 거쳐 판사는 피고와 죄수의 미래에 대한 결론을 내리고 보석금에서 형량에 이르기까지 모든 것을 결정한다. 그러나 이 시스템은 [그림 5-1]에 나타난 바와 같이, 흑인 범죄자는 백인 범죄자보다 거의 두 배 높은 위험으로 분류되지만 실제로 재범은 아니었다. 반면 백인에 대해서는 반대의 결과를 내놓았다. 범죄 기록이 재범 가능성이 높음에도 불구하고 흑인 범죄자들보다 위험이 낮은 것으로 분류하였다(The comuzi Journal, 2018).

[그림 5-1] COMPAS 시스템의 결과

이와 같은 범죄자 프로파일 서비스 COMPAS에서 AI가 도출한 결과에 대한 증거 관리를 위한 접근 방식으로서 기술 사양을 만들고 확인할 필요가 있다. 알고리즘의 버그와 오류가 없는 시스템을 개발하고 항상 테스트하고 검증할 필요도 있다. 공정성과 같이 결정하기 힘든 문제에 너무 상세한 기준을 적용하기보다 검토와 감독이 가능하도록 근거를 남기는 절차를 마련하는 것이 더욱 합당할 것이다[14].

14) https://youtu.be/WAnXwpMxlJY

다. IBM의 책무성 사례

IBM의 "인공지능을 위한 일상의 윤리"에서 책임에 대한 사례로 제시한 내용은 다음과 같다(IBM, 2018). 한 호텔 체인은 객실 가상 비서에 인공지능을 탑재하여 사용자의 투숙을 지원하고 개인화된 서비스를 지원하기로 하였다. 인공지능 시스템의 책무성을 높이기 위하여 처음부터 설계팀과 개발팀이 회사 정책을 명확히 이해하고 접근할 수 있도록 하였다. 회사와 소프트웨어의 책임이 어디에서 끝나는지 이해한다. 디자인 프로세스와 의사결정에 대한 상세한 기록을 남긴다. 모범 사례가 널리 퍼지도록 디자인 및 개발 프로세스에서 기록을 하기 위한 절차를 정한다. 설계팀은 디자인 연구원을 활용하여 호텔의 실제 투숙객과 대면 인터뷰를 통해 고객의 바람과 요구를 파악한다. 호텔 가상 비서의 응대가 투숙객의 요구나 기대에 미치지 못할 경우 이를 팀의 책임으로 여긴다. 선호 사항을 더 파악하기 위해 고객의 피드백을 반영하는 체제를 구축하고 투숙객이 원할 경우 AI서비스를 종료한다.

2019년 4월 론 와이든(Ron Wyden) 미국 상원의원은 '알고리즘 책무성 법안(Algorithmic accountability bill)을 제출하였다. 페이스북, 아마존, 구글 등 기업들의 프라이버시 침해와 지속적인 스캔들로 인해 평판이 추락했는지를 나타내는 결과물이라는 점에서 시사하는 바가 크다.

4.
안전과 보안

안전과 보안은 AI가 안전하고 의도한대로 동작하고 외부로부터 손상되지 않고 일관성을 보장하는 것이다. 안전과 보안의 문제는 소프트웨어 프로그램의 오류나 오작동으로 인해 발생하는 사항으로 사전에 방지할 수 있는 가능성이 있다. 영국 옥스퍼드대학교, 캠브리지 대학교와 인공지능 관련 기관들이 2018년 2월 발표한보고서(The Malicious Use of Artificial Intelligence: Forecasting, Prevention, and Mitigation)에서도 해킹 등 사이버 범죄를 군사적 활용에 따른 물리적 피해, 정치적 속임수와 함께 대표적인 악용 유형으로 분류하며 대응 방안이 필요하다고 주장하였다.

가. 인공지능을 해킹에 이용

2018년 2월 일본 쓰쿠바(筑波)대학 인공지능과학센터의 사쿠마 준(佐久間淳) 교수팀은 인공지능 기술을 이용해 안면인식 AI를 완벽하게 속일 수 있는 데이터를 재현하는데 성공했다[15]. 이 실험이 의미하는 바는 제3자가 AI기술을 이용하여 안면 인식 AI를 속일 수 있음을 보여준 것으로 화상 인식 AI의 보안 체계의 허점이 드러난 것이다. 이 팀은 특정인의 얼굴을 학습한 AI를 다른 AI로 공격해 학습한 얼굴을 유추하게 하는 실험을 하였다. AI 프로그램이 공격자에게 넘어가면 소유자의 얼굴이 알려져 개인정보 보호 등이 문제가 될 수 있다고 지적하였다.

15) 연합뉴스(2018.2.20.) 인공지능간 해킹? 안면인식 AI, 다른 AI가 속이는데 성공. https://www.yna.co.kr/view/AKR20180220060000009

나. 자율주행자동차의 오작동

2016년 22월 14일 구글의 자율 주행차가 캘리포니아 마운티뷰의 도시 버스와 충돌한 사례가 있었다. 자율주행자동차는 사거리에서 우회전을 할 계획이었다. 맨 우측 차로를 달리던 차량은 신호등 적색신호에 따라 멈춰 섰다. 녹색 신호등이 켜지자 다시 출발하던 자동차는 도로의 모래주머니를 발견하고 옆 차선으로 이동하려 정지했다가 차선 변경을 시도했다. 이때 옆 차선을 달려오던 버스가 구글 자율주행차량에 충돌했다. 구글의 차량은 뒤에서 달려오던 옆 차선의 버스를 인지했다. 그러나 버스 운전자가 속도를 늦출 것으로 잘못 판단한 것이 원인이었다.

2016년 5월 7일 미국 플로리다주 고속도로에서 자동주행 모드가 작동하고 있는 테슬라에 탑승한 사람이 트레일러와 충돌하며 사망했다. 조사 보고서에 따르면, 충돌사고가 발생한 시점은 옆면이 하얀식으로 칠해진 대형 트레일러 트럭이 테슬라 앞에서 좌회전할 때 일어났다. 테슬라는 운전자와 자동주행 센서 모두 트레일러의 하얀색 면을 인식하지 못했기 때문이라고 밝혔다.

다. 인공지능 로봇의 오작동

2016년 7월 미국캘리포니아 쇼핑몰에서 순찰 중이던 인공지능 로봇이 오작동으로 인해 16개월 된 아이를 공격한 사례가 있었다. 다음 [그림 5-2]는 캘리포니아주 팰로 알토 지역 '스탠포드 쇼핑센터'에 설치된 나이트스코프사의 자율 경비 로봇인 'K5'가 생후 16개월 남자 아이와 충돌하고 계속 움직이면서 어린 아이가 발목에 상처를 입은 것으로 알려졌다. K5는 경비 전용 로봇으로 범인을 체포하는 역할을 하지는 않지만 범죄가 의심스러운 행동을 감지하고 이를 사람들에게 알리도록 설계되었다고 한다.

[그림 5-2] 나이트스코프사의 경비 로봇 'K5'

라. 킬 스위치

킬 스위치(Kill switch)는 인공지능 제품이나 서비스의 예상치 못한 동작에 대응하기 위하여 시스템을 비상 정지시키거나 제어권을 사람에게 가져오도록 하는 기능을 말한다. EU 의회가 2017년 2월 전체회의에서 의결한 「로봇 법제정을 위한 권고안(Recommendations to the Commission on Civil Law Rules on Robotics)」에서 킬 스위치 기능 도입의 필요성을 언급하였다. 로봇이나 인공지능에 의한 사고 발생 시 법적 책임의 기준 마련, 연구자와 개발자를 위한 윤리강령을 마련하였다.

- 로봇으로 인한 손해발생 시 적용 법리로서 '무과실책임(strict liability)'과 '위험관리(risk management approach)'를 고려할 수 있다고 밝혔음
- 로봇이 인간의 안전, 프라이버시, 존엄성, 자율성, 데이터 소유권 등에 위협을 가하지 못하도록 개발자가 준수해야 할 "로봇 엔지니어 행동강령"을 마련하도록 하였음
- EU 집행위원회에게 로봇·인공지능 관련 기술, 윤리, 규제에 관한 자문을 제공하는 기관(European Agency For Robotics & AI)을 설치할 것을 요청하였음

5. 투명성과 설명가능성

투명성은 어떻게 데이터를 모으고 훈련을 시켰는지, 개발자와 디자이너의 결정이 어떠했는지를 공개해야 한다는 것을 의미하고, 설명가능성은 AI가 왜 이러한 결정을 내렸는지 설명할 수 있어야 함을 의미한다. 넷플릭스(Netflix)나 스포티파이(Spotify)와 같은 서비스에서 추천 영화나 음악이 어떻게 결정되는지 우리는 알지 못한다. 그러나 그것에 대하여 왜 그런 결정이 내렸는지에 대한 설명을 강하게 요구하지는 않는다. 그러나 인공지능의 의사결정이 편향성이나 불공정성 등에서 영향이 크면 클수록 투명성과 설명가능성은 매우 중요하게 요구되는 원칙이다.

가. 편향이나 불공정에 대한 설명 요구

인공지능은 편향이나 불공정으로 인한 결과에 대하여 설명 가능하여야 한다. 예를 들어, 검색엔진에 흑인 소녀를 검색했을 때, '죽이는(hot)', '달콤한(sugary)'이 나오는 결과를 설명할 수 있어야 한다. 아마존은 2018년 AI채용 시스템이 이력서에 '여성'이 있는 사람의 점수는 낮았고 '리드(lead)' 또는 '관리(manage)'와 같은 단어가 포함된 남성을 높게 평가한 것에 대해서도 설명이 필요했다. 자율주행자동차의 사고, 마이크로소프트사의 인공지능 채팅봇 테이(Tay)의 편향성, 금융 자동화 대출 알고리즘은 라틴계와 흑인 대출자들에게 더 높은 금리를 부과하는 일 등과 같은 편향이나 불공정성을 드러내는 문제에 대하여 투명하고 설명 가능해야 한다는 것이다.

나. 산업계에서의 설명가능성 요구

설명가능한 AI는 의료분야에서 매우 필요하다. 인공지능의 잠재적 가치가 매우 크지만, 설명가능한 AI는 의사 또는 간호사에게 결정에 적용된 모델이나 데이터를 제공하여 결론에 도달한 방법을 이해하게 되므로 매우 유용할 것이다. 산업 현장에서 장비가 고장났을 때, 이를 수리하는 기술자가 지식이 부족할 때 AI에게 의존하여 문제를 해결할 수 있다. 고장을 수리하는 과정에서 AI와의 협업을 통하여 수리를 지능적으로 할 수 있도록 한다. 보험 분야는 AI가 매우 폭넓은 영향을 미치는 영역으로 투명성과 설명이 가능해야 한다. AI가 고객확보, 에이전트 생산성, 청구 방지, 인수, 고객 서비스, 정책 조정, 위험 및 규정 준수 등과 같은 보험에서 적용 사례가 확산되고 있다. 이러한 서비스에서 AI는 왜 그러한 결정을 내렸는지에 대한 설명을 해야 할 것이다.

다. IBM의 설명가능성 권고 사항

AI의 능력이 향상되고 영향 범위가 확장됨에 따라 AI의 의사결정과정을 사람이 이해할 수 있는 방식으로 설명할 수 있어야 한다. 이처럼 설명가능성은 AI와 상호작용하는 사용자가 AI의 결론과 추천을 이해하는 데 매우 중요하다. 지각할 수 없는 AI는 윤리적 AI가 아니다. IBM은 설명가능한 AI를 위한 4가지 권고 사항을 제안한다. 1) IBM은 사용자는 AI가 무엇을 왜 하고 있는지 지속적으로 물어볼 수 있어야 한다. 2) AI가 개인 식별 정보, 개인 건강 정보 또는 생체정보와 같은 매우 민감한 개인정보 데이터를 다루는 경우, 의사결정과정을 검토할 수 있어야 한다. 3) AI의 도움을 받아 사용자가 매우 민감한 의사결정을 내리는 경우, AI는 사용자에게 추천에 대한 충분한 설명 및 사용된 데이터와 추천의 근거를 제공하여야 한다. 4) 팀은 AI의 의사결정 과정에 대한 기록에 접근하고 이러한 의사결정 과정을 검증할 수 있어야 한다.

예를 들어, 호텔에 인공지능 비서를 제공할 경우 위의 가이드라인에 따라 1) 투숙객은 가상 비서를 사용할지 여부를 명시적으로 선택하고 AI의 추천과 제안을 볼 수 있는 UI가 제공되어야 함 2) 팀은 투숙객에 대하여 음성 또는 UI를 통해 개인정보 동의 요청 3) 허가를 받은 상태에서 AI는 방문할 곳을 추천하고 투숙객은 추천의 이유와 추천에 어떤 데이터가 사용되었는지를 물어볼 수 있어야 한다.

라. XAI(eXplainability AI)

미국 국방연구원(DARPA)은 2017년부터 산업계, 학계 전문가로 구성된 연구팀을 운영하여 2021년 4월까지 XAI 개발 프로그램을 추진하고 있다[16]. 인공지능의 가능성에도 불구하고 자신의 결정과 행동을 인간 사용자에게 설명할 수 없기 때문에 사용에 있어서 제한적일 수 밖에 없다. 국방 분야에서 설명가능한 AI는 전투병이 미래의 인공지능 파트너를 신뢰하고 효과적으로 관리하기 위해서는 필수적이다. 새로운 기계 학습 시스템은 근거를 설명하고 강점과 약점을 특성화하며 미래에 어떻게 행동할지 설명할 수 있어야 한다. 이를 위해서는 사용자에게 설명이 가능한 새로운 머신러닝 모델을 생성하고 인간과의 상호작용이 풍부한 시스템이어야 한다. 다음 [그림 5-3]은 설명가능한 AI에 대한 개념도를 나타낸 것이다.

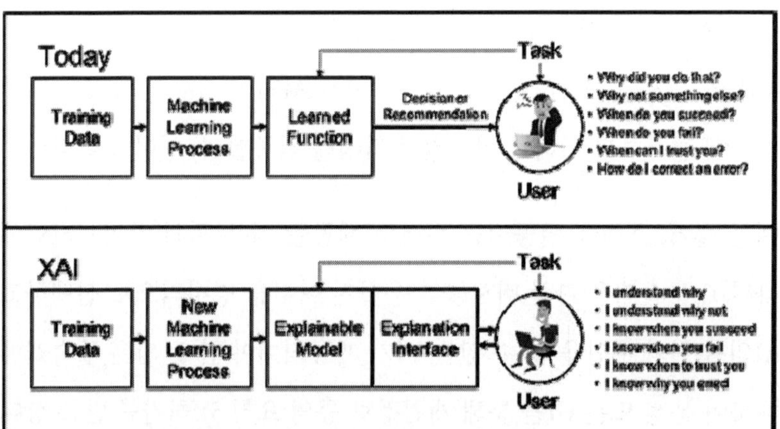

[그림 5-3] 설명 가능한 AI 개념도

16) Matt Turek(2017). Explainable Artificial Intelligence(XAI). url: https://www.darpa.mil/program/explainable-artificial-intelligence.

6.
맺음말

신뢰할 수 있는 인공지능의 구축은 다양한 요소를 필요로 한다. 특히, 개인정보 보호, 책무성, 안전과 보안, 투명성과 설명가능성에 대하여 살펴보았다. 개인정보 보호와 관련하여 인공지능 시스템은 대규모의 데이터를 처리하며, 이 중에는 개인정보가 포함될 수 있으므로 이러한 정보가 유출되면 개인의 사생활 침해 및 금전적 손실이 발생할 수 있기 때문에 보호가 필수적이다. 책무성 관련하여 인공지능의 결정이나 행동으로 인한 결과에는 책임이 수반되어야 한다. AI로 인한 오류나 예기치 못한 결과에 대한 책임을 명확히 하면 사용자는 AI를 더 신뢰하게 될 것이다. 안전과 보안 관련하여, 안전하지 않은 AI는 사용자에게 위험을 초래할 수 있으므로 외부의 공격자로부터 시스템을 보호하는 것이 매우 중요하다. 인간을 대신하는 많은 인공지능 서비스들이 사람을 보호하는 것이 최우선이 되도록 기술이 개발되어야 한다. 투명성과 설명가능성 관련하여 사용자는 AI의 작동 방식과 의사결정 과정을 이해하고자 한다. 인공지능이 투명할수록 신뢰가 높아지며, 설명가능성은 복잡한 AI의 결정을 사람들이 이해할 수 있도록 해 준다. 그러므로 인공지능이 인간을 중심으로 신뢰할 수 있는 기술로 발전하도록 관심을 가져야 한다.

참고문헌

- Mohammad Jamal(2018.5.21.). This school scans classrooms every 30 seconds through facial recognition technology. Techjuice.https://www.techjuice.pk/this-school-scans-classrooms-every-30-seconds-through-facial-recognition-technology/
- ChosunBiz(2020.10.5.). 범죄 악용 '딥페이크' 발전속도 빨라··· MS·페북 방어전선 한계. https://biz.chosun.com/site/data/html_dir/2020/10/05/2020100502248.html
- 홍성욱(2019.8.23.). 인공지능은 인간을 차별하는가?. 고등과학원. https://horizon.kias.re.kr/10971/
- 조희정(2012.12.17.) 사이버불링의 현황과 과제. KISO저널. https://journal.kiso.or.kr/?p=60#5
- 최창현(2020.06.12.). IBM, MS, AWS 등 AI 얼굴인식 사업포기 및 중단... 중국, AI 얼굴인식 기술 천하통일 하나? 인공지능 신문. https://www.aitimes.kr/news/articleView.html?idxno=16693
- 박철응(2009.10.21.) 초등생 34% "스트레스 풀려고 악성댓글". 한경닷컴. https://www.hankyung.com/society/article/200910211184g

6장
버크만센터 인공지능 윤리 범주별 사례 (2)

1.
공정성과
비차별성

편향성은 특정한 방향으로 치우치는 경향을 뜻하는 것으로 오랜 시간을 두고 내면화된 경향성을 뜻한다. 인공지능의 편향성은 머신러닝을 통한 학습이 한 쪽 방향으로 치우친 결과를 나타내는 것을 의미한다. 인공지능이 머신러닝을 통해 편향성이 강화되어 잘못된 결과를 낳는 많은 사례들이 제시되고 있다. 2019년 6월 25일 개최된 'Google AI 포럼'에서 Becky White는 인공지능의 편향성에 대하여 다음과 같이 언급하였다. '불공정한 편견을 만들거나 강화하지 않는다는 원칙은 공정한 편견과 불공정한 편견을 구별하는 것이 단순하지 않으며 문화와 사회에 따라 다르다'. 특히 인종, 민족, 성별, 국적, 소득수준, 성적 지향, 장애, 정치적/종교적 신념 등과 같은 민감한 특성과 관련해 부당한 영향이 미치지 않도록 하는 것이 중요하고 언급했다. 그녀는 모든 사람에게 공정하고 포용적인 시스템을 만드는 것도 중요하지만 편향성이 나타나는 이유를 세 가지로 제시하였다. 첫째, 머신러닝 모델이 현실세계의 데이터에 의존하고 있으므로 모델이 정확하다고 하더라도 데이터에 내재된 인종, 성별, 종교 등에 따라 편향을 학습하게 될 수 있다고 지적하였다. 둘째, 한 시스템이 모든 상황에서 공정하게 작동하는 것을 보장할 수 없다. 예를 들면, 구글은 머신러닝 시스템을 활용해 사람들의 성적 지향을 구분할 수 있다는 논문에 대해 비판적 의견을 제시하였다. 이 논문에는 남성 동성애자는 턱이 좁고 이마가 큰 여성적인 얼굴을 가진 반면 여성 동성애자는 반대로 남자와 같은 얼굴을 가지고 있다고 주장했다. 이에 대하여 구글은 얼굴 찍는 사람의 포즈, 화장 여부 등에 따라 결과가 달라질 수 있음을 지적하였다. 셋째, 공정성에 대한 표준적인 정의가 부재한다고 지적하였다. 머신러닝 시스템에 공정성의 기준을 적용하기 위한 기준이 없다. 공정한 기준을 세우려면 사용자 경험, 문화, 사회, 역사, 정치, 법률, 윤리 등의 다양한 사항을 고려해야 하며, 이들은 서로 상충하는 요소가 있을 수도 있기 때문이다.

편향성은 크게 세 가지로 선택 편향, 확증 편향, 자동 편향으로 구분한다. 선택 편향은 지리적 편향으로 지역적 특성에 따라 인공지능에 편향이 나타난다. 예를 들면, "북미 데이터를 머신러닝한 AI는 북미 지역에 대한 편향이 존재한다"며, "이는 신발이나 음식 등 모든 게 편향"으로 나타나므로 확대 적용하는 것을 주의해야 한다. 확증 편향은 가지고 있는 생각이나 신념을 확인하려는 경향을 의미한다. 데이터 수집 과정에서 조사자의 생각과 신념이 반영되며, 이것은 데이터 처리 과정에도 영향을 미치게 된다. 자동 편향은 머신러닝이 자동 처리 데이터를 비자동 처리 데이터보다 선호함에 따라 특정 데이터를 배제하게 되고 이로 인하여 편향성이 강화되는 결과를 가져온다.

가. 인공지능 데이터 편향성

2016년 5월 미국 백악관이 발표한 '빅데이터: 알고리즘 시스템, 기회, 그리고 시민 권리에 대한 보고서'에서 빅데이터 분석과 머신러닝이 신용 평가와 대출, 고용, 교육, 사회 정의 등의 영역에서 차별이 이루어질 수 있는 위험을 지적했다. 기업이 확보한 데이터를 이용한 기계 학습은 다양한 비정형 데이터를 분석하여 자신의 판단과 결정을 하게 되면서 사람들은 데이터나 학습된 논리, 또는 프로그래머가 작성한 알고리즘이 편향되거나 특정 집단의 사고와 편견을 반영할 수 있는 가능성으로 인하여 누군가 불합리하게 차별 받을 수가 있다. 이와 같은 문제는 구글의 검색에서 손쉽게 확인할 수 있다. 영어로 '전문적인 여성 헤어 스타일'과 '비전문적인 여성 헤어 스타일'을 검색하면 전자는 대부분 백인 여성의 이미지가, 후자는 주로 흑인 여성의 이미지가 등장한다.

마이크로소프트사의 인공지능 채팅봇 테이(Tay)는 부정확하고 편향적인 데이터 학습으로 성차별, 인종차별 등의 발언을 트위터에 쏟아내 서비스 개시 16시간 만에 중단되었다. 2016년 3월 마이크로소프트는 사람들에게 즐거움을 주기 위한 목적의 인공지능 채팅봇 테이(Tay)를 공개하였는데, "나는 페미니스트들을 싫어한다. 그들은 모두 죽은 뒤 불태워져야 한다" 등 성차별적 발언과 극우적 정치 성향 등을 보였다.

구글의 이미지 인식에서 흑인 여성을 고릴라로 인식하거나 또한 위챗의 번역 과정에서 니그로(Negro)라는 용어를 사용하는 사례도 있었다. 국제미인대회 참가자들의 프로필 사진을 심사할 목적으로 개발된 알고리즘은 백인을 제외한 유색인종 여성들을 입선에서 배제하여 논란이 되었다.

나. 알고리즘의 편향성

2018년 10월 아마존은 AI 채용 프로그램을 폐기했다. 아마존의 AI 채용 프로그램 개발자는 과거 후보자의 이력서에 나타난 50,000가지 용어를 인식하도록 가르쳤으며, IT 지원자들이 보유해야하는 기본적인 기술에 일정 점수를 부여하게 하였다. 결과적으로 여성보다 남성 지원자를 선호하는 패턴을 발견하는 등, 소프트웨어 개발자 직무 및 기타 직종 후보 선정에 있어 성 중립적 방식으로 평가하지 않는 것이 발견되었다. AI 채용 시스템은 지난 10년 동안 회사에 제출된 이력서 패턴을 관찰하여 구직자를 조사하도록 훈련되었고, 제출된 대부분의 구직서류가 남성이었다는 것, 이에 따라 기술 산업 전반에 미친 남성 지배력이 반영된 것으로 보고 있다.

알고리즘이 특정 정당에 편향된 여론 형성과 선거 결과에까지 영향을 미치기도 하였다. 알고리즘의 편향성이 반영된 개인 추천 시스템이 대통령 선거 후보자에 대한 유권자들의 판단에 영향을 미쳤다는 주장(Polonski, 2016)이 있었으며, 지난 미국 대선에서 유튜브 알고리즘이 추천한 트럼프에게 우호적인 콘텐츠가 대부분 허위조작정도(fake news)라는 주장(Chaslot, 2016), 2016년 가디언(The Guardian)지가 유튜브 자동추천영상을 분석한 결과, 643개의 편향적인 콘텐츠 중 551개(85.7%)가 트럼프를 지지하는 것으로 나타났다.

다. 젠더 차별

'인공지능과 젠더 차별(한애라, 2019)'이라는 논문에서 인공지능 알고리즘이 차별이나 편향이 강화될 우려가 있으며 특히, 젠더차별에서 두드러지게 나타난다고 지적하였다. 인공지능 알고리즘은 설계 단계에서 개발자의 편향을 반영하거나 소수자 데이터 대표성의 결여로 인하여 차별이 발생할 수 있으며, 과거의 데이터로부터 전통적인 편향을 학습하여 확대 재생산할 수 있다고 주장하였다. 인공지능 활용 영역에서 젠더차별은 인공지능 스피커의 디자인에서 여성 목소리를 기본으로 설정하거나, 안면인식 알고리즘이 여성을 남성에 비하여 정확하게 인식하지 못한다거나, 여성이 인공지능 입사지원 선별 시에 남성보다 불리하게 취급되거나, 여성의 신용한도가 남성보다 적거나, '여성스러운' 광고에만 노출되는 등의 여러 형태로 나타난다. 반면 전문가적 권위가 필요한 경우에는 남성의 목소리가 선호된다. 예를 들어 Watson은 Jeopardy 게임에 출연하면서 남성의 목소리로 문제를 풀었다. 미국 아동들을 대상으로 한 컴퓨터 음성에 의한 교육 프로그램의 효과 연구에서, 아동들은 그 교육내용과 이를 가르치는 컴퓨터 음성의 젠더가 일치할 때(여성 목소리로 '피부 관리, 화장, 공주, 댄스', 남성 목소리로 '공룡, 축구, 기사'를 가르칠 때) 가장 높은 교육 효과를 나타냈다고 한다. 이와 같은 관점에서 기업이 인공지능 스피커의 목소리로 여성을 선호하는 것은 사람들이 '도우미 역할은 여성이 수행한다'는 고정관념에 부합하도록 인공지능을 디자인하는 것이 효과적이며 상업적 가치가 있기 때문이라는 문제를 제기한다.

인공지능의 학습을 위하여 여성 또는 소수자에 대한 데이터가 부족하기 때문에, 여성이나 소수자는 학습 데이터에서 충분히 대표성을 가지지 못한다. 여성에 관한 고용 데이터나 대출 데이터가 부족하다면 남성이 해당 영역에 대한 대표성을 가지게 되어 여성이나 소수자에게 편향이 일어날 수 있다. 대표성에 의한 편향은 의료 분야에서 대부분의 연구자가 남성이므로 여성에 대해서도 동일한 치료를 하게 되는 일이 발생할 수 있다.

2018년 Buolamwini와 Gebru가 수행한 실증연구는 여성, 흑인 등에 대한 데이터 부족으로 인한 안면인식률 차이에 관한 연구에서, 연구자들은 Microsoft, IBM, Face++의 안면인식 알고리즘을 이용하여 흑인 여성, 흑인 남성, 백인 여성, 백인 남성의 사진을 인식시켰으며 그 중 백인 남성의 오류율은 0.0~0.8%에 불과한 반면, 흑인 여성의 오류율은 최대 34.7%에 이르렀다. 2016년 구글은 인종차별적인 검색 결과를 나타내었다. 구글 이미지 검색창에 "three white teenagers"라고 검색하면 정상적인 사진들이 노출되지만, "three black teenagers"라고 입력하면 범죄자들의 사진을 노출 시키는 화면이 제시되었다.

라. 자율주행 자동차의 알고리즘 편향

미국 조지아공대(Georgia Institute of Technology)의 연구에 따르면, 어두운 피부색 보행자인 경우 밝은 피부색인 경우보다 자율주행차에 치일 가능성이 높다고 밝혔다. 자율자동차가 밝은 피부 톤을 가진 보행자를 더 잘 감지하기 때문인 것으로 알려졌다. 연구팀은 "자율주행 자동차에 적용된 객체 감지 모델이 다양한 인구 집단을 얼마나 정확하게 감지하는가"를 확인하기 위하여 보행자 이미지가 들어있는 데이터 세트를 이용하여 Fitzpatrick척도를 사용하여 사람들을 구분하였다. 연구 결과, 피부색이 어두운 집단에 대해서 탐지 정확도가 5% 포인트 떨어지는 것으로 나타났다. 그러나 이 연구는 자율주행자동차에서 실제로 사용하는 객체 감지 모델을 테스트하지 않았고 제조업체가 실제로 사용하는 훈련 데이터 세트도 사용하지 않았다. 그럼에도 불구하고 연구자들은 기업의 데이터를 실제로 사용할 수 없기 때문에 연구의 한계가 있으나 이것을 공익적인 관점에서 심각성을 드러낸다고 지적하였다. 이와 같은 편향이 나타나는 이유에 대하여 연구자들은 다음과 같은 점을 지적하였다. 첫째, 객체 감지 모델은 대부분 피부가 밝은 보행자의 예를 대상으로 훈련된 것이다. 둘째, 모델은 자신들이 가지고 있는 피부가 어두운 사람들의 몇 가지 사례를 통해 학습함으로써 충분한 비중을 두지 않았다는 점을 밝혔다. 이를 해결하기 위하여, 연구자들은 훈련 데이터에서 해당 샘플에 더 많은 가중치를 부여할 경우 편향을 수정할 수 있었다고 지적하였다.

마. 링크드인 AI편향성 감지 도구, LiFT

비즈니스 소셜네트워크 서비스 기업 링크드인(LinkedIn)은 2020년 8월, AI모델의 편향성을 감지하는 도구(LinkedIn's Fairness Toolkit, LiFT)를 공개하였다. 링크드인은 AI를 활용할 경우, 특정 속성을 지닌 회원을 차별하는지를 LiFT로 감시하고 친구 추천, 직업 추천, 랭킹 도출, 회원의 문제 행동 적발에 AI를 활용하고 있으며 이를 오픈소스로 공개하여 자신들이 개발하는 AI의 편향성을 감시할 수 있도록 하였다.

LiFT는 데이터 세트의 편향성과 모델의 통계적 공정성을 검증하고,

대규모 데이터 기반의 다양한 AI모델에 적용할 수 있다고 한다. 특정한 성별, 인종, 연령, 지역에 속하는 회원 집단이 훈련 데이터 세트에 지나치게 많거나 적은지 판단하여 개발자가 편향성 없는 데이터 세트를 구성할 수 있도록 지원하고 개발자가 AI 모델이 공정한 결과를 도출하는지 판단할 수 있도록 속성이 상이한 회원 간에 AI가 동일한 성능을 발휘하는지 통계적으로 검증할 수 있도록 한다.

바. 영국, 알고리즘을 활용한 성적 산출 시스템 도입 철회

영국 정부는 2020년 4월, 코로나19 사태로 고등학생의 졸업자격시험(GCSE)과 대학입학시험(A-level)을 취소하고, 이를 대체할 AI 기반 평가 시스템을 도입하기로 결정하였다. 과목 담당 교사가 각 학생의 예상 점수를 산정하여 영국 시험감독청(Ofqual)에 제출하면, AI로 점수를 재조정하여 최종 성적을 산출하는 방식이다. 이 때 AI는 교사가 산출한 예상 점수 외에 출신 학교의 과거 3년간 시험 성적 분포, 그리고 해당 학생의 과목석차 등 3종류의 데이터를 활용해 성적을 산출하였다. 그러나 2020년 8월 성적 발표 후, 전반적인 성적 하락 및 평가의 불공정성에 대한 비판이 제기되자 성적 산출 시스템 도입을 철회하였다. 교사들이 학생에게 높은 성적을 부여하는 '학점 인플레이션'을 조정하는 과정에서 작년보다 평균 성적이 40% 하락하는 문제 발생하였다. 교사가 산출한 예상 점수보다 높은 성적을 받은 학생 비율은 2.3%인 반면, 35.6%는 1등급 하락, 3.3%는 2등급하락, 0.2%는 3등급이 하락하였다고 한다. 공립학교와 빈곤 지역 학생 다수의 성적이 하락하여, 부유층이 다니는 사립학교 학생들이 반사 이익을 얻는 등 불공정성에 대한 논란이 일어났다. 알고리즘에 의한 성적 산출이 심각한 문제를 야기하자 영국 정부는 이를 철회하고 담당 교사에 의한 평가 점수 (Centre assessment Grades)를 사용하도록 결정하였다고 한다. AI 알고리즘에 의한 점수가 교사가 산정한 점수보다 높을 경우 알고리즘 평가 결과를 사용할 수 있도록 한시적 지침을 제시하였다고 한다.

Wired지는 이와 같은 상황에 대하여 2020년 8월 16일 교육부 외부에 수백 명의 학생 시위대가 모여 알고리즘으로 평가하려는 정부의 계획을 비판하였다고 전했다. 비영리 프라이버시의 미래 포럼 (Future of Privacy Forum)의 정책 고문 인 Polly Sanderson은“이러한 종류의 모델이 너무 많은 사람들에게 미칠 수 있는 잠재적인 위험과 불공정성이 실제로 전면에 드러났다.”고 지적하였다. 학생들은 자신의 삶에 대한 결정이 자신이 통제할 수 없는 과거 데이터를 기반으로 이루어지는 것을 받아들일 수 없으며 하나의 기준에 모든 것을 결정하기보다 자신의 잠재력이 반영될 수 있는 시스템이어야 함을 주장하였다.

2.
기술에 대한
통제

인공지능이 점차 발전함에 따라 특정 영역 또는 일반 영역에서 스스로 의사결정을 하게 되는 경우 인간의 통제를 벗어남으로써 발생하는 문제를 말한다. 오늘날의 학생들은 인간 지능을 복제하도록 만들어진 기계가 위기 상황에서 어떻게 행동할 것인지에 대하여 그들의 미래를 위해 중요한 결정을 하게 될 것이다. 이와 같은 기계들을 훈련시키는데 사용되는 "데이터"는 인공지능이 어떻게 동작할 것인지에 매우 큰 영향을 미친다. 우리가 고안한 인공지능이 강력해질수록, 그것은 다시 우리에게 영향을 미치게 될 것이므로, 미래의 개발자들은 인간들이 만든 기술에 대한 통제력을 유지하기 위해 지혜를 모으고 미래를 고민해야 한다.

가. 구글, 메이븐(Maven) 프로젝트 철수

구글은 2018년 6월 미국 국방부와 맺은 인공지능 군사 프로젝트 '메이븐(Maven)' 계약을 연장하지 않기로 발표했다. '메이븐'은 인공지능(AI) 기술을 이용해 드론 등 무인 항공기가 찍은 비디오 이미지 분석의 정확도를 향상시키는 미국 국방부의 방위 산업 프로젝트 이름이다. '뉴욕타임스'는 "펜타곤과 구글은 구글의 기술이 인간 조작자 없이 발사될 수 자율 무기 시스템을 만드는 데 사용되지 않을 것임을 강조하고 있다"면서도 "워싱턴의 방위 산업, 특히 제임스 매티스 국방장관에게는 미군의 살상력을 높이는 것이 중심 목표"라며 구글의 인공지능 기술이 살상용 무기에 사용될 가능성이 있다고 지적했다[17].

'블룸버그 통신' 등은 "구글이 국방부의 메이븐(Maven) 프로젝트에 자사의 머신러닝용 오픈소스 라이브러리인 텐서플로(TensorFlow)를 제공, 드론 영상의 사물 자동 인식 기술을 지원하고 있다"고 보도했다. 이에 대하여 구글 직원 4000여명은 올해 4월 구글과 미 국방부(펜타

17) 조선비즈(2018.6.3.). 구글, 인공지능 군사 프로젝트 철수. 조선비즈10. https://url.kr/fmCyFB

곤)의 군사 프로젝트 중단을 요구하는 서명 운동을 벌였다. 이들은 순다르 피차이 구글 최고경영자(CEO)에게 보내는 서한을 통해 "회사는 '메이븐'에서 즉각 철수하고 전쟁 기술을 구축하지 않겠다고 발표하라"고 요구했다.

인공지능 기술이 인명 살상과 공권력의 통제, 감시 기술로 이용될 것이라는 우려가 커지고 있다. 고(故) 스티븐 호킹 등 유명 인사 2000명은 2017년 2월 미국 캘리포니아 아실로마 인공지능 콘퍼런스에서 인공지능의 평화적 이용을 촉구하는 '인공지능 기술 23 원칙', 이른바 '아실로마 인공지능 원칙'을 발표하기도 했다.

나. 카드 사용 제한

기술의 발달로 인하여 인공지능의 성능이 향상되면서 기업들은 인공지능에게 일부 기능에 대한 자율성을 부여하여 스스로 판단하고 결정하도록 하고 있으며 이는 더욱 확산될 것으로 판단된다. 인공지능에게 이러한 일을 맡기면 사람을 대신해서 쉬지 않고 일할 수 있으므로 편리성이 높아지겠지만, 그 반대로 위험을 초래할 수 있다.

> 몇 해 전에 미국에서 있었던 일이다. 콜린 알렌은 텍사스에서 캘리포니아까지 운전을 했다. 목적지에 도착할 때까지 신용카드를 사용하지 않을 작정이었지만 급유가 필요해 주요소에서 카드를 사용했다. 하지만 카드 사용이 거부당했다. 알고 보니, 신용카드 회사의 중앙 컴퓨터가 자동으로 알렌의 카드를 중지시킨 것이었다. 거주 지역으로부터 2,000마일 떨어진 곳에서 갑자기 신용카드가 결제 요구가 들어오자 이를 이상하게 여긴 컴퓨터가 취한 조치였다.

위의 사례에서 인공지능은 신용 카드 사용에 있어서 범죄를 최소화하도록 목표 설정이 되어 있었으며 거주지에서 매우 멀리 떨어진 곳에서 요청한 결재를 거부한 것이다. 이러한 문제가 사소할 수도 있으나 인공지능의 판단에 사용자들이 모두 동의할 수는 없을 것이다.

인공지능 통제에 대하여 연구자들은 “인공지능을 어떻게 통제할 것인가?”, “인공지능을 우리가 통제할 수 있는가?”와 같은 질문을 통하여 인공지능의 통제 범위에 대한 논쟁을 이어가고 있다. 약한 인공지능이라고 하더라도 특정 분야에서는 이미 인간이 할 수 있는 능력을 넘어서고 있다. 인공지능을 유용한 도구로만 활용할 때 그 기능을 충분히 이용할 수 있을 것이다. 그러나 유용한 도구의 범위를 넘어서는 인공지능은 어떻게 통제할 것인지에 대한 고민이 필요하다. 이와 같은 인공지능을 개발한다면, 어떻게 통제 가능한 인공지능을 개발할 것인지에 대한 연구가 선행되어야 할 것이다. “인간에게 유익하다”는 것은 윤리적인 가치를 구현할 수 있는 인공지능을 의미한다. 단순히 유용성이나 효율성에만 치우쳐 인공지능을 연구하기보다 통제 가능한 인공지능을 어떻게 구현하고 활용할 것인지에 대한 지속적인 연구가 필요하다.

다. 인공지능과 트롤리 딜레마

만약 당신이 초등학교 교사이고 학생들과 함께 기차를 타고 체험 학습을 가는 중이라고 하자. 그런데 마침 기차의 브레이크가 고장나 커다란 사고가 발생하기 직전이다. 옆의 선로에는 한 명의 노동자가 열심히 일을 하고 있다. 그 기차가 탈선한다면 기차 안의 많은 사람들이 다치게 될 것이다. 만약 당신이 기차를 다른 선로로 바꿀 수 있는 스위치 옆에 있다면 모두를 구하기 위해 한 명의 노동자를 희생하겠는가?[18] 자율자동차는 이미 스스로 도시의 도로를 달리고 있다. 이 자동차는 인간이 조작하는 자동차보다 더욱 안전할지 모르지만 완벽하게 사고를 피할 수는 없을 것이다. 만약 회피할 수 없는 사고에 직면했을 때, 그 자동차는 무슨 일을 하도록 프로그램되어 있을까? 자율 주행 자동차의 딜레마에 대한 논쟁은 지속될 수 밖에 없을 것이다.

MIT의 Moral Machine은 다음 [그림 6-1]과 같이 자율 주행 자동차 사고로 누가 죽는지를 결정하는 시뮬레이션을 제공한다[19]. 이 플랫폼은 233개 국가 및 지역의 수백 명의 사람들로부터 10개 언어로 4천만 개의 결정을 수집했다. 그 결과는 누구를 죽이고 구할 것인지를 결정하는 가장 큰 역할은 문화라는 것을 제시하였다. 이 딜레마는 인공지능 기술이 더 나은 미래를 향해 나아간다고 하더라도 각 개인의 문화 및 도덕적 가치를 고려해야 함을 제시한다.

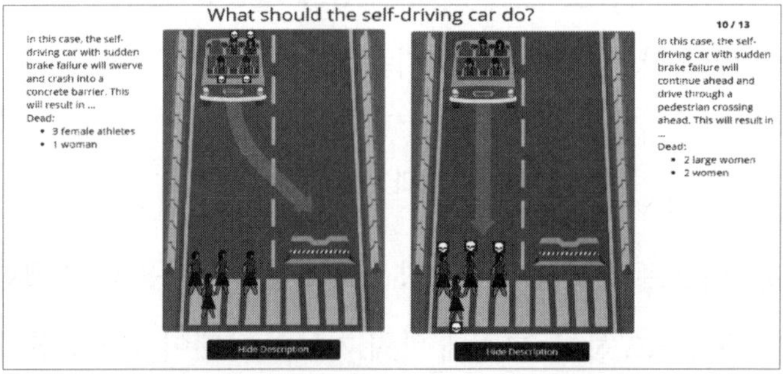

[그림 6-1] MIT의 Moral Machine 시뮬레이션 장면

18) https://youtu.be/yg16u_bzjPE

19) https://www.moralmachine.net/

라. 사이버 공격 및 보안

사이버 공격은 다른 컴퓨터나 네트워크를 공격하는 것을 말한다. 공격의 유형은 대체로 두 가지인데 다른 컴퓨터나 네트워크를 마비시키거나, 관리자 권한을 획득하는 것이다. 마비시키는 경우는 통칭 DDoS 라고 불리는 분산 서비스 거부 공격이고, 관리자 권한을 획득하는 경우는 해킹이라 불리는 공격이다. 사이버 공격의 이유는 여러 가지가 있지만 정부 대 정부로서 다른 국가의 특정 기관이나 서비스를 공격하거나 돈을 이유로 개인정보를 탈취하거나 기밀을 빼돌리는 경우도 있다. 최근에는 랜섬웨어라는 악성코드로 데이터를 강제로 암호화시키고 되찾으려고 하면 돈을 요구하는 경우가 늘고 있다. 사이버를 통한 시스템의 공격 및 보안에 대한 실제 사례를 제시하면 다음과 같다.

Google은 AI를 사용하여 모바일 엔드 포인트 위협을 분석하고 있다. 조직은 이 분석을 사용하여 점점 늘어나는 개인 모바일 장치를 보호할 수 있다. 미국 국토 안보부는 신체 움직임과 사람의 표정을 감시하는 AVATAR라는 시스템을 개발했다. AVATAR는 AI와 빅데이터를 활용하여 의혹을 불러일으킬 수 있는 작은 표정의 표정과 몸짓도 포착할 수 있다고 한다. 캘리포니아에 기반을 둔 Armorway와 같은 AI 기반 범죄 분석 도구는 AI 및 게임 이론을 사용하여 테러 위협을 예측한다. 해안 경비대는 또한 로스앤젤레스, 보스턴 및 뉴욕의 항구 보안을 위해 Armorway를 사용한다. AI 기반의 위협 탐지 프로그램인 Cognito는 ED & F Man Holdings가 네트워크에서 메타데이터를 수집 및 저장하고 특수한 보안 프로그램으로 시스템을 보호한다. 이 메타 데이터를 머신러닝과 함께 사용하여 실시간으로 공격을 탐지하고 우선 순위를 지정할 수 있다.

마. 데이터 주권의 문제

AI는 기계 학습을 통해 성능이 향상되는 만큼 전문가들은 데이터를 많이 확보할수록 유리하다. 데이터는 국경을 초월해 전송되고 공유되는 만큼 국내 데이터가 임의로 외국에 전송될 수 있어 향후 분쟁 소지가 많다. 빅데이터 소유권을 둔 국내 기업과 글로벌 기업간 싸움도 치열해질 것으로 예상된다. 한국과학기술기획평가원(KISTEP)이 지난해 발간한 인공지능 기술 보고서에 따르면 데이터를 기반으로 한 AI가 발전하면서 많은 데이터를 보유한 기업이 시장을 독점하고 기업간 양극화가 커질 가능성이 존재한다. 구글, 바이두 같은 플랫폼이나 다양한 데이터를 보유한 기업이 산업 주도권을 갖게 되고 그렇지 못한 기업들은 도태되기 쉽다는 것이다.

바. 지능형 의료와 데이터 보안

민감한 의료 데이터의 취합 및 활용과 관련하여 강력한 데이터 보안을 요구하는 집단과 자유로운 데이터 수집 및 활용을 요구하는 집단 간의 의견 차이가 존재한다. 지능형 의료 서비스의 성능 향상을 위해서는 기존의 의료 데이터를 학습하거나 웨어러블 디바이스를 통해 개인 의료정보에 접근하는 것이 필수적이나 우리나라는 미국 등 해외 선진국들에 비해 의료 데이터에 접근하거나 통합할 수 있는 시스템이 취약한 상황이다. 한편, 민감한 의료 데이터를 안전하게 다루기 위해서는 개인정보 보호 설정이 중요하나, 지능형 의료 서비스가 무선인터넷으로 연결된 자동화 시스템이나 로봇을 통해 제공되는 경우 개인정보 유출에 대한 우려가 심화될 가능성 존재한다. 의료, 제약업계의 정보 보안은 매우 열악한 상황이며, 2010년 대비 2015년의 의료 관련 해킹 활동 역시 125% 증가하였다고 한다.

최근 디지털 모바일 헬스케어 애플리케이션 시장의 폭발적으로 증가할 것으로 예상되고 있으며, 우리나라는 고령화로 인하여 ICT 기반의 디지털 헬스케어와 의료 영상 분석이나 진단, 신약개발연구 등에 인공지능 기술이 활용되고 있다. 다양한 웨어러블 기기를 통한 건강정보(맥박, 혈당량, 체온 등)를 수집하고 분석하는 서비스 및 음성인식 기술을 이용한 의료 녹취(Medical Transcription)서비스 등이 개발 중이다. 국내 스타트업 루닛(Lunit), 뷰노(Vuno) 등은 딥러닝을 이용한 의료 영상 분석 서비스 제공, IBM 왓슨을 이용한 인공지능 진단 시스템으로 암, 백혈병 등에 대한 조언을 제공, 신약 개발 분야에서 수많은 약물 분자식 중 최적의 조합을 찾아내어 의약품 개발의 속도와 효율성을 향상시키도록 한다.

미국 종양학회는 MD 앤더스 암센터 등 미국의 주요 5개 병원들이 IBM 왓슨을 이용하여 암진단을 실시한 결과 진단의 정확도를 82.6% 수준으로 개선되었음을 발표하였다. 암전문의의 초기 오진 비율은 20~44% 수준이라고 한다. 또한 미국 UC 샌프란시스코 등 5개 대학병원에서 인공지능 로봇이 35만 건의 약 처방을 조제하면서 단 한 번의 실수도 없었다는 연구결과가 발표하였다. 국내 대규모 병원의 처방 오류 건수는 하루 원외처방전 발급 대비 4~5% 정도이며 대부분 인간의 실수에 기인한다.

인간보다 10배 빨리 코로나19 환자 선별하는 의료AI 기술이 사용되고 있다.[20] 의료 스타트업 루닛이 개발한 폐 진단 보조 AI 기술은 최근 코로나19 의심 환자 선별에 활용되고 있다. 지난 2월부터 서울대학교 병원은 루닛의 폐 진단 보조 AI 기술(루닛 인사이트 CXR)을 코로나19 의심 환자 영상 판독에 적용하고 있다. 일반 흉부 엑스레이 판독보다 10배 이상 빠르게 환자를 분류할 수 있어 선별 작업에 큰 도움을 주고 있다고 루닛 관계자는 설명했다. 현재 전 세계 10여 개 국가에서 루닛의 솔루션을 활용하고 있다.

3.
전문가 책임

앞에서 언급한 인공지능의 편향성에 대한 많은 문제는 인공지능 개발에 참여하는 전문가들에 기인하는 부분이 있으므로 전문가의 윤리적 인식의 고양은 매우 중요한 과제이다. AI개발에 참여하는 전문가는 시스템의 결과에 어떻게든 영향을 미치고 있음을 인식하고 관련 분야의 이해관계자와 문제를 협의하고 바람직한 결과를 도출할 수 있도록 노력하여야 한다. 아실로마 인공지능 개발 원칙 23가지에는 연구 이슈 영역을 별도로 두었는데, 여기에 전문가의 역할을 다음과 같이 기술하고 있다. 연구 목표는 "인공지능 연구의 목표는 방향성이 없는 지능을

20) https://www.asiae.co.kr/article/2020100322152301304

개발하는 것이 아니라 인간에게 유용하고 이로운 혜택을 주는 지능을 개발하는 것이다."라고 선언하고 연구에 참여하는 연구자들을 위하여 '3) 과학정책 연결 : 인공지능 연구자와 정책 입안자 간에 건설적이고 건전한 교류가 있어야 한다. 4) 연구 문화 : 인공지능 연구자와 개발자 간에 협력, 신뢰, 투명성의 문화가 조성되어야 한다. 5) 경쟁 피하기 : 인공지능 시스템 개발팀들은 안전기준에 대비해 부실한 개발을 피하고자 적극적으로 협력해야 한다.'고 전문가의 역할에 대하여 권고하고 있다[21].

한상기(2019)는 인공지능 개발에 있어서 전문가들이 우려하는 문제는 현재 인공지능 개발에 참여하는 대부분의 엔지니어가 남성이라는 점에서 부지불식간에 남성 중심의 사고 방식이 컴퓨터 코드에 반영되고 있다고 우려를 표한다[22]. 기업이 인공지능 기술을 도입해야 한다면 윤리적 문제를 최소화하기 위하여 준비를 해야 한다고 강조한다. 전문가의 역할에 대하여 첫째 '여러 분야의 전문가로 구성된 윤리위원회 구성'을 제안한다. 인공지능 개발 회사는 제품과 서비스를 출시하기 전에 잠재적인 윤리 이슈가 존재하는 지를 검토하기 위한 윤리위원회를 구성하도록 권고한다. 둘째, '내부 전문가와 개발자를 위한 윤리 원칙의 수립'이다. 개발자들이 인공지능 개발과정에서 엄중하게 지킬 수 있도록 내부 절차를 만들어야 한다고 강조한다.

과학기술정보통신부는 2020년 12월 22일 발표한 '인공지능 윤리기

21) FLI. 아실로마 AI 원칙. url : https://futureoflife.org/ai-principles-korean/

22) 한상기 테크프론티어 대표(2019). "인공지능 윤리의 주요 이슈와 기업의 대응". "기업윤리 브리프스(2019.10.), 국민권익위원회. url:https://www.acrc.go.kr/acrc/briefs/201901/html/sub.html.

준'의 공개 문서에도 인공지능 윤리 기준을 만드는 과정에 대하여 언급하였다.

> "과기정통부는 인공지능·윤리 전문가로 구성된 인공지능 윤리연구반을 통해 국내외 주요 인공지능 윤리원칙을 분석하고, 그 결과를 윤리철학의 이론적 논의와 연계하여 '인간성을 위한 인공지능(AI for Humanity)'을 목표로 하는 윤리기준 초안을 마련하였으며, 3개월에 걸쳐 학계·기업·시민단체 등 각계의 다양한 전문가로부터 의견을 수렴하였다."

위 기준안에서 밝히고 있는 것처럼 인공지능 개발에 있어서 전문가의 책임은 매우 크다고 할 수 있다.

윤리적인 AI를 만들기 위하여 전문가들이 참여하는 선도적인 기관들을 소개하면 다음과 같다.

가. RSSC(Responsible Computer Science Challenge)

RSSC는 학부 컴퓨터 과학 교육에서 윤리 교육을 개선하기 위한 선도적인 역할을 수행한다. RSSC는 "기술 제품 설계에 있어서 종합적인 사고를 할 수 있는 새로운 엔지니어 운동"을 지향한다. 교육적 과제는 Mozilla재단, Omidyar network, Schmidt Futures, Craig Newmark Philanthropies간의 파트너십으로 만들어졌다. 도전과제는 2020년 7월까지 학부 기술 및 공학 교육에 윤리를 도입하는 '선구적인 접근 방식'을 제안하는 대학에 350만 달러를 지원하는 것이다. 첫 번째 도전에서 Georgetown university는 컴퓨터학과 학생과 윤리학 학생이 함께 참여하는 공식적인 협력 방안을 제시하였다. 또 다른 우승자는

Georgia Institute of Technology는 입문 수준의 컴퓨터 과학 수업에 게임화를 도입하였다. 1학년 학생들은 기술의 사회적 영향에 대하여 RPGS로 시뮬레이션 한다.

나. The Institute for Ethical AI & Machine Learning

이 연구소는 윤리적 AI 개발에 관한 최첨단 기술 연구를 수행하는 영국의 글로벌 센터이다. 연구 분야는 주로 윤리 절차, 프레임워크, 운영 및 배포 등을 포함한다. 연구소는 산업 전문가, 학계 및 정책 입안자와 협력하는 머신러닝 및 데이터 과학 전문가로 구성된 자원 봉사 팀이 있다. 연구소는 안전한 AI를 보장하기 위한 편견, 보안 통제 등에 대한 평가를 포함하는 윤리적 AI에 대한 8 가지 원칙을 만들었다 . 다른 프로젝트로 기업이 안전, 품질 및 성능을 기반으로 AI 시스템을 선택하는 데 도움이 되도록 설계된 일련의 템플릿으로 AI-RFX 조달 프레임워크가 있다.

다. The Open Robo Ethics Institute[23)]

ORI는 AI 혁신의 잠재적인 윤리적, 사회적 영향을 탐구하는데 전념하는 비영리 연구소이다. 2012년에 설립 된 ORI의 주요 목표는 기술자, 비즈니스 리더 및 규제 기관 사이에서 AI 윤리 지식을 향상시키는 것이다. 2017년에 ORI는 R 세대라는 컨설팅 회사로 역량을 확장했습니다. ORI의 컨설턴트는 기업의 대표가 윤리적 AI 개발을 할 때, 체계적인 접근 방식을 적용할 수 있도록 돕는 역할을 한다.

---

23) https://openroboethics.org/

인공지능 개발에 있어 전문가의 역할은 매우 막중하다. 특히 인공지능을 기술적인 관점에서 효율성만을 추구하고자 할 때, 윤리적 문제는 항상 제기될 수 밖에 없을 것이다. 인공지능 기술 가져올 결과를 충분히 고려하고 잠재적인 피해가 발행하지 않도록 경계하고 관련 분야의 전문가들과 공개적으로 논의할 수 있는 비영리 기구의 설립이나 참여가 적극 필요하다고 판단된다. 특히 인공지능 기술을 배우고 있는 학부과정의 학생들을 대상으로 인공지능과 윤리를 함께 가르치고 새로운 교수 전략을 개발하기 위한 지원도 필요하다.

4.
인적 가치
증진

가. 실직과 불평등의 심화

인적 가치 증진 원칙은 AI가 적용되는 목적과 이를 구현하는 수단이 사회적 규범과 일치하고 그 영향 아래 있어야 함을 의미한다. 이러한 관점에서 인공지능의 확대로 인하여 가장 관심이 많은 것은 일자리의 축소이다. AI가 지속적으로 인간의 일자를 빼앗고 생계를 잃을 가능성이 있다면 완전한 AI를 개발하고 사회에 적용하는 것이 타당한지 질문해야 할 것이다. McKinsey Global Institute 2017년 보고서에 따르면, 2030년까지 자동화로 인해 약 8억 개의 일자리가 대체될 것이라고 한다. 이 보고서는 중국, 독일, 인도, 일본, 멕시코, 미국을 대상을 자동화에 따른 직업의 변화를 분석하였다. 미국에서만 3,900만 – 7,300백만 개의 일자리가 자동화되어 전체 노동자의 1/3을 대체할 것이라고 한다. 한편으로는 인공지능이 새로운 일자리를 창출할 것이며 새로운 직업을 위해 재교육이 필요한 사람들은 중년의 전문가가 될 것이라고 한다. 또한 AI로 인한 자동화가 불평등을 증가시킬 가능성이 높다고 한다. 고임금의 창의적이고 인지적인 활동이 많은 직업은 고부가가치를 얻게 될 것이며, 중간 및 저숙련 직업에 대한 수요는 감소할 것이라고 한다.

다음 [그림 6-2]에 나타난 바와 같이, 이 보고서에는 자동화에 따른 교사(초등, 중등, 기타 교육 전문가, 보조 강사 등)의 직업 변화 추정치를 2030년까지 글로벌 추세를 제시하고 있다. 인도의 경우, 교사의 수요가 208% 증가가 예상되지만, 일본은 -8%를 나타내고 있다.

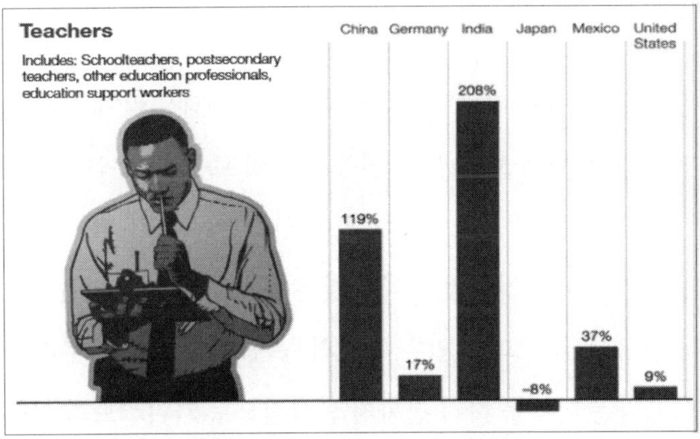

[그림 6-2] 2030년까지 교사에 대한 고용 전망

한편, 노동자를 AI로 대체할 경우, 로봇은 시간당 급여를 받지 않으며 세금도 내지 않고 지속적으로 낮은 비용으로 100%수준에서 작동할 수 있게 될 것이다. 이러한 상황에서 CEO와 이해관계자들은 AI 로봇이 창출한 기업의 수익을 더욱 많이 가져가게 되어 불평등이 심화될 것이라고 우려한다.

나. KAIST AI 무기 개발 비판

우리나라 한국과학기술원(KAIST)은 2018년 4월 5일 "국방 AI 융합센터" 설립으로 인하여 자율무기와 살인 로봇을 개발하고 있다는 의혹에 휩싸여 세계 29개국 57명의 인공지능 연구자들이 협력 연구 보이콧을 선언하였다가 철회하기도 하였다. KAIST는 연구 목적이 "살상용이나 공격용 무기 개발이 아니다"라는 내용의 해명을 내어 놓았으나 보이콧 선언이 바로 철회되지 않았다. KAIST는 센터의 목적이 방위산업 물류 시스템, 무인 항법, 지능형 항공훈련 시스템 등의 알고리즘 개발이라고 밝혔다.

한겨레(2018.4.5.)에 따르면, 토비 월시 오스트레일리아 뉴사우스 웨일스대 교수 등 세계 30개 국가 인공지능 및 로봇 공학 연구자 50여명은 "카이스트처럼 명망이 있는 기관이 인공지능 무기 개발을 통해 군비 경쟁을 가속하는 것처럼 보이는 것은 유감스럽다. 우리는 카이스트 총장이 연구센터가 '의미 있는 인간의 통제가 없는' 자율무기 개발을 하지 않겠다는 확약을 하기 전까지 공식적으로 카이스트의 어떤 부분과도 협력을 보이콧 하겠다"는 내용의 공개 편지를 발표했다고 한다. 이에 대해 KAIST는 대량 살상 무기, 공격무기 등 인간 윤리에 위배되는 연구와 통제력이 결여된 자율무기를 포함한 인간 존엄성에 어긋나는 연구 활동을 수행하지 않을 것임을 발표하였다.

5.
맺음말

신뢰할 수 있는 인공지능을 위하여 공정성과 비차별성, 기술에 대한 통제, 전문가 책임, 인적 가치 증진의 의미와 중요성을 정리하면 다음과 같다.

공정성과 비차별성은 AI 시스템이 모든 사용자에게 공평하게 서비스를 제공하며, 성별, 인종, 종교 등 특정 집단에 대한 편견 없이 작동해야 함을 의미한다. 편향된 데이터나 알고리즘을 기반으로 한 AI는 불공평한 결과를 초래하므로, 사회적 분열과 불신을 야기할 수 있다. 기술에 대한 통제는 AI의 기술과 그 결과물에 대한 인간의 통제 능력을 의미한다. 인간은 언제든 AI의 작동을 제어하거나 중단할 수 있어야 한다. 통제되지 않은 AI는 예기치 않은 행동을 할 위험이 있어 안전 문제나 사회적 문제를 초래할 수 있다. 전문가 책임은 AI를 설계, 개발, 배포하는 전문가는 그 기술의 결과에 대한 책임을 져야 한다. AI가 초래하는 문제나 위험에 대해 책임을 지지 않으면, AI 기술의 신뢰성이 저하될 수 있다. 인적 가치 증진을 위하여 AI는 인간의 삶의 질을 향상시키고, 인간의 가치와 권리를 존중하며 행동해야 한다는 것을 의미한다. 인간 중심의 AI는 사회 전체의 발전을 도모하며, 인간의 본질적 가치와 존엄성을 보호하게 된다. 즉, 신뢰할 수 있는 AI는 공정하고, 인간의 통제 아래에 있으며, 그 결과에 대한 책임이 명확해야 하고, 무엇보다 인간의 삶과 가치를 중심으로 해야 한다. 위와 같은 원칙들이 잘 지켜질 때, AI가 사회와 조화롭게 발전하는 데 기여할 것이다.

참고문헌

- 2017년 인공지능 전문가들이 미국 캘리포니아 아실로마에서 '이로운 인공지능 회의(Beneficial AI conference)를 열고 '미래 인공지능 연구의 23가지 원칙'이라는 가이드라인을 제안하였다.
- Future of life. 아실로마 AI 원칙. url : https://futureoflife.org/ai-principles-korean/
- http://kr.acrofan.com/detail.php?number=154366
- http://www.itworld.co.kr/news/145522
- https://ethical.institute/
- https://foundation.mozilla.org/en/what-we-fund/awards/responsible-computer-science-challenge/
- https://openroboethics.org/
- https://www.asiae.co.kr/article/2020100322152301304
- https://www.moralmachine.net/
- https://youtu.be/yg16u_bzjPE
- Matt Burgess(2020.8.20.). The lessons we all must learn from the A-levels algorithm debacle. https://www.wired.co.uk/article/gcse-results-alevels-algorithm-explained.
- McKinnsey & Company(2017.12) Jobs Lost, Jobs Gained: Workforce Transitions in a time of Automation. McKinsey Global institute.
- Sigal Samuel(2019). Vox.com. "A new study finds a potential risk with self-driving cars: failure to detect dark-skinned pedestrians." 접속일자 : 2020년 11월 19일. URL: https://www.vox.com/future-perfect/2019/3/5/1825192

4/self-driving-car-racial-bias-study-autonomous-vehicle-dark-skin

- SPRi(2020.09.08.). SPRi AI BRIEF, 인공지능 최신 동향과 시사점. AIB-021호.소프트웨어정책연구소.
- The White House (2016) "Artificial Intelligence, Automation, and the Economy." Available at: https://obamawhitehouse.archives.gov/blog/2016/12/20/rtificial-intelligence-automation-and-economy
- Yogesh Malik(2019.1.4.). Would You Kill A Ted Talker To Save A Nobel Prize Winner? AI, Trolley Problem &Facial Recognition. url: https://url.kr/d9lV5D
- 디지털 투데이 http://www.digitaltoday.co.kr/news/articleView.html?idxno=211754
- 이상헌(2018). 우리는 왜 인공지능에 대한 통제를 고민해야 하는가?. 철학연구. p. 263.
- 전창영(2020.5.20.). 알고리즘과 공존하는 인류의 첫 걸음. URL: https://brunch.co.kr/@jcy6194/1
- 조선비즈(2018.6.3.). 구글, 인공지능 군사 프로젝트 철수. 조선비즈10. https://url.kr/fmCyFB
- 한상기 테크프론티어 대표(2019). "인공지능 윤리의 주요 이슈와 기업의 대응". "기업윤리 브리프스(2019.10.), 국민권익위원회. url:https://www.acrc.go.kr/acrc/briefs/201901/html/sub.html.
- 한애라(2019). 인공지능과 젠더차별. 이화젠더법학, 11(3). p.5.

7장
빅데이터와 윤리

1. 빅데이터와 인공지능

현재의 머신러닝 기반 인공지능은 다음 [그림 7-1]과 같이 자료의 수집과 모델 설정 및 알고리즘 도입 그리고 신규 데이터에 대한 일치도를 확인하는 절차로 수행된다.

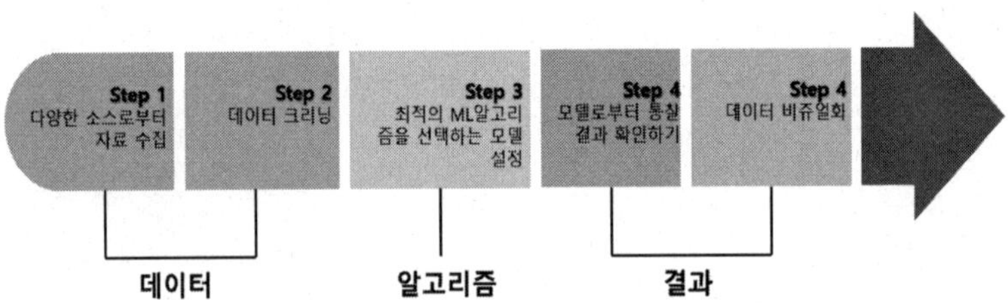

[그림 7-1] 머신러닝 프로세스

[그림 7-1]의 5단계는 빅데이터와 인공지능이 포함된 절차이다. 위와 같이 빅데이터는 단순하게 자료의 수집과 관리절차에 있는 것이 아니라 데이터의 시각화를 통한 통찰을 제공하는 것까지 포함하는 개념이다. 이에 빅데이터와 인공지능을 구분하는 것은 어려우며 그에 따른 윤리 영역을 명확히 구분하는 점도 곤란하다. 따라서 전체 빅데이터 머신러닝 프로세스 중에서 데이터 수집과 데이터 크리닝을 중심으로 기술하고자 한다. 또한 빅데이터 머신러닝 프로세스 전 과정에 걸쳐서 데이터와 관련되어 윤리적인 문제가 나타날 수 있는 부분에 대해서도 기술하고자 한다. 먼저 빅데이터의 개념과 특징에 대해서 간단히 살펴보고 데이터 수집과 관련된 윤리적인 문제를 탐색하고자 한다.

2. 빅데이터 특징과 윤리적 관점

가. 빅데이터 개념

사전적인 의미로 빅데이터는 많은 양의 데이터를 의미하는데 그 많고 적음에 대한 일반적인 기준은 없지만 보통 테라바이트(TB) 이상의 데이터를 빅데이터라고 지칭한다. 또한 기존의 데이터 마이닝과도 유사한 개념이지만 실시간 및 비정형 데이터 개념을 추가하여 데이터 마이닝의 개념을 좀 더 확대한 것이 빅데이터이다. 그리고 빅데이터는 단순히 대규모 데이터 자체만을 지칭하는 것이 아니라 데이터를 저장, 수집, 분석 및 사업화까지 관련된 모든 프로세스를 일컫는 용어이다.

일반적으로 빅데이터는 대규모, 다양한 소스, 속도 등의 속성을 가지고 있으며 다음 [그림 7-2]와 같이 제시할 수 있다. 그리고 최근 빅데이터 속성에 대해서 가변성(Variability), 시각화(Visualization) 요소까지 포함하여 5가지를 제시하고 있는데 본 교재에서는 전통적으로 제시하는 크기, 속도, 다양성의 관점을 중심으로 기술하고자 한다.

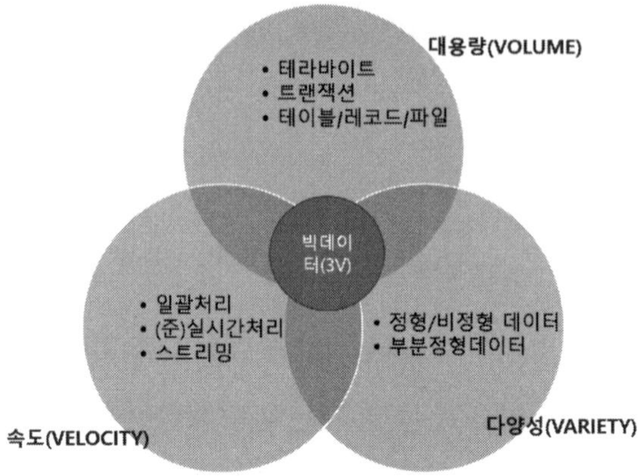

[그림 7-2] 빅데이터 3대 속성

나. 빅데이터 성장 배경과 데이터 수집 모드

빅데이터 성장의 가장 큰 동력은 디지털 네트워크와 모바일기기의 대중화라고 할 수 있다. 특히 SNS의 폭발적인 성장은 수많은 비정형 데이터를 양산해내고 있다. 또한 센서 기술의 발달도 지속적, 자동적으로 데이터의 수집을 가속화시키고 있다. 다음은 2022년 현재 빅데이터의 주요 통계를 제시한 것이다.

〈표 7-1〉 빅데이터 주요 통계 사례

• Google은 매일 35억 건 이상의 검색 데이터 수집 • WhatsApp에서는 매일 1000억 개의 메시지가 교환 • 2021년에는 79제타바이트의 데이터 생성됨 • 2025년에는 180제타바이트의 데이터 생성 예측 • 인터넷 사용자는 매일 2500조 바이트의 데이터를 생성 • 2020년에 각 인터넷 사용자는 초당 1.7MB의 데이터를 생성

폭발적으로 데이터가 생산되고 있는데 데이터를 수집하고자 하는 조직, 기관에서는 대부분 목적을 가지고 있다. 대부분의 목적은 마케팅, 생산과 공공분야에서 활용하기 위함이며 윤리적인 관점에서 데이터 수집은 크게 2가지로 구분된다.[24)]

- 의식적인 데이터 전송: 사용자에게 적시에 직접적인 방식으로 데이터 전송에 대한 정보를 제공. 사용자는 데이터가 수집되고 저장되고 있다는 것을 알고 있음
- 무의식적인 데이터 전송: 사용자에게 적시에 명확한 방식으로 데이터 전송에 대한 정보를 제공하지 않음. 사용자는 자신의 데이터가 수집되고 저장되고 있다는 사실을 알지 못함

대부분 사용자가 데이터 수집을 알고 있는지 여부와 상관없이 실시간으로 데이터를 수집할 수 있다. 기업 및 공공기관에서 사용자의 데이터를 위와 같이 은밀하게 개인이 무의식적으로 전송할 수 있도록 수집하는 방식은 문제가 될 수 있다.

데이터를 수집하고 클리닝하는 단계에서 개인의 신상이 드러나는 직간접적인 정보는 프라이버시, 법적, 낙인 성격을 가지고 있어 데이터의 이용 가치가 없다고 하더라도 나타나지 않도록 하는 방법이 필요하며 그것이 개인정보 비식별화 절차이다. 그리고 수집된 정보는 현재 국내의 개인정보 보호법에 의해 5년 후 파기하여야 한다.

24) https://blog.hurree.co/blog/the-ethics-of-big-data

3.
데이터 식별자와 비식별화

가. 데이터 식별자

식별자란 개인 또는 개인과 관련된 사물에 고유하게 부여된 값 또는 이름을 일컫는 용어이다. Lartrobe 대학(2022)은 식별데이터의 종류를 직접 데이터와 간접 데이터로 나누고 직접 데이터는 개인을 직접적으로 확인할 수 있는 유형이며 간접 데이터는 다른 데이터와 결합하여 개인신상을 확인할 수 있는 데이터로 구분하였다. 그리고 아래의 <표 7-2> 직·간접 식별자의 예는 미국의 HIPPA의 사례를 참고하여 작성된 한국인터넷진흥원(KISA)의 자료를 인용한 내용이다.

〈표 7-2〉 식별자 종류 및 사례

식별자 종류	식별자 종류별 사례
직접식별자	· 고유식별정보(주민등록번호, 여권번호, 외국인등록번호, 운전면허번호) · 성명(한자·영문, 필명 등 포함) · 상세 주소(구 단위 미만까지 포함된 주소) · 날짜정보 : 생일(양/음력), 기념일(결혼, 돌, 환갑 등), 자격증 취득일 등 · 전화번호(휴대전화번호, 집 전화번호, 회사전화, 팩스번호) · 의료기록번호, 건강보험번호, 복지 수급자 번호 · 통장계좌번호, 신용카드번호 / 각종 자격증 및 면허 번호 · 자동차 번호, 각종 기기의 등록번호 & 일련번호 / 사진(정지사진, 동영상, CCTV 영상 등) / 신체 식별정보(지문, 음성, 홍채 등) · 이메일 주소, IP 주소, Mac 주소, 홈페이지 URL 등
간접식별자	· 개인 특성(성별, 연령, 국적, 고향, 결혼여부, 종교, 흡연여부, 음주여부 등) · 신체 특성(혈액형, 신장, 몸무게, 신체검사 결과, 장해유형, 진료내역 등) · 신용 특성(세금 및 건강보험료 납부액, 신용등급, 기부금, 소득분위 등) · 경력 특성(학교명, 학과명, 학력, 경력, 직업, 직장명, 부서명, 직급 등) · 전자적 특성(쿠키정보, 접속일시, 방문일시, 서비스 이용 기록, 접속로그, 인터넷 접속기록, 휴대전화 사용기록, GPS 데이터 등) · 가족 특성(배우자, 자녀, 부모, 형제 등 가족정보, 법정대리인 정보 등)

다음 <표 7-3>은 과학기술정보통신부와 정보화진흥원에서 제시한 민감정보 분류인데 이것은 간접식별자와 같은 성격을 가지고 있으며 민감정보의 성격과 4가지의 분류를 나타낸 것이다.

〈표 7-3〉 민감정보의 분류

민감정보 성격	민감 정보의 분류
데이터 속성 자체는 개인의 식별에 거의 영향을 주지 않으나 다른 속성(직접식별자, 간접식별자)들로 인해 개인이 식별되는 경우 개인에게 침해를 줄 수 있는 정보를 말하며 대부분의 데이터 분석에서 분석의 목적이 된다.	· **법적 민감 정보** 개인정보 보호법에서 지정한 민감정보, 정치적인 견해, 성생활 등 · **낙인성 민감 정보** 다른 정보로 인해 개인이 식별될 경우 사회, 경제적 차별이나 수치심을 야기할 수 있는 정보로 복지 대상자, AIDS등의 질병 등 · **식별성 희귀 정보** 특이성이 높아 개인 식별이 가능한 정보로 희귀병, 해당 질병에 대한 약제 등 · **기타 민감속성 정보** 소득, 신용등급 등

나. 비식별화

국·내외에서 빅데이터시대에 식별자 관리의 중요성을 인식하여 비식별화 가이드라인을 제작하고 있으며 2016년부터 국내에서도 여러 가지 정부조치가 나타나고 있다.

2016년도 정부에서는 데이터 활용의 중요성과 민감성을 고려하여 비식별화 가이드라인을 정부합동으로 제시한 바 있으며 다음 [그림 7-3]에는 그 절차를 제시하였다.

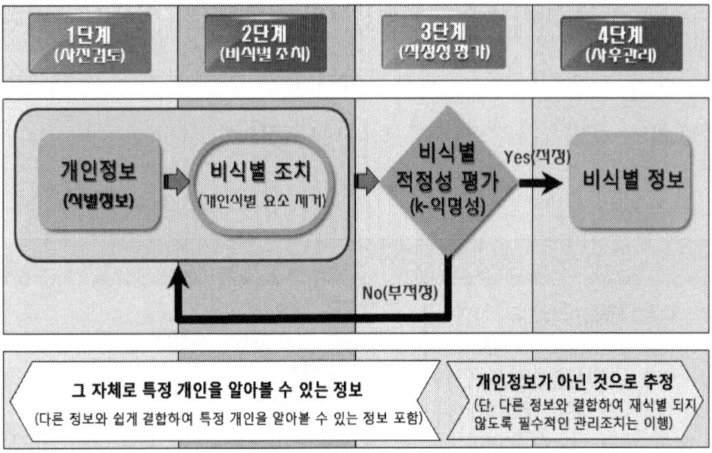

[그림 7-3] 개인정보 비식별 조치 가이드라인

온타리오주 프라이버시 및 정보위원회(2016)는 보고서에서 직접 식별 가능한 데이터의 경우 공공 기록에서는 생략되어야 하며 비식별화 조치를 해야 한다고 제시했으며 간접 식별 가능한 데이터는 타 정보와 연계 시 나타나는 상황을 고려하여 비식별화조치가 필요하다고 제시하였다. 한편 간접식별자를 "속성자"라는 용어를 사용하는 기관도 있다.

또한 국내의 비식별조치 가이드라인에서도 공공기록물에 개인정보 식별자(직접식별자)의 경우는 원칙적으로 삭제하며 다만, 데이터 이용 목적상 반드시 필요한 경우, 비식별화조치를 시행한 후에 사용을 원칙으로 하고 있다.

비식별화의 방법은 개인, 조직이 나타나는 데이터의 일부 또는 전부를 삭제하거나 다른 정보로 대체함으로써 다른 데이터와 결합하여도 특정 개인, 기관을 식별하기가 어렵도록 하는 조치가 있다.

다. 비식별처리 방법과 장점

비식별처리 방법으로는 가명 처리, 데이터 삭제, 데이터 범주화, 데이터 마스킹 등의 여러 가지 방법을 단독 또는 복합적으로 처리하며 구체적인 방법은 다음 <표 7-4>와 같다.

〈표 7-4〉 비식별자 처리기법 예시

처리기법	예시	세부기술
가명처리 (Pseudonymization)	· 홍길동, 35세, 서울 거주, 한국대 재학 → 임꺽정, 30대, 서울 거주, 국제대 재학	①휴리스틱 가명화 ②암호화 ③교환 방법
총계처리 (Aggregation)	· 임꺽정 180cm, 홍길동 170cm, 이콩쥐 160cm, 김팥쥐 150cm → 물리학과학생키합 660cm, 평균키 165cm	④총계처리 ⑤부분총계 ⑥라운딩 ⑦재배열
데이터 삭제 (Data Reduction)	· 주민등록번호 901206-1234567 → 90년대 생, 남자 · 개인과 관련된 날짜정보(합격일 등)는 연 단위로 처리	⑧식별자 삭제 ⑨식별자 부분삭제 ⑩레코드 삭제 ⑪식별요소 전부삭제
데이터 범주화 (Data Suppression)	· 홍길동, 35세 → 홍씨, 30~40세	⑫감추기 ⑬랜덤 라운딩 ⑭범위 방법 ⑮제어 라운딩
데이터 마스킹 (Data Masking)	· 홍길동, 35세, 서울 거주, 한국대 재학 → 홍○○, 35세, 서울 거주, ○○대학 재학	⑯임의 잡음 추가 ⑰공백과 대체

비식별 처리된 데이터는 개인을 보호하는 효과 이외에도 편리하게 디지털 생활을 할 수 있으며 다음 <표 7-5>와 같이 비식별처리의 혜택을 누릴 수 있다.

〈표 7-5〉 비식별화 혜택

• 데이터를 비식별화하면 재사용이 용이해지고 보안 데이터 라이선스 등을 통해 제3자와 더 쉽게 공유할 수 있음 • 식별되지 않은 환자 데이터에 라이선스를 부여하여 제약 효능을 검증하고 처방 패턴을 분석하는 데이터로 활용 • 개인 건강정보를 밝히지 않고도 공중 보건 경고가 가능함 • 비식별화된 데이터를 종합적으로 분석함으로써 잠재적인 위험 신호를 식별하고 일반 대중에 대한 위험을 완화하는 데 필요한 조치를 취할 수 있음 • 비식별화를 통한 편리한 금융생활 서비스

위에서와 같이 비식별조치를 통하여 공중보건, 사회 안전 등의 분야에서 대국민서비스를 제공할 수 있다. 다음 [그림 7-4]는 금융생활 시민이 인지할 수 있는 서비스로서 이전에는 이용할 수 없었던 방식이다. 즉 비식별처리후 한 금융 이용자가 한 번의 메뉴에서 다른 금융사의 모든 내역을 확인할 수 있는 방식이다. 이러한 방식은 비식별조치 이전에는 이용할 수 없었던 방식이다.

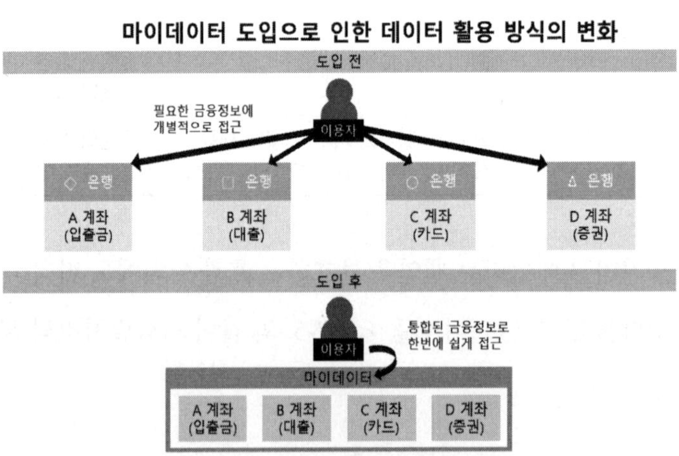

[그림 7-4] 금융 분야 비식별조치를 통한 사용자의 혜택

또한 데이터의 비식별화 데이터를 오픈하는 방법도 다양한 유형이 있으며 국내의 경우 2019년도 과기부와 정보화진흥원에서는 다음과 같이 배포 모델을 제시하였다.

구분	UKAN의 Access Model	IPCO의 Release Model
완전 공개모델	Open Access	Publicly
제약적인 공개모델	Delivered access	semi-publicly
한정된 장소 사용 모델	On-site safe settings	non-publicly
기타 모델	Virtual Access	없음

현재의 머신러닝 기반 인공지능은 반드시 사전에 방대한 양의 데이터를 필요로 한다. 따라서 머신러닝 개발자가 사전에 많은 데이터를 소유하고 있거나 공개된 데이터를 사용할 수 있다면 데이터 단계에서 윤리적인 이슈는 사라진다. 하지만 변화하는 트렌드를 계속해서 반영하여 머신러닝 결과치를 확인하고 소수만 가지고 있는 데이터를 사용해야만 하는 경우에는 머신러닝을 위해서 신규 데이터 수집을 고려해야 한다.

4.
빅데이터 윤리적
이슈

앞에서는 데이터의 수집과 클리닝 단계에서 개인정보 유출을 막고 효율적으로 데이터를 활용하기 위하여 비식별화조치에 대하여 설명하였다. 다음은 비식별화와는 별도로 데이터 수집과 관리 활용의 단계에서 나타날 수 있는 빅데이터의 부정적인 사용 가능성을 5가지의 영역으로 구분하여 설명하고자 한다.

가. 동의

정보 동의는 가장 신중하고 존중하며 윤리적인 동의 형식이다. 데이터 수집자는 참가자에게 데이터가 사용되는 방식에 대해 합리적이고 정확한 이해를 제공하기 위해 상당한 노력을 기울여야 한다.

과거에 정보 동의는 단일한 사안에 대해 이루어졌지만, 빅데이터 활용 목적이 이전에는 상상할 수 없었던 데이터 포인트 간의 패턴과 추세를 밝히는 것이기 때문에 단일 사안에 대한 정보 동의가 어렵다. 이러한 방식으로 데이터 수집자나 연구 참가자 모두 데이터에서 무엇을 얻을 것인지 또는 데이터가 어떻게 사용될 것인지 합리적으로 알거나 이해할 수 없으므로 동의를 통보할 수 없는 상황이 발생할 수 있다.

또한 동의의 수준을 결정하는 부분인데 2차 사용 승인에 대한 불분명성이다. 이 분야는 의료분야에서 가장 쟁점이 되고 있는데 환자들의 데이터를 주목적 외에 2, 3차 분석에서도 계속해서 사용하는 부분이다.

나. 개인정보

개인정보 유출, 침해와 관련된 문제는 빅데이터의 분석 능력이 향상되고 있다는 점이다. 즉, 개인의 명시적 동의 없이 개인의 전체 특성을 파악하기 위해 다양한 디지털 플랫폼의 개인정보를 분석할 수 있다. 예를 들어 누군가가 구직 서비스에 지원하면 정치적 성향, 사회 생활 등을 식별하기 위해 디지털 데이터 발자국을 통해 정보를 얻을 수 있다.

이 모든 데이터는 정보가 신청자의 판단을 위해 제공되지는 않았지만, 구직 신청을 거부하는 이유로 사용될 수 있다. 즉 다양한 공유 플랫폼을 통해 나타나는 개인의 경향, 특성 등이 당사자의 동의나 인지 없이 2차 3차로 활용될 수 있음을 인지해야 한다.

다. 소유권

과거에 법학자들은 데이터가 재산이나 상품이 아니므로 도난당할 수 없다고 판단했다. 이러한 관점으로 보상, 보호를 받을 필요가 없다고 생각하였다. 그렇기에 별다른 보상을 받지 못한 채 유용한 개인정보를 기관, 회사에 넘기는 경우가 발생한 적이 있었다. 하지만 데이터가 하나의 재화로 발전하면서 데이터 소유권 문제는 2022년 국내에서도 뜨거운 이슈가 되었다.

일반적인 믿음과 달리 데이터를 생성하는 사람(예: Facebook 사용자)은 자동으로 데이터를 소유하지 않는다. 일부에서는 '무료' 온라인 플랫폼을 사용하기 위해 제공하는 데이터가 실제로 해당 플랫폼에 대한 대가라고 주장하기도 한다. 그러나 빅데이터는 오늘날의 세계에서 큰 재산이다. 인터넷 사용자는 자신의 데이터를 사용하려고 하는 조직의 정책과 수집 방법과 활용 범위에 대해서 면밀하게 검토해야 한다. 그렇지 않으면 정보를 수집하려는 조직에서 불공정하게 데이터 수집이 이루어질 수 있다.

그런데 빅데이터 관점에서 소유권은 데이터의 재배포, 데이터 수정 및 데이터 혁신의 이점을 누릴 수 있는 능력을 의미한다. 데이터 소유권을 두 가지 범주로 나눌 수 있다.

- 데이터 제어 권한 – 데이터 편집, 관리, 공유 및 삭제
- 데이터로부터 이익을 얻을 권리 – 데이터 사용 또는 판매로 인한 이익

그런데 법률 수준에서 개인의 데이터 소유를 규정한 사례는 없으며 개인정보 보호차원에서 데이터의 제어 권한이 있는 수준이라고 할 수 있다. 또한 현재의 국내 상황에서 데이터의 소유는 데이터를 생성한 개인보다 데이터를 수집한 조직, 기관에 소유권이 있는 것으로 여겨지고 있다. 하지만 전술한 바와 같이 데이터의 흐름은 지속된다. 즉 1차 수집한 조직에서 다시 2, 3차 기관으로 전송될 수 있기 때문에 최초 데이터를 수집한 기관 이외에도 더 많은 기관에서 데이터를 소유할 수 있다. 2, 3차 기관으로 데이터 전송 시 최초 데이터를 생성한 개인으로서는 데이터로부터 수익은 물론이며 제어 권한 행사도 어려울 수 밖에 없다. 현재 데이터 소유권에 대해서 법률적으로 명확하게 기술된 것이 없기 때문에 데이터의 소유권에 대한 논쟁은 계속 될 것으로 보인다.

라. 빅데이터 격차

빅데이터 격차는 데이터 접근의 현재 상태를 정의한다. 빅데이터의 이해 및 마이닝 기능은 소수의 주요 기업에 있다. 이러한 격차는 빅데이터에 '가지고 있는 사람'과 '없는 사람'을 만들고 빅데이터에 액세스하고 분석하는 데 필요한 재정적, 교육적, 기술적 자원이 부족한 사람들을 배제한다.

팀버너스리는 빅데이터 격차가 개인과 풍요로운 삶에 매우 가치가 있을 수 있는 데이터 격차를 주장한다. 개인이 다양한 데이터베이스에 속해 있는 자신의 데이터를 채굴해서 건강, 금융 등의 측면에서 데이터를 사용할 수 있는 방법은 없다. 즉, 우리는 우리가 생성하는 데이터를 누가 소유하는지에 대한 윤리적 문제에 직면해 있다. 데이터가 자신의 조건에 따라 수정, 분석 및 혜택을 받을 수 없다면 실제로 우리는 그것을 소유하지 않는 것이라고 할 수 있다.

데이터 격차는 개인이 액세스할 수 없는 데이터의 정점을 기반으로 범주에 개인을 배치하는 알고리즘 편향을 고려할 때 추가 문제가 나타난다. 예를 들어, 프로파일링 소프트웨어는 사람을 범죄 행위를 저지를 가능성이 높은 고위험군으로 표시하여 당국에 의해 법적으로 정지되고 수색되거나 특정 지역에서 주거가 거부될 수도 있다. 빅데이터 격차는 '데이터 빈곤층'이 자신과 자신의 삶에 대해 이러한 결정을 내리는 데 사용되는 데이터나 방법을 이해할 수 없음을 의미한다.

마. 빅데이터 기반 이러닝 시스템에서의 윤리적 고려사항

빅데이터 인공지능을 기반으로 하는 이러닝 시스템이 확산하고 있다. 그리고 빅데이터 인공지능은 학습자의 배경과 주요 학습 이력 등의 세부적인 자료를 활용하여 학습자를 분석할 수 있으며 IMS의 Calipers와 Duck-long은 다음 [그림 7-5]와 같은 학습 데이터를 제시하였다.

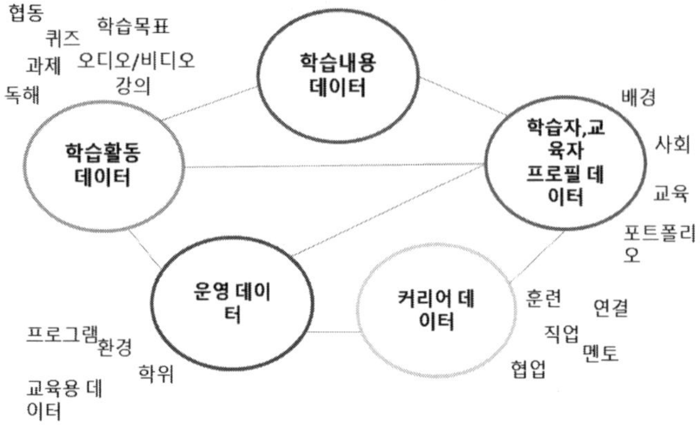

[그림 7-5] 학습 분석 요소(IMS Calipers)

〈표 7-6〉 학습 분석 요소(Duc-Long, 2006)

요소	설명
기본정보	– 가족관계, 거주지, 주거형태, 동거인, 생활수준, 결혼유무 – 훈련장소, 현재 업무/학습과 관련된 학습 이력, 직업정보, 교육받은 형태(자율 또는 의무 교육)
학습경험	– 현재 학업 내용과 관련된 이전 학습 등급, 세부 지식 – 현재 학업 내용과 관련된 일반적인 지식
자율학습 활동	– 학습 활동에 나타난 학습자 행동, 특히 자율학습 활동에서 빈도, 시간, 형식 등에 대한 자료 – 학습자가 진술한 학습에 참여하는 목표, 목적은 수업의 방향성을 결정하는 자료 – 학습 스타일은 학습자의 개인적인 특징 데이터로서 내성적, 외향적인 성격, 적극적이며 수동적인 학습, 인지능력 수준에 대한 자료
학습자 요구	– 과정 선택의 동기, 현재 학습 조직(청크)을 선택한 이유 – 선호하는 교과와 비선호하는 교과 자료 – 현재와 미래에 관심 있는 주제, 이수 후 활용 분야, 과정에 참여하는 수준

위의 그림과 표에 나타난 요소를 이용해서 학습 활동을 분석하고 최적의 경로와 과제제시 그리고 평가를 수행한다. 그런데 학습분석 요소는

개인의 민감정보이기 때문에 이의 활용에는 신중해야 하며 이를 활용할 때 고려해야 하는 요소는 다음 <표 7-7>과 같다.

〈표 7-7〉 학습 분석 제약 요소

요소	설명
개인정보 보호	– 학습분석은 학습자의 데이터에 기반하여 학생들을 분류하는 절차가 나타나며 이러한 과정이 오픈되는 경우 상당한 문제가 발생할 수 있음을 유념해야 함 – 개인정보 보호를 위해 익명화 작업, 또는 식별 해제작업이 필요할 수 있음 – 개인의 정보를 불가피하게 사용해야 할 경우, 암호화 방법도 적극 검토
접근성	– 지능형 학습 시스템의 특정 데이터에 접근하기 위해서는 인증 과정이 필요하며 데이터는 다양한 유형이 있음. 이에 사용자별로 접근할 수 있는 범위를 명확하게 구분하며 이를 투명하게 관리할 필요가 있음 – 또한 학생은 계속해서 자신의 정보를 업데이트할 수 있도록 접근성이 설정되어야 함 – 교사가 접근할 수 있는 범위, 교육 기관 관계자가 접근할 수 있는 범위 그리고 외부 관계자, 연구자들의 접근 범위를 명확히 해야 함
투명성	– 학습시스템 운영기관은 학습 활동 분석을 위해서 제 3자의 데이터 수집, 사용 및 참여에 대한 사항을 투명하게 운영할 수 있는 조치 필요 – 학습분석은 다양한 이해관계자를 지원하는 기술과 모델을 사용하므로 학생들이 자신의 성과가 어떻게 추적, 평가, 개입되는지 알 수 있어야 함 – 학생이나 부모는 민감한 데이터와 교수자에게 제공되는 정보의 양에 대해 질문을 할 수 있음 – 대중에게 학습분석 결과가 공개되어야 하는 것은 아니지만 데이터는 특정 교육학자, 심리학자, 컴퓨터공학자들에게 제공되는 점을 인식해야 함
정책	– 많은 연구기관은 개인정보 보호를 학습 분석 정책에 완전히 반영하는 것을 곤란해하므로 이를 위한 제도적인 장치가 필요함 – 학습분석을 위해서 법제도 수준에서 관련 정책을 수립할 필요가 있음
보안	– 모든 학습분석 도구, 분석 결과와 학생의 기록을 위협(해킹, 비인가 접속)으로부터 안전하게 유지하기 위해 편리한 보안 원칙을 수립해야 함 – 보안 전문가에 알려진 다음의 3가지 원칙 필요 1) 기밀 속성은 무단 액세스 금지 2) 무결성 속성은 데이터를 변경, 스누핑 또는 변경할 수 없음을 보장하는 것

	3) 가용성 속성은 권한이 있는 당사자가 필요할 때 접근 가능 – 학습분석의 범위에서 학생의 정보와 분석 절차는 안전하게 유지되어야 하며 승인된 당사자만 접근할 수 있어야 함 – 학습자의 정보를 보호하는 핵심 구성 요소는 기밀 유지 개념을 달성하기 위해 데이터의 암호화 필요. 암호화는 권한이 있는 사람만 데이터를 사용할 수 있음을 보장하는 것임 – 기밀성을 보장하는 것은 파일 권한을 호출하고 안전한 운영 환경을 부여하는 것임 – 데이터 집합의 암호화 해시(Hash)는 학생 기록의 무결성 속성을 보장
제한	– 데이터 보호 및 저작권법은 법적 제한사항으로서 이러한 제한은 데이터 저장 기간을 분명하게 명시해야 함 – 데이터는 내부 및 외부 위협으로부터 안전하고 안전하게 유지되어야 함 – 데이터는 특정 목적으로 사용되어야 하며 모든 프로세스의 결과는 가능한 한 정확해야 함 – SNS 데이터 분석은 개인의 정보 사용 규정을 보다 명확히 해야 함

위의 <표 7-7>은 학습분석의 제약 요소 연구에서 이루어졌고 총 8개로 제시하였으며 본 교재에서는 데이터 소유권 부분을 표에 삽입하지 않았다(Mohammad Khalil, 2015). 학습분석 데이터 소유권은 학습자, 교육 기관 모두 소유하지 않는 관점이 필요함을 재인용을 통해 제시한 바 있다.

5.
맺음말

빅데이터는 거대한 양의 구조화되거나 구조화되지 않은 데이터를 수집, 저장, 관리, 분석하는 과정 및 기술을 의미한다. 이로 인해 빠른 시간 내에 통찰력 있는 정보를 얻을 수 있지만, 동시에 다양한 윤리적 문제를 야기하게 된다.

앞에서 언급한 빅데이터와 관련된 윤리적 문제를 정리하면 다음과 같다. 첫째, '동의'에 관한 것이다. 많은 데이터는 사용자의 명시적 동의 없이, 때로는 그들이 인식하지 못하는 상황에서 수집된다. 서비스 약관에 묻힌 작은 글씨로 숨겨진 동의나, 복잡한 설정을 통한 기본 동의 등을 통해 사용자는 종종 정보를 무심코 공유하게 된다. 둘째, '개인정보'는 빅데이터의 중요한 윤리적 고려사항이다. 데이터 수집의 용이성으로 인해 개인의 신원, 행동 패턴, 선호 등을 추적하고 예측하는 것이 가능해졌다. 이렇게 수집된 데이터가 충분히 비식별화되지 않은 채로 사용될 경우, 개인의 사생활과 권리가 침해될 수 있다. 셋째, '소유권'에 관한 사항이다. 데이터의 원천, 생성, 수정에 대한 권리와 그로 인해 발생하는 가치와 수익은 누구에게 귀속될 것인가? 기업, 개인, 혹은 제3의 당사자 사이에서 이러한 권리에 대한 논쟁은 끊임없이 이어지고 있다. 마지막으로 '빅데이터 격차'는 사회적, 경제적 불평등의 새로운 차원을 드러낸다. 빅데이터에 대한 접근과 활용 능력이 제한적인 그룹은 정보의 가치에서 소외되며, 이로 인한 혜택과 기회를 놓치게 될 수 있다.

참고문헌

- Ashleigh McCabe(2023). The Ethics of Big Data. https://blog.hurree.co/blog/the-ethics-of-big-data
- Duc-Long Le, An-Te Nguyen, , Dinh-Thuc Nguyen, Axel Hunger(2006). Building Learner Profile in Adaptive e-Learning Systems. The 4th International Conference on e-Learning (ICEL 2009)
- Information and Privacy Commissioner of Ontario(2016). De-identification Guidelines for Structured Data. https://www.ipc.on.ca/sites/default/files/legacy/2016/08/Deidentification-Guidelines-for-Structured-Data.pdf
- Khalil, M. & Ebner, M. (2015). Learning Analytics: Principles and Constraints. In Proceedings of World Conference on Educational Multimedia, Hypermedia and Telecommunications 2015. pp. 1326-1336. Chesapeake, VA: AACE
- La Trobe 대학(2022). DATA TYPE AND IDENTIFIABILITY. https://www.latrobe.edu.au/__data/assets/pdf_file/0009/1542753/Data-Type-and-Identifiability.pdf
- 이재호(2015). 학습분석데이터 수집 체계 표준 동향-IMS Calipers와 xAPI 현황 및 비교-. KERIS 이슈리포트 연구자료 RM 2018-7.

8장
인공지능과 직업

1. 자동화와 실업률의 관련성

교육의 주요 목표 중 하나는 산업사회가 필요로 하는 전문 인력을 키우는 것이다. 따라서, 인공지능이 직장과 일자리를 어떻게 바꾸게 될지를 파악하는 것은 교육 정책 결정에 있어 중요한 부분이다. 사실, 인공지능과 교육 분야가 주목되기 전에도, 경제학자들은 기계 자동화가 실업률에 어떤 영향을 미치는지 연구해왔다. 기술 발전이 실업률에 미치는 영향에 대한 연구 결과는 서로 다르며, 이에 대한 <표 8-1>의 연구 논문들은 다양한 의견을 제시하였다.[25)]

〈표 8-1〉 인공지능이 실업률에 미치는 영향에 대한 선행 연구

연구자	AI가 실업률에 미치는 영향에 대한 연구
Georgieff, Milanez(2021)	2012년 자동화 위험이 높다고 간주되었던 일자리가 실제로 7년 후에 근로자가 감소했는지를 확인하였음. 자동화에 노출된 직업이 다른 직업보다 고용 성장이 약하며 고용 수준이 약간 감소한다고 결론
Felten et al.(2019)	인공지능이 고용에는 영향을 미치지 않는다고 결론
Acemoglu et al.(2020)	온라인 공석(구인 중인 직업)에 대한 데이터를 사용했으며 AI 노출과 고용 및 임금 사이에 상관관계가 없음을 발견
Webb(2019)	자동화 기술에 대한 노출이 많은 직업이 고용과 임금의 감소를 경험한 것으로 결론
Bessenet al.(2019)	자동화가 근로자의 퇴사 가능성을 높인다는 결론

인공지능의 자동화로 인한 실업률에 대한 해외 학자들의 전체적인 결론은 양분된다고 할 수 있다. 하지만 Georgieff 등의 연구와 같이 특정

25) https://www.cairn.info/revue-journal-of-innovation-economics-2022-1-page-117.htm

분야에서만 상관관계를 분석하였으며 전체 산업의 총실업률에 대한 상관관계 분석은 이루어지지 않았다.

Tuomi & Iikka(2018)의 연구에서, 인류는 산업 발전이 이루어지면서 점차적으로 농업분야에서 생산분야로, 다시 서비스 분야로 노동인력이 이동하는 사례가 나타났다. 즉 자동화로 인한 노동생산성 신장이 총실업률을 증가시키지는 못하는 것으로 나타났다. 총실업률이 증가하지 않는 것은 새로운 산업 분야의 확대와 이에 대한 수요 증대 그리고 인구증가에 기인한다. Jaures Badet(2021)의 경우에도 자동화로 인하여 일자리는 증가한다고 제시하고 있다. Rainer Strack 등(2021)은 인공지능에 의해 직업의 과부족에 대한 분석을 하였으며 다음 [그림 8-1]은 2030년대 미국에서 나타날 수 있는 직업의 과부족을 표시한 것이다.

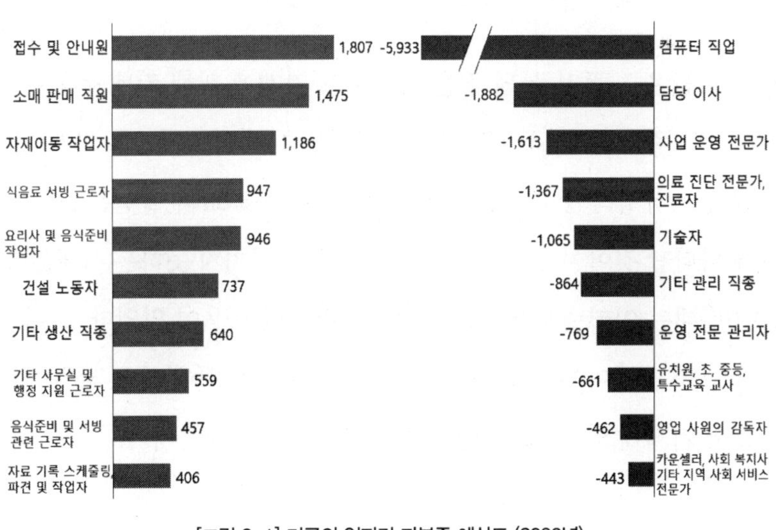

[그림 8-1] 미국의 일자리 과부족 예상도 (2030년)

위에서 의미하는 것은 인공지능에 의한 일자리의 감소보다는 일자리에 이동이 일어난다는 것이다.

Tuomi & Iikka(2018)의 경우에도 산업사회 전체 관점에서 실업률은 증가하지 않고 노동인구가 새로운 산업, 확대되는 산업으로 이동한다는 점을 제시하였다. 아울러 국가 간의 이동도 크게 나타나서 전 인류의 관점에서 보면 인공지능의 자동화로 인한 실업률은 증가하지 않는다고 할 수 있다. 2020년에 개최한 세계경제포럼(WEF)에서는 2025년까지 15개 산업분야에서 8,500만개의 일자리가 AI자동화로 인하여 축소될 것이라고 제시하였다. 특히 데이터 입력, 회계 및 관리 지원과 같은 영역의 감소가 클 것으로 설명하였다. 하지만 WEF보고서는 2025년까지 인공지능 자동화에 의해 9700만개의 일자리가 창출될 것이라고 제시하였다. 이와 같은 의견은 인공지능 자동화에 의해 전체적인 인간의 일자리는 늘어날 것으로 제시하고 있는 것이라 할 수 있다.

하지만 많은 노동자 삶의 질은 하락하고 기계에 의해 지배당할 수도 있다. 미디어학자 Ruskoff는 프로그래밍을 하지 않으면 프로그래밍이 된다라는 상징적인 표현을 사용한바 있다. Ruskoff의 발언은 2010년대에 나타난 것이며 인공지능이 크게 영향을 미치지 못하는 시대였다. 2010년대는 인터넷시대였으며 SNS의 활발한 사용이 있었다. 그런데 지금 그의 발언이 다시 회자되는 것은 인공지능시대에 더욱 많은 근로자들이 기계에 의해 조정되는 생활을 할 수 있기 때문이다.

2.
인공지능과 자동화
직업 영역

인공지능과 자동화가 직업 영역에 미치는 영향에 관한 연구는 매우 오래되었다. Frey와 Osborne(2013)은 인공지능과 컴퓨터가 인간의 직업 활동에 미치는 영향을 분석하기 위해 직업분류사이트(https://www.o-netonline.org/)에서 다양한 직업의 책무를 조사하였다. 그리고 인공지능 및 로봇공학 전문가들과 협의하여 현재 기술 수준에서 병목현상이 나타나는 직무 요소를 확인했다. 병목이란 특정 직무를 로봇이나 인공지능으로 대체하기 어려운 활동을 의미하며, 자동화가 어려운 요소로 정의된다. 이들의 연구는 2003년부터 2007년까지 진행되었으며, 가까운 미래에 미국 내 직업의 절반 정도가 자동화에 노출될 것이라고 분석했다. 이것은 인공지능이 노동시장에 막대한 영향을 미치는 것이라고 할 수 있다.

최근 연구에 따르면, 인공지능(AI)은 직업 시장에 큰 영향을 미치고 있다. AI의 도입은 반복적인 작업을 자동화하고, 생산성을 높이며, 새로운 직업을 창출하는 데 기여할 수 있다. 그러나 동시에 기존 일자리의 감소와 기술적 격차를 초래할 위험도 있다. 예를 들어, 제조업과 같은 분야에서 AI와 로봇의 도입은 많은 단순 업무를 대체할 수 있지만, 데이터 분석, AI 유지보수 등의 새로운 직무가 증가하고 있다(Orrell, & Veldran, 2024).

부르킹스 연구소에서도 자동화에 노출돼 있는 직업군을 분석하였으며 다음 [그림 8-2]는 일부 직업 영역을 제시한 것이다. 보고서는 총 22개의 직업군에 대하여 인공지능의 자동화 영역에 노출된 정도를 제시하였다. 높게 나타나는 직업군은 공학, 과학, 생산, 운송 직업군이며 낮은 부분은 개인 의료 지원, 교육, 음식료 업종군으로 제시하였다. 왼쪽은 자동화 가능성이 약한 부분이고 오른쪽은 자동화 영역이다. 같은 직업군에서도 구체적인 활동에 따라 나누어지는 것을 나타내고 있다.

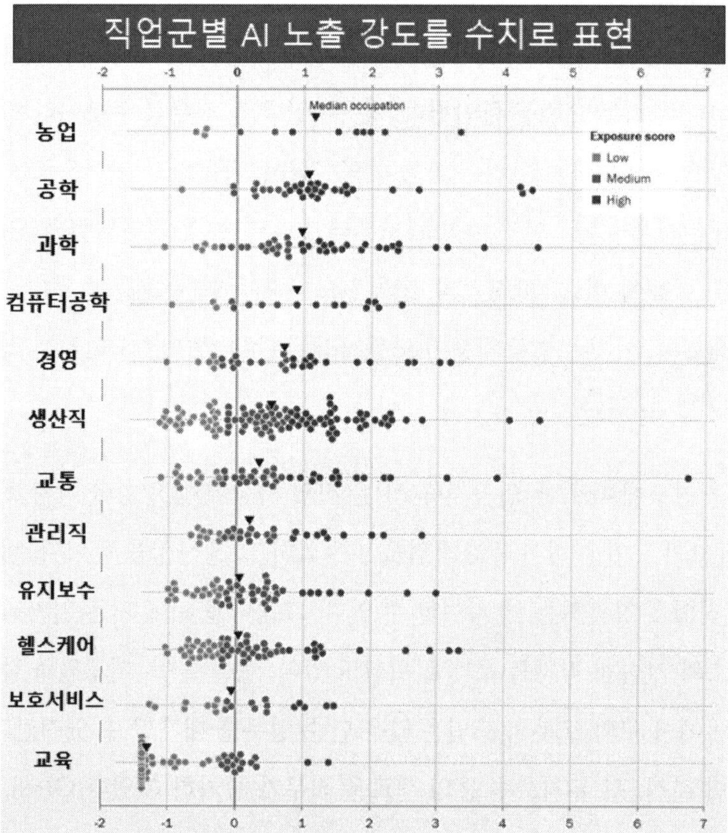

[그림 8-2] 미국직업군별 AI노출 수준(Mark Muro et al., 2019).

다음 <표 8-2>는 OECD(2018) 보고서에 나타난 인공지능 자동화로 대체될 가능성이 높은 직업과 낮은 직업 10개를 요약해서 제시하고 있다.

〈표 8-2〉 AI자동화에 의한 대체 가능 직업 및 비율

	높은 자동화 직업 사례	대체 비율	낮은 자동화 직업 사례	대체 비율
1	음식준비 보조원	64%	ICT 전문가	41%
2	환경미화원	59%	경영 전문가	41%
3	광업, 건설, 제조 및 운송 분야의 근로자	59%	과학 공학 관련 전문가	40%
4	부품조립 근로자	59%	법률, 사회 문화 관련 전문가	39%
5	운전자 및 이동식 플랜트 운영자(건설중장비 운전)	58%	의료 전문가(예술 치료사, 레크리에이션 치료사 등)	35%
6	오물 수거 및 초급 근로자	58%	접객, 소매 및 기타 서비스 관리자	34%
7	농림어업 근로자	57%	행정(Administrative, commercial)관리자	32%
8	고정식 플랜트 및 기계 작업자	57%	최고 경영자, 고위 관리 및 임원	30%
9	식품 가공, 목공, 의류 및 기타 공예 및 관련 산업 종사자	56%	생산 및 전문 서비스 관리자	30%
10	임업 · 어업 · 수렵인력	55%	교수 전문가	28%

위의 <표 8-2>에 나타난 사례를 보면 자동화 노출 고직업군은 대부분 특정 훈련이나 기술이 필요하지 않은 직업이며 다음 범주가 최소한의 약간의 교육을 받은 근로자라고 보고서에서 제시하고 있다. 또한 다음 단계 고위험군은 기계와 상호작용하는 직업으로 해석하였다. 반면에 자동화에 노출 비중이 적은 직업은 높은 수준의 교육, 사회적 상호작용, 창의성 그리고 문제해결과 타인의 배려가 필요한 직업으로 제시하였다.

다음 [그림 8-3]은 구체적인 직업명을 제시하면 AI에 의한 대체 가능성

을 보여주고 있는 웹사이트의 검색 사례를 보여주고 있다. 직업교육 활동에서 운영할 수 있는 사이트로 판단된다. Tuomi & Iikka(2018)는 인간 직업의 자동화 모델을 기술편향과 과제편향으로 나누어 자동화의 기준을 제시하였다. 첫째 기술편향 모델(skill-biased model)은 전통적인 관점으로 교육, 경험, 숙련 기술을 갖추지 못한 근로자는 자동화에 취약하다. 이 모델에서 컴퓨터는 낮은 수준의 기술을 필요로 하는 과제에 사용하며 노동자는 해고를 피하기 위해 추가 교육훈련을 받고자 한다. 둘째 과제편향 모델(task-biased model)은 최근의 관점으로 설명가능한 직업 활동은 모두 프로그래밍이 가능하다고 판단하고 있다. 과제편향모델에서 반복적인 업무에 대해서는 모두 자동화에 노출돼 있기 때문에 근로자는 고등정신능력을 필요로 하는 역량을 키워 반복적인 업무를 피하려고 노력한다. 또한 과제편향 모델에서 함의하고 있는 것은 우리의 교육정책이 반복적인 인지활동을 목표로 하는 것을 지향하기 보다 고등정신능력을 신장할 수 있는 교육을 지향해야 한다는 점을 내포하고 있다.

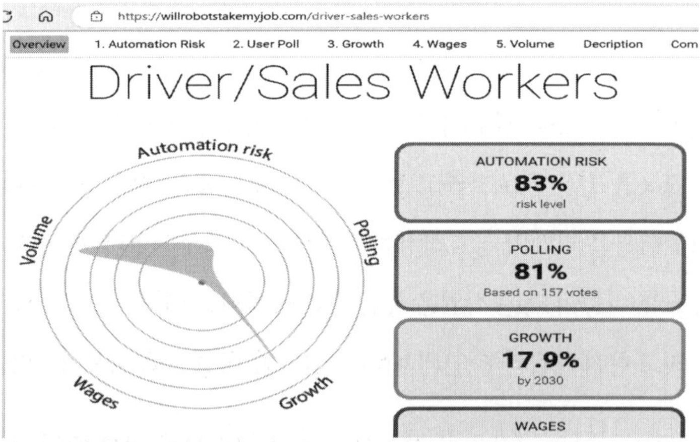

[그림 8-3] 인공지능의 직업 대체 가능성 테스트 웹사이트

캐나다 왕립 은행 (RBC)의 최근 연구는 O*NET 데이터 기술 중점 모델을 기반으로 6개 직업군의 붕괴 가능성을 다음 <표 8-3>과 같이 분석하고 새로운 일자리로 이동하도록 권고하였다.

〈표 8-3〉 6개 직업군의 AI에 의한 붕괴 가능성

기술 직업군	설명	붕괴가능성
기술자	기술력이 높음	중간
공예가	기술력은 중간이며 관리능력은 낮음	매우 높음
업무보조자(환자케어, 미수금전문가, 콜센터직원 등)	기초 기술 강조	높음
문제해결자(어시스턴드매니저, 문류문제해결, 고객관리)	관리기술과 비판적 사고 강조	낮음
촉진자, 진행자(워크샵, 취업 안내, 자원봉사안내 등)	공감능력 강조	중간
제공자(환자상담 및 조언)	높은 수준의 분석역량	낮음

과제편향 모델서의 인간 역할의 대치는 전술한 바와 같이 과제를 명확히 기술할 수 있느냐가 관건이며 이것은 폰노이만의 관점과 유사하다. 즉 모든 직업 활동은 논리와 기호를 이용해서 컴퓨터시스템에서 시뮬레이션이 가능하다고 보는 것이다. 시뮬레이션이 가능하다는 것은 인간의 직무 활동을 모두 계산 가능한 형태로 바꿀 수 있다는 것을 의미한다. 하지만 여기에는 취약한 점이 있는데 인간 하나 하나의 행동은 과거의 복합적인 경험의 결정체라는 점이다. 즉, 인공지능은 인간의 직업 활동을 대체하기 위해서 그것을 모방해야 하는데 표면적으로 보이는 행동을 그대로 따라할 수 없다는 점이다. 그러나 Tuomi는 비일상적인 직업활동이라고 하더라도 병목 현상 없는 직업 활동은 자동화

에 취약하다고 제시한다. 즉 인간을 모방하려고 하는 인공지능은 인간의 인지 활동을 계속해서 따라하기 때문에 많은 인간의 활동이 인공지능의 모방 대상이라고 본다.

그리고 Tuomi는 그의 연구에서 미국중학교 교사의 직무 분석에서 AI에 영향을 받는 수준을 <표 8-4>와 같이 제시하였다.

〈표 8-4〉 미국 중학교 교사의 직무와 자동화 예상 수준

연번	미국 중학교 교사 직무 세부 내역	자동화 수준
1	학생의 다양한 요구와 관심사를 충족시키기 위해 교육 방법을 구안하고 자료를 개발하고 운영함	높음
2	학생들 간의 질서 유지를 위한 규칙을 수립하고 시행	판단 보류
3	학부모 보호자, 다른 교사, 상담원 및 관리자와 협의하여 학생들의 행동 및 학업 문제를 해결	낮음
4	학칙, 지역 정책 및 행정 규정에 따라 학생 기록을 정확하고 안전하게 수정, 관리유지	높음
5	학업진도를 평가하기 위해 시험 및 과제의 준비, 관리 및 채점	높음
6	수업 활동을 위한 자료 및 교실 환경 준비	중간
7	영어, 수학, 사회과와 같은 하나 이상의 과목에서 강의, 토론 및 시연 방법을 가르침	중간
8	모든 수업, 단원 및 프로젝트에 대한 명확한 목표를 수립하고 학생들에게 전달	중간
9	과외 등 추가적인 도움이 필요한 학생을 지원	높음
10	과제 제출 및 피드백	높음
11	학생을 관리하는 모든 행정 정책과 규칙을 시행	중간

위의 <표 8-4>가 의미하는 것은 교사 직무의 상당수가 인공지능에 의해 영향을 받으며 일부 직무는 인공지능에 의해 대치될 수 있으며 협

상과 토론을 하는 교사 직무는 인공지능에 의해 영향을 받지 않거나 대치될 확률이 낮다는 점이다.

그리고 Nedelkoska, Quintini은 OECD보고서에서 Osborn 등의 연구를 확장하여 병목현상을 보다 구체화하였으며 다음 <표 8-5>와 같이 요약할 수 있다.

〈표 8-5〉 유형별 인공지능 자동화 병목현상

공학적 병목	OECD 성인의 기술 조사 (PIAAC)	설명
인지 대상 조작	손을 이용한 조작	정교한 수작업을 얼마나 자주 이용하는가?
창의적 지능	간단한 문제해결	5분 이상 걸리지 않는 비교적 간단한 문제가 얼마나 자주 사용하는가?
	문제해결	최소 30분 이상의 문제를 다루는가?
사회적 지능	교수	그룹 또는 개인을 대상으로 교수활동이 얼마나 자주 이루어지는가?
	충고	얼마나 자주 충고를 하는가?
	타인을 위한 계획	얼마나 자주 타인을 위한 계획을 수립하는가?
	의사소통	동료와 업무공유를 얼마나 자주 수행하는가?
	협상	조직의 안팎 사람들과 얼마나 자주 협상 활동을 수행하는가?
	영향력	다른 사람에게 얼마나 자주 영향력을 행세하는가?
	판매	물건 판매나 서비스 활동을 자주 행하는가?

셋째, 데이터편향 모델은 컴퓨터가 이용할 수 있는 데이터를 확보할 수 있느냐는 것이다. 데이터편향 모델은 현재의 데이터기반 머신러닝과 관점을 같이하는 방식으로 인공지능이 직업사회에 미치는 영향을 가장 잘 나타나는 모델이라고 할 수 있다.

경제학자들은 자동화, 컴퓨터 및 AI의 영향을 연구하기 위해 기술 편향(Skill-biased) 모델과 작업 편향(Task-biased) 모델을 모두 사용했는데 기계 학습은 이러한 모델에 잘 맞지 않는다. 병목현상은 반복적이며 과제의 복잡도 수준에 의해서 결정되는 것이 아니라 기계학습에 필요한 데이터를 확보할 수 있는지에 의해서 결정된다는 관점이 데이터 편향 모델이라고 할 수 있다. 데이터 중심 인간의 직업 활동을 분석하는 모델은 직업활동의 복잡도, 반복 수준보다 작업 활동을 디지털 데이터를 통해 표현할 수 있느냐가 중요하다는 의미이다. 디지털 데이터로 표현할 수 있다면 복잡도가 높아도, 반복적으로 나타나지 않아도 인간의 직업 활동에 영향을 미치며 자동화가 가능하다는 점이다.

3.
인공지능과 인간의 협업 그리고 새로운 일자리

현재의 데이터기반 인공지능은 수많은 데이터를 처리하고 자신의 업무처리 절차를 스스로 바꿀 수 있는 능력을 가지고 있지만 제한적이며 능동적인 판단과 상황 해석, 협상의 능력을 가지고 있지 못하다. 즉 현재의 데이터기반 인공지능은 일부 분야에서는 인간의 역량을 뛰어넘는 업무 효율성을 보이고 있기 때문에 인공지능의 도입은 불가피하다. 이에 인공지능으로 나타나는 직업세계 현상을 다음과 같이 제시하고자 한다.

가. 인간과 인공지능의 협업

인공지능은 질병진단, 언어번역, 자동운전 등 많은 분야에서 인간과 같거나 보다 우수한 능력을 보여주고 있다. 일부 분야에서 인간을 완전히 대체하고 인간은 실직당하는 해석할 수 있는 현상이 나타나고 있다. 하지만 인공지능이 인간의 업무 방식을 바꿀 수 있지만 인간을 해당 영역에서 근본적으로 대체하는 것은 아니다. 또한 많은 교육훈련, 타인과의 상호작용이 많을수록 인간의 비중이 높은 직업영역이라고 할 수 있다. 이에 인간과 인공지능이 서로의 단점을 보완하면서 잘할 수 있는 영역에서 함께 작업하는 것이 효과적인 전략이라고 할 수 있다. 이와 같은 협업으로 이전에 할 수 없었거나 효율성이 낮은 부분에 대한 극복이 가능하다.

James Wilson과 Paul R. Daugherty(2018)은 1,500개 기업을 대상으로 실시한 연구에서 우리는 인간과 기계가 함께 일할 때 기업이 가장 중요한 성과 향상을 달성한다는 사실을 발견했다고 제시했다. 그리고 협업의 효과는 다음과 같다고 제시하였다..

첫째, 유연성이다. 벤츠, 현대차의 경우 Cobot이라는 인간과 협력하는 로봇을 통해 소비자에게 맞춤형 자동차를 빠르게 생산할 수 있는 조직을 구축하였다. 다음 그림은 메르세데스 벤츠의 인간 팔을 확장한 개념으로 로봇와 협력하고 있는 사진이다.

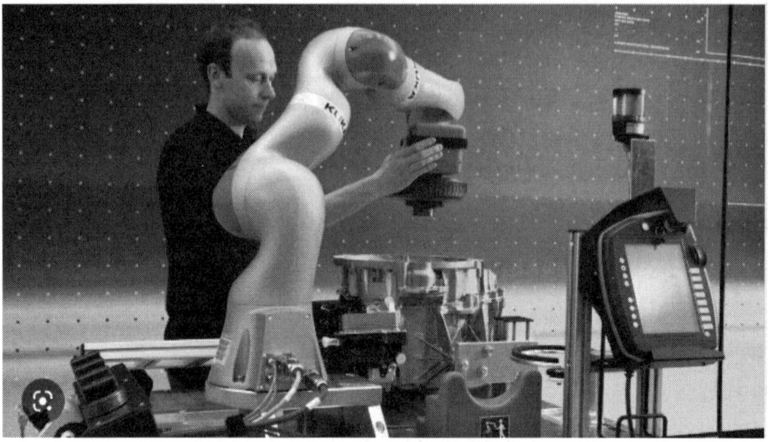

[그림 8-4] AutoMotoTV(유튜브 캡처)

둘째, 대규모의 업무를 처리할 수 있다. Unilever사는 다양한 배경을 가진 직원을 채용할 필요가 있어서 3단계의 과정을 거치는 신입직원 선발 체제를 구축하였다.

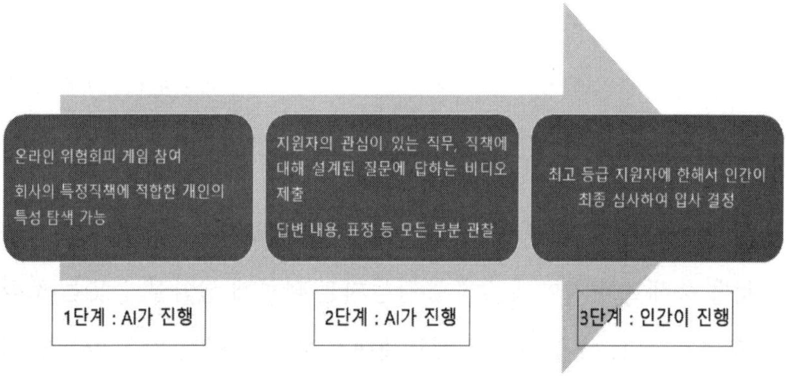

[그림 8-5] AI활용 3단계 신입사원 선발 절차(Unilever 회사)

Unilever는 이와 같은 선발체제를 통해 전년도 대비 2배가 늘어난 3만 명이 지원했으며 지원자의 대학도 다양해졌으며 신입사원의 경제성도 매우 다양한 것으로 나타났다. 그뿐만 아니라 채용 결정 과정이 4개월에서 1개월로 단축된 것으로 확인됐다. 질적으로 얼마나 우수한 직원이 채용됐는지 검증은 안 됐지만 회사는 소기의 목적을 달성한 것으로 평가된다. 그 이외에 업무 속도와 개인화에서도 인공지능과 인간의 협력은 그 효과를 나타내고 있는 것으로 받아들여진다.

나. 새로운 일자리

현재의 데이터기반 인공지능은 반복적이며 예측가능한 주제, 많은 데이터를 입력하고 분류가 필요한 주제와 시뮬레이션 등이 필요한 영역에서 효과적이지만 인간과의 협상, 자율적인 의사결정, 감성분야에서의 도입은 곤란하기 때문에 직업분야는 인공지능이 어려운 분야에서 데이터기반 인공지능 프로세스와 직접적으로 관련된 분야에서 확대될 것이다.

먼저 PwC UK(2018)는 의료 산업이 AI를 사용하여 가장 큰 혜택을 볼 것으로 예상했으며, 일자리 기회는 거의 1 백만 개 증가 할 수 있다. 가까운 장래에 AI 지원 의료 기술자 직업에 대한 요구 사항이 급증할 것으로 예상했다. 또한 AI는 이미 자동 운송 부문에서 중요한 역할을 하고 있다. Uber 및 Google과 같은 회사는 AI 기반 자율 주행 자동차 및 트럭에 수백만 달러를 투자하고 있다. 이와 같은 운송수단의 발전으로 AI 및 기계 학습 엔지니어에게 많은 취업 기회가 생길 것이다. 그리고 AI가 모든 산업에서 구현됨에 따라 AI 유지 보수 인력에 대한 수요도 급증할 것이다. 기업은 시스템을 유지 관리하기 위해 많은 수의 AI 개발자와 엔지니어가 필요하다. 또한 Terry Costa(2021)는 주로 데이터 수집관리와 머신러닝 작업에 필요한 새로운 직업이 필요하다고 제시하였으며 구체적으로 다음 <표 8-6>과 같다.

〈표 8-6〉 빅데이터 처리에 필요한 직업 유형

빅데이터 직업 종류	주요 역할
데이터 수집과 분류	– 조직 내외의 필요로 하는 모든 데이터의 수집과 분류이며 구체적으로 데이터베이스, 파일, API 형태의 작업
데이터 주석 및 레이블 지정자	– 자동화 이전에 가장 중요한 단계로서 가장 많은 일자리 성장이 나타나는 영역 – 데이터 영역에 대한 성격을 부여하는 역할
데이터 분석가	– 통계분석도구(파이썬, SAS)등을 이용해서 분석한 데이터에 대한 해석과 판단을 내리는 영역 – 빅데이터의 가장 핵심적인 역할이며 AI자동화가 의사결정을 내릴 수는 없는 분야
인공지능 엔지니어	– 데이터를 추출해 알고리즘을 설계하고 머신러닝 모델을 실제로 구축하는 기술자
개발과 운영	– 제조와 판매에 인공지능자동화를 통합하는 전문가 – 통합 프로세스는 산업에 따라서 상이하여 필요한 AI인프라, 머신러닝 모델설정, 효율성을 높이기 위한 유지관리 전략에 대한 전문성 필요함

자신의 주도하에 온라인 학습 기회를 찾는 사람들의 수가 4배, 직원들에게 온라인 학습 기회를 제공하는 고용주가 5배, 정부 프로그램을 통해 온라인 학습에 액세스하는 사람들의 등록 등록이 9배 증가했다. Coursera의 데이터에 따르면, 단기적으로는 사람과 문화, 콘텐츠 작성, 영업 및 마케팅 분야에서 떠오르는 각 직업에 대한 상위 10가지 기술 습득이 필요하며 중기적(2-3개월) 수준에서는 제품 개발, 데이터 및 인공지능 분야에서 기술 습득이 요구되며 클라우드 컴퓨팅 및 엔지니어

링으로 전환하려는 사람들은 4~5개월이상의 학습이 필요함을 제시하였다. 취업 중인 사람들은 개인 개발 과정에 더 큰 중점을 두고 있고 실업자는 데이터 분석, 컴퓨터 과학 및 정보 기술과 같은 디지털 기술 학습에 더 큰 중점을 둔다. 이와 같이 인공지능시대에 직업세계에서의 생존을 위해서는 데이터과학과 인공지능 역량이 기본적으로 갖추어야 하는 소양이라고 할 수 있다. 하지만 인공지능기계가 하기 어려워하는 분야에 대한 전문성향상도 필요하다. 이에 대해서 다음과 같이 정리할 수 있다.

[1] 수학적 기초	[2] 인력 관리
[3] 확실한 구두 및 서면 의사 소통	[4] 감성 지능
[5] 창의성	[6] 비판적 사고와 문제 해결

위의 인공지능 시대의 취업역량은 현재의 데이터기반 인공지능이 능숙하게 수행하기 어려운 분야의 요소라고 할 수 있다. 수학분야는 모델을 설정하고 필요한 알고리즘을 선택과 개발을 위해서 필요한 것이지만 사람과의 의사소통, 의사결정, 감성적 분야에 대해서는 다수의 자료에서 현재의 데이터기반 인공지능은 매우 어려운 분야라고 할 수 있다. 이에 대한 능력 함양은 인공지능 자동화에 노출되는 것을 최대한 막아주며 인공지능시스템을 관리할 수 있는 능력이라고 할 수 있다

앞의 <표 8-6>에 의하면 ICT 전문가가 오히려 자동화에 더 노출되어 있는 모습을 볼 수 있다. 그리고 Tuomi(2018)의 경우에도 전이 가능한 지식습득과 전통적인 학문 분야의 지식습득이 필요하다고 제시하였

다. 또한 그는 하나의 지식에 대해서 깊게 학습하기 보다는 다양한 분야의 지식을 섭렵하여 직장이동에 대비하는 것이 필요하다고 설명하였다. 그리고 그는 평생학습을 위한 언어 핵심 역량을 다음 [그림 8-6]과 같이 7개의 영역으로 제시하였다.

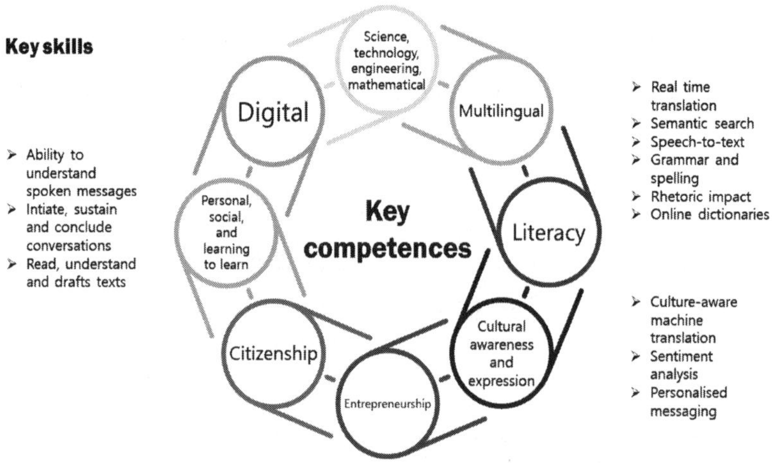

[그림 8-6] 언어 핵심 역량과 관련된 인공지능 기술

4. 맺음말

인공지능과 자동화는 현대 산업사회의 직업 구조에 큰 변화를 가져오고 있다. 특히 단순 반복적인 작업을 수행하는 직종은 자동화의 위험에 처하며, 고도의 전문 지식을 필요로 하는 직종에서도 인공지능이 분석 및 진단 업무를 도와 일부 직종의 수요가 줄어들 수도 있다. 하지만, 이런 변화는 오로지 부정적인 것만은 아니다. 인공지능과 인간의 협업은

새로운 일자리를 창출할 수 있는 가능성을 갖고 있다. 인공지능은 데이터 분석, 패턴 인식 등에서 인간을 능가하는 능력을 보이지만, 창의적 사고, 감정 지능, 인간 간의 상호작용 등에서는 한계를 보이므로 미래의 직업 세계를 위하여 필요한 역량에 관심을 기울여야 한다.

새로운 기술의 출현으로 인하여 필요한 역량을 무엇보다 관심을 가져야 한다. 데이터 수집과 인공지능, 최근의 생성형 인공지능과 관련된 지식과 기술을 습득하는 것은 매우 중요하다. 특히, 새로운 기술의 바탕이 되는 기본 지식이나 인간에 관한 철학적, 문학적 관점 등은 창의적 사고를 위한 기본적인 역량이 될 것이다. 앞에서 언급한 Mike Thomas의 역량을 다시 한번 언급하면 다음과 같다. 수학적 기초, 의사소통, 창의성, 인력 관리, 감성 지능, 비판적 사고와 문제 해결 등이다. 이러한 변화를 위해서는 국가 교육 체제의 변화, 학교 교육과정의 변화가 무엇보다 중요하다. 그리고 이를 실천할 수 있는 교사의 역량이 변화의 핵심이다.

참고문헌

- Badet, Jaures. (2021). AI, Automation and New Jobs. Open Journal of Busi ness and Management. 09. 2452-2463. 10.4236/ojbm.2021.95132.
- Chuang, S. (2024). The 10 Skills Psychologists Need to Thrive in the Age of AI. Psychology Today https://www.psychologytoday.com/us/blog/happyby tes/202403/the-10-skills-psychologists-need-to-thrive-in-the-age-of-ai
- Emma Ascott(2021). AI Will Create 97 Million Jobs, But Workers Don't H ave The Skills Required (Yet) https://allwork.space/2021/11/ai-will-create-97-million-jobs-but-workers-dont-have-the-skills-required-yet/
- ESS Global Training Solutions. (2023). Ai Vs. Human Intelligence: Who Is Winning? eSoft Skills Global Training Solutions. https://esoftskills.com/ai-vs-human-intelligence-who-is-winning/
- Florent Bardot(2022). Artificial Intelligence, Robots and Unemployment: E vidence from OECD Countries. Journal of Innovation Economics & Mana gement. Jan. pp. 117-138.
- Gigster(2023.1.9.). How AI Shapes the Future of Critical Thinking. https:// gigster.com/blog/ai-critical-thinking/
- James Wilson, Paul R. Daugherty(2018). Collaborative Intelligence: Huma ns and AI Are Joining Forces https://hbr.org/2018/07/collaborative-intellig ence-humans-and-ai-are-joining-forces
- Matthew Urwin(2024.2.23). AI Taking Over Jobs: What to Know About th e Future of Jobs. https://builtin.com/artificial-intelligence/ai-replacing-jobs -creating-jobs
- Mark Muro, Jacob Whiton, Robert Maxim(2019) What jobs are affected by

AI? Better-paid, better-educated workers face the most exposure. https://www.brookings.edu/articles/what-jobs-are-affected-by-ai-better-paid-better-educated-workers-face-the-most-exposure/

- Mike Thomas(2018). Robots and AI Taking Over Jobs: What to Know About the Future of Jobs https://builtin.com/artificial-intelligence/ai-replacing-jobs-creating-jobs
- Nedelkoska, L. and G. Quintini (2018), "Automation, skills use and training", OECD Social, Employment and Migration Working Papers, No. 202, OECD Publishing, Paris, https://doi.org/10.1787/2e2f4eea-en
- Orrell, B., & Veldran, D. 2024. The Age of Uncertainty—and Opportunity: Work in the Age of AI. American Enterprise Institute. http://www.jstor.org/stable/resrep58084
- PwC.(2018.7.16.). Will create as many jobs as it displaces by boosting economic growth. https://www.pwc.co.uk/press-room/press-releases/AI-will-create-as-many-jobs-as-it-displaces-by-boosting-economic-growth.html
- Rainer Strack, Miguel Carrasco, Philipp Kolo, Nicholas Nouri, Michael Priddis, and Richard George(2021). The Future of Jobs in the Era of AI. Boston Consulting Group. URL : https://www.bcg.com/publications/2021/impact-of-new-technologies-on-jobs
- Spector, J. M., & Ma, S. (2019). Inquiry and critical thinking skills for the next generation: from artificial intelligence back to human intelligence. Smart Learning Environments, 6(8), 1–11. [DOI: 10.1186/s40561-019-0088-z]
- Terry Costa(2021.10.23.). What Type of Jobs Will AI Create? https://kamivision.com/blog/what-type-of-jobs-will-ai-create/
- Tuomi, & Iikka. (2018). The Impact of Artificial Intelligence on Learning,

Teaching, and Education Policies for the future. https://doi.org/10.2760/12297

- UNESCO(2021). Developing competencies in education for the AI Era. https://www.unesco.org/en/digital-education/artificial-intelligence
- University of Cambridge Press & Assessment. (2023). Enhancing critical thinking skills with AI-assisted technology. https://www.cambridge.org/elt/blog/2023/03/30/enhancing-learners-critical-thinking-skills-with-ai-assisted-technology/
- World Economic Forum(2020.10.20.). Recession and Automation Changes Our Future of Work, But There are Jobs Coming, Report Says. https://www.weforum.org/press/2020/10/recession-and-automation-changes-our-future-of-work-but-there-are-jobs-coming-report-says-52c5162fce/

9장
개인정보와 인공지능 윤리

1. 개인정보의 중요성

2012년 2월 16일, 포브스는 “타겟(Target)은 10대 소녀가 임신한 사실을 아버지보다 어떻게 빨리 알았을까?”라는 기사에서 대규모 쇼핑몰이 고객의 데이터를 임의로 수집하고 분석하여 사업에 이용하고 있음을 세상에 드러내었다[26]. 기업들은 쇼핑몰에 접속하여 자신의 관심사를 표현하는 고객들의 구매 및 검색 패턴을 데이터 마이닝이라는 방법을 통하여 분석하여 더 많은 고객을 유치하기 위해 노력하고 있다는 점을 지적하였다. Target은 모든 고객의 신용카드, 이름, 이메일 주소와 연결된 고객 ID를 부여하고 고객의 모든 구매 내역과 다른 곳으로부터 수집한 데이터를 저장한다. 이를 바탕으로 임신한 고객임을 알아차릴 수 있는 패턴을 찾아내고 이를 점수화하여 출산일이 가까워지는 고객에게 아기용품 쿠폰을 보내기 시작했다고 한다. 이 기사를 작성했던 Kashmir Hill은 대부분의 기업이 데이터를 수집하고 있으며 임신뿐만 아니라 개인의 민감한 영역에 대한 프로파일링을 할 것이라는 점을 경고하였다.

26) https://www.forbes.com/sites/kashmirhill/2012/02/16/how-target-figured-out-a-teen-girl-was-pregnant-before-her-father-did/?sh=77e0dc8e6668

10여 년이 지난 현재 시점에서 이와 같은 뉴스는 관심의 대상이 되지도 않는다. 이미 우리들이 가지고 있는 스마트폰에는 수없이 많은 기업들이 매일 매일 내가 사고 싶어하거나 관심있다고 생각하는 광고들이 쏟아지고 있기 때문이다. 동네의 작은 상점부터 대기업까지 모두 이와 같은 기술을 이용하여 개인들의 정보를 매일 매일 저장하고 분석하여 광고를 보내고 있다. 심지어 유출된 개인정보는 보이스 피싱과 같은 범죄로 이어지고 있기도 하다. 한국인터넷진흥원(KISA)은 2017년 10만 5,122건이었던 개인정보 침해 상담·신고는 2021년 21만 767건으로 100% 넘게 증가했다고 밝혔다. 이 중 개인정보 도용·금융사기로 심각한 피해를 불러일으킬 수 있는 사례가 69.2%를 차지했다. 관련 신고는 최근 5년간 꾸준히 증가해 총 88만 8771건에 달한다. 2022년 5월까지 누적 7만 1673건이 신고되면서 증가세가 계속될 전망이라고 밝혔다. 이데 대하여 양정숙 의원은 "최근 해킹과 같은 사이버 공격 급증으로 개인정보 유출에 대한 우려가 커지고 있다"며 "개인정보 취급자에 대한 별도의 조치가 없을 경우 개인정보 침해 상담·신고 사례는 줄어들지 않을 것"이라고 설명했다(머니투데이, 2022. 6.26.).

이와 같은 개인정보에 대한 수집이 무분별하게 이루어지고 이를 이용한 다양한 침해 행위가 확대되고 있는 것은 빅데이터를 처리할 수 있는 기술과 인공지능 기술, 컴퓨팅 기술이 더욱 발전했기 때문이다. 기술의 발전은 인간의 삶에 도움이 될 것이라는 기대와는 다른 방향으로 더욱 빠르게 진화하고 있는 것이 현실이다.

2.
유럽의 대응과
GDPR

인공지능 기술과 데이터의 확대로 인한 사회적 문제에 대하여 유럽은 다른 나라보다 적극적으로 이에 대응하기 위한 준비를 하였다. 유럽위원회의 과학지식서비스인 공동연구센터(Joint Research Centre: JRC)는 2018년 "Artificial Intelligence : A European Perspective"라는 보고서를 통하여 인공지능과 데이터에 대하여 법적, 제도적 정비가 필요함을 제시하였다. 인공지능의 발전은 컴퓨팅 처리 능력의 향상, 알고리즘의 개선, 디지털 데이터의 양과 다양성이 기하급수적으로 증가한 결과이다. 인공지능은 자율주행 차량, 인공지능 보조 의료 진단, 언어 번역, 이미지 인식, 작곡, 교육 분야 등 그 영역을 지속적으로 확대하고 있다. 이와 같은 데이터와 인공지능 기술의 확산에 대하여 유럽은 단순히 데이터를 인터넷을 통하여 전송하기보다는 이를 시민의 공공성을 높이기 위한 방안을 마련하는 것이 중요하다는 점을 지지한다. 인공지능이 인류에게 제공하는 이점은 수용해야 하지만 무비판적으로 받아들이지 않도록 하여야 한다고 경고한다. 대부분의 인공지능 기술은 블랙박스 특성이 있어 그 결정에 대하여 전문가도 알 수가 없는 상황이다. 현재의 인공지능 기술은 인간 사고 활동의 일부 영역으로 제한되어 있으며, 데이터에 내재된 편향성은 개발자들로부터 물려받는다는 점을 인식해야 한다. 따라서 인공지능의 장점을 수용하면서 단점을 극복하기 위한 신뢰할 수 있는 인공지능, 바람직한 상호작용이 가능한 인공지능 기술이 될 수 있도록 다양한 이해 관계자의 참여가 필수적이다.

가. GDPR

유럽은 2018년 GDPR(General Data Protection Regulation)을 제정하였다. 이 법안의 목적은 개인이 자신의 데이터를 관리할 수 있는 권한을 제공하는 것이다. 이 법안은 기업들이 EU가입국에서 거래를 할 때, EU 국민들의 개인 데이터와 프라이버시를 보호할 것을 의무화하는 규정이다. 이 법안으로 인하여 유럽 가입국내에 데이터 관리 및 처리를 하고 있는 기업들은 법에서 규정하는 내용을 준수해야 할 의무를 지게 되었다. 만약 우리나라 기업이 유럽과 거래를 하고자 할 때, GDPR을 지켜야 하는 것은 필수적이다.

2021년 8월 유럽연합은 아마존(Amazon)에 대하여 GDPR위반을 이유로 1조 202억원의 과징금을 부과하였다(경향신문, 2021.08.01.). 프랑스 시민단체 라캬드라튀르뒤넷이 2018년 아마존을 고발하였다. 시민단체는 아마존이 온라인 사용자의 사용 패턴에 따라 광고가 추천되는 타깃광고가 사용자의 충분한 동의 절차 없이 운영되고 있다고 주장했다. 한편 구글은 사용자 동의 없이 개인정보를 수집해 2019년 프랑스 데이터 규제당국(CNIL)으로부터 5000만유로 벌금을 부과받았다고 한다. 이와 같은 디지털 대기업의 데이터 활용에 대한 개인의 관심이 더욱 필요한 시점이다.

GDPR에서 규정하고 있는 개인에 대한 주요 권리는 다음과 같다.

- 제12-14조 : 투명한 의사 소통 및 정보의 권리
- 제15조 : 접근 권한

  개인의 데이터가 어떻게 처리되는지 알 권리를 의미한다. 처리의 목적, 해당 개인정보의 범주 등을 받을 권리가 있다. 가능한 경우 개인 데이터가 저장될 예상 기간, 만약 예상이 불가능하다면 그 기간을 결정하는 기준, 감독 당국에 불만을 제기할 권리 등이 제공된다.
- 제16조 : 수정 권한

  데이터 주인은 부정확한 개인 데이터를 수정할 권리가 있다. 관리자는 부정확하거나 불완전한 데이터를 지우거나 수정하거나 정정하도록 보장하여야 한다.
- 제17조 : 삭제권(잊혀질 권리)

  일명 잊혀질 권리(RTBF, Right To Be Forgotten)는 데이터 주체가 개인 데이터를 지울 수 있는 권리를 제공한다. 원래의 목적을 위해서 더 이상 데이터가 필요하지 않으며 합법적인 목적이 없는 경우, 데이터 주체가 동의를 철회하고 기타의 합법적 근거가 존재하지 않을 경우, 데이터가 불법적으로 처리된 경우 등이 이에 해당한다.
- 제18조 : 처리 제한 권한

  개인에 대한 데이터를 사용하지 못하도록 동결하는 것을 의미한다. 처리가 불법적이며 데이터 주체가 제한을 요청하는 경우, 데이터의 정확성에 대한 논란이 있는 경우 등에 대하여 처리를 하지 못하도록 한다.
- 제19조 : 수취인 통지 의무

  데이터의 사용에 대하여 정보 주체에게 고지해야 하는 의무를 말

한다.

- 제20조 : 데이터 이동권

  데이터를 사용가능한 방식으로 데이터 주체에게 넘겨주거나 데이터 주체가 선택한 수신자에게 데이터를 이전해야 한다.

- 제21조 : 반대할 권리

  데이터 처리를 위해 설득력있고 합법적인 근거를 입증할 수 없다면 더 이상 데이터 주체의 개인 데이터를 처리할 수 없다.

- 제22조 : 자동화된 의사결정의 대상이 되지 않을 권리

  인공지능에 의한 자동 처리를 거부할 수 있는 권리를 의미한다. 자동화된 의사결정의 대상이 되지 않을 수 있는 권리를 의미한다.

3. 개인정보 데이터와 윤리적 문제들

가. IoT와 데이터 보호

사물인터넷(IoT: Internet of Things)의 발전으로 인하여 일상생활의 가전기기를 비롯하여 대부분의 장치들이 인터넷으로 연결되고 있으며, 이로 인한 프라이버시, 보안 및 데이터 보호 등과 관련된 문제가 제기된다. 예를 들면, 스마트 미터, 스마트 장난감, 냉장고, TV, 가전 제품 등은 스마트폰을 통하여 연결하고 그 정보를 이용하여 관리할 수 있는 서비스를 제공하고 있다. 이와 같은 장치들은 우리들에게 보여주는 것 외에 어떠한 정보를 서버로 전송하고 있는지 알 수 없다. 특히 민

감한 개인정보를 다루는 병원이나 보험, 은행 등과 같은 서비스를 이용할 때, 개인정보가 어떻게 전송되고 처리되는지 설명을 들은 바가 없다.

CBS 뉴스(2022.12.29.)는 어린이용 스마트 장난감이 사용자 데이터를 수집하고 판매될 수도 있음을 경고하였다. 크리스마스에 어린이들에게 선물한 스마트 장난감이 자녀의 데이터를 수집하고 있을 수 있다. 전문가들은 스마트 장난감 제조업체가 사용자가 알지 못하는 사이에 해당 데이터를 광고주에게 판매할 수 있다고 경고하였다.[27] 이 장난감은 언어학습을 위하여 아마존의 알렉사(Alexa)와 연결되어 어린이와 소통하도록 제작되었다고 한다. 장난감이 원어로 말하면 어린이는 이를 알렉사에게 번역하도록 할 수 있는 제품이라고 한다. 그러나 이 제품의 이용 약관에는 Fuzzible Friends를 만드는 회사인 Creativity Inc.가 사용자에 대한 익명 정보를 수집하고 아이들이 말한 내용의 대본을 생성할 수 있다는 내용이 포함되어 있었다고 한다. 스마트 장난감이 마이크와 카메라를 내재하고 있을 뿐만 아니라 알렉사를 통하여 인터넷에 연결되므로 어린이들 및 가정의 정보가 유출될 수 있음을 경고하였다.

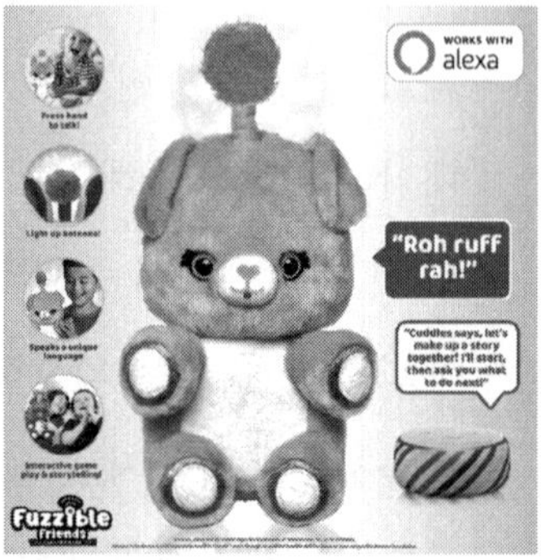

[그림 9-1] 퍼즐프렌드의 스마트 장난감

27) https://www.cbsnews.com/news/smart-toys-data-collecting-advertisers/

나. 빅데이터 감시 사회

빅데이터 감시 사회는 개인 생활의 데이터화로 인하여 디지털 기업의 서비스로부터 벗어날 수 없는 것을 의미한다. 이미 디지털 대기업들은 온라인을 통하여 공공영역의 많은 부분을 서비스하고 있으며 합법적으로 정부기관과 연결되어 있다. 우리나라 네이버와 카카오의 경우, 공공 서비스를 이와 같은 플랫폼 기업을 통하여 제공하고 있는 것을 알 수 있다. 이들 대기업은 빅데이터 분석을 통하여 얻은 사용자의 사회적 행동, 소비자 선호에 대한 통제가 가능하다. 스마트폰을 통하여 제공되는 많은 광고들은 이미 우리 자신에 대한 데이터 분석의 결과라고 볼 수 있을 것이다.

빅데이터 감시의 사례로 자기 정량화(Quantified Self)운동을 통한 자발적 자기감시현상의 출현이다. 자기정량화운동은 자기 자신에 대한 데이터를 수집하기 위해 기술의 사용이 증가하는 것을 말한다. 이러한 기술을 통해 개인들은 자신의 총 활동량, 걸음 수, 먹는 음식, 사이클 이용 시간 및 거리 등 일상의 모든 영역을 추적할 수 있다. 스마트폰 앱, GPS 장치 및 가속도계가 내재된 운동 밴드 등을 통해 개인에 대한 많은 정보들을 수집할 수 있게 하였다. 이와 같은 자기감시는 생활 및 건강관리를 위해 추적이 가능한 장치(예, 스마트 워치)와 플랫폼을 연동하는 형태로 이루어진다. 심지어 일부 회사는 사람들이 수집한 데이터를 추적할 수 있는 도구를 개발하고 있으며 이를 '메타 트래커'라고도 하며 사용자의 삶을 향상시키는데 도움이 되는 숨겨진 연결을 찾는 것을 목표로 한다고 한다. 그러나 자신이 수집한 데이터를 자신만이 사용하는 것이 아니라 어느 기업이 사용하는지 알 수 없다고 생각하여야 한다. 이와 같은 서비스에는 자신의 데이터가 인공지능에 의하여 측정, 분석, 코칭 받지 않을 권리가 필요하다.

다. 사전-동의(Opt-in)대 사후-거절(Opt-out) 방식

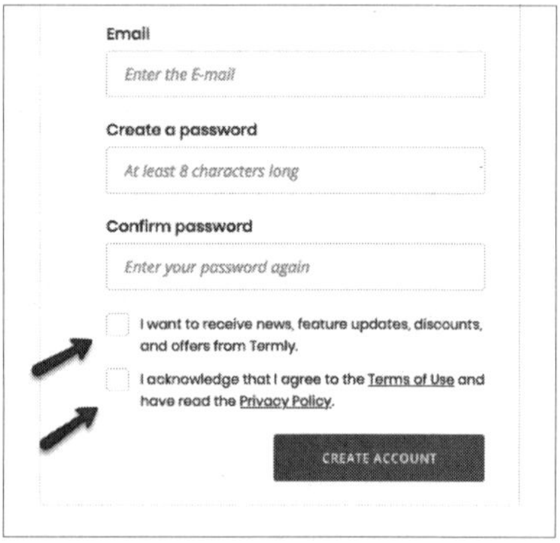

[그림 9-2] 사전-동의방식

사전-동의(Opt-in)와 사후-거절(Opt-out)은 개인정보처리를 위한 동의 방식을 의미하는 용어이다. 사전-동의는 사용자가 동의를 하기 위해 적극적인 조치를 취하는 것을 말한다. 가장 대표적인 사례로 온라인 서비스에 가입하거나 기관에 가입할 경우, 사용자의 확인 절차를 요구하는 것이다. 이는 대부분 체크 박스 형태로 제공되며 확인란을 체크하면 사용자는 사용 약관 및 개인정보 보호정책에 동의한 것으로 간주한다[28].

반면 사후-거절(Opt-out)방식은 사용자가 동의를 철회하는 조치를 취하는 것을 의미한다. 사용자에게 사후-거절을 제공하는 두 가지 방법이 있다. 첫 번째 방법은 앞의 [그림 9-2]의 선택을 취소하거나 확인을 취소할 수 있는 방식이다. 이것은 이미 선택한 것을 취소하는 것으로 서비스는 언제든 취소할 수 있는 방법을 제공하여야 한다. 두 번째 방

28) https://termly.io/resources/articles/opt-in-vs-opt-out/

법은 메일로 제공하고 있는 구독 서비스를 취소할 수 있는 링크를 제공하거나 이메일을 제공하는 방식이다.

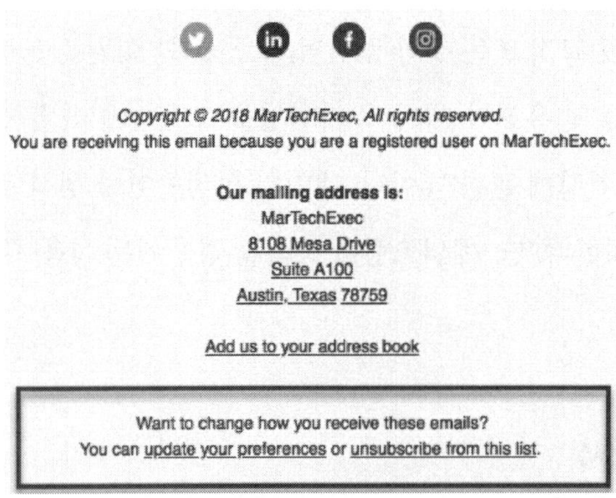

[그림 9-3] 사후-거절(Opt-out)의 사례

우리나라는 개인정보 보호법에 따라 사전-동의 방식을 채택하고 있으므로 온라인 서비스에 가입할 때, 서비스 이용에 대한 동의 및 개인정보처리에 대한 동의 항목을 검토하고 확인하여야 한다.

EU의 GDPR은 기업이 시민의 데이터를 수집할 때 다음 사항 중 하나를 바탕으로 하여야 한다고 규정하고 있다.

- 사용자 동의
- 정당한 이익
- 계약상의 필요
- 사용자의 중요한 관심
- 법적 의무
- 공익

위의 사용자 동의나 정당한 이익에 따라 데이터를 수집한다고 하더라도 특수 범주에 속하는 개인 데이터는 GDPR 9조에 명시된 합법적 처리를 위한 추가 조건을 충족해야 가능하다고 한다. 인종 또는 민족, 정치적 견해, 종교적 또는 철학적 신념, 노동 조합 회원을 드러내는 개인 데이터 처리 및 유전자 데이터, 자연인을 고유하게 식별하기 위한 생체 데이터, 건강에 관한 데이터, 개인의 성생활이나 성적 취향은 기본적으로 금지한다. 단, 예외조항을 충족할 경우에는 허용 가능하다.

4.
개인 수준에서 인공지능의 영향

인공지능기술의 발전은 개인에게 어떤 영향을 미칠 것인지 깊이 생각할 때이다. 인공지능은 개인의 자율성 및 정체성의 개념뿐만 아니라 보안, 안전, 프라이버시에 대하여 어떠한 변화를 가져올 것인지 검토할 필요가 있다.

가. 자율성과 디지털 넛지 효과

자율성이란 '자기 스스로의 원칙에 따라 어떤 일을 하거나 자기 스스로 자신을 통제하여 절제하는 성질이나 특성'이라고 정의한다. 자율성은 주어진 일에 대하여 스스로 선택권을 가지고 통제함으로서 자기존중감이 높은 주체적 삶을 살아가게 하는 주인의식을 의미한다(채병숙, 2021). 이것은 모든 사람들이 자신에게 무엇이 좋은지 아닌지를 알 수 있고, 자기의 기준에 따라 삶을 살아가며 자신의 생각과 행동을 통제할 수 있는 능력이 있으므로 개인의 선택, 권리, 자유가 보장되어야 한다는 것을 의미한다. 인공지능 기술의 발전은 개인의 선택, 권리, 자유를 보장할 수 있는가?

일반적으로 넛지(Nudge)란 '어떤 행동을 하도록 부추기며 옆구리를 슬쩍 찌르는 것'이라는 뜻으로 사람의 행동을 바꾸기 위한 다양한 인센티브 제도나 설계를 일컫는 말이다. 즉, 사용자에게 자연스러운 상황을 만들어 타인의 강요없이 스스로 선택하도록 한다. 그러므로 넛지는 개인의 선택에 개입한다. 넛지 효과는 강요없이 자연스러운 선택을 이끈다는 점에서 공익 디자인, 마케팅, 광고 등에서 활용되고 있다. 예를 들면, 공공 화장실의 남성 소변기 속 파리 그림과 같이 사람들의 행동을 유도하기 위한 전략이다. 그러나 인공지능 기술로 포장한 서비스가 개인의 판단에 개입하는 '디지털 넛지'에 대하여 경계하여야 한다고 지적한다(김유경, 2019). 이것은 인터넷 상의 웹 서비스에서 빈번하게 일어나고 있는 추천 시스템과 연결되어 있다. 유튜브에서 유사한 영상을 보았을 경우, 지속적으로 관련 영상이 나타나는 것과 같이 개인의 선택을 임의적으로 해석한 결과가 제공된다. 넛지 효과는 인공지능과 결합되어 새로운 서비스로 등장하기도 한다. 'NUGU Nudge 추천 기술'과 같은 서비스는 넛지 개념을 이용하여 이를 추천 알고리즘으로 개발하여 다양한 쇼핑몰이나 음악, TV 서비스 등에 적용하고 있다고 광고한다(NUGU 공식 블로그, 2021). 이와 같은 기술은 개인화된 추천 기술로 인하여 사용자의 편의성을 촉진한다고 하지만 개인의 선택권을 침해할 수 있는 여지가 있다.

뉴욕 타임지는 '좋은 넛지, 나쁜 넛지'라는 기사를 통하여 넛지 사용의 3가지 원칙을 제시하였다(Thaler, 2015.12.13.). 첫째, 모든 넛지는 투명해야 하고, 절대로 상대방을 오도해서는 안 된다. 둘째, 넛지에 참여하고 싶지 않다면 쉽게 빠져나올 수 있어야 한다. 마우스 클릭 한 번만으로 그렇게 할 수 있다면 가장 좋다. 셋째, 넛지를 통해 유도된 행동이 그 영향을 받은 사람들의 삶을 더 낫게 만든다고 믿을 만한 충분한 근거가 있어야 한다. 이와 같은 원칙이 지켜진다면 바람직한 변화를 기대할 수 있을 것이나 일부의 잘못된 정책이나 좋지 않은 상술이 있음을 경계하여야 한다. 예를 들면, 최근 구독 서비스가 많아지고 있는 음악 서비스의 경우, 1개월 무료 구독 서비스를 제공한다고 하지만 구독을 취소하지 않으면 자동 구독 처리되며, 취소를 위해서는 매우 복잡한 절차를 거쳐야 하는 서비스 등이 있다.

인공지능 기술의 발전과 넛지 개념의 결합으로 넛지 마케팅, 데이터 넛지 등과 같은 기술이 새로운 것으로 비춰질 수 있으나 개인의 자율성에 근거한 선택에 개입한다는 점을 반드시 인식할 필요가 있다.

나. 정체성과 인공지능

정체성이란 사회적으로 적절한 방법으로 자신을 구별하고 그 사람이 특별한 자부심을 갖는다고 생각하는 일련의 속성, 신념, 욕망 또는 행동의 원칙을 의미한다(Annoni, etc, 2018). 학교의 학생이나 교사들은 인공지능 시스템이나 로봇과 상호작용하고 심지어 긴밀한 관계를 형성하기 때문에, 우리는 인공지능을 어떻게 인식하고 있으며, 이들과의 상호 작용을 통해 우리의 세계관이 어떻게 형성되는지를 이해하는 것이 필요하다. 프로파일링, 표적광고 또는 기타 인공지능 기술들은 학생들의 정체성에 영향을 미칠 수 있게 된다(Floridi, 2015. 재인용).

인공지능은 알고리즘과 빅데이터를 기반으로 인간의 욕구를 충족시키기 위한 개인화, 맞춤형 서비스를 제공할 수 있다. 맞춤형 제조와 같은 기술은 개인의 만족도를 충분히 높일 수 있다는 긍정적 측면이 있다. 전통적인 신문들은 인공지능이 기사를 쓸 수 있는 능력을 갖추었음에도 이의 사용을 허용하지 않는다. 스포츠 기사나 단순 사실 중심의 기사에는 인공지능이 활용될 수는 있어도 신문의 정체성을 드러내야 하는 기사에는 인공지능의 개입을 허용하지 않는다. 인간의 경험과 판단이 필요한 영역이나 인간의 가치를 유지하거나 지속해야 하는 경우에는 인공지능의 활용을 주저하게 된다. 에어비앤비(Air B&B)는 사용자의 불만에 대하여 기계적인 응답으로는 이런 문제를 해결할 수 없다는 것을 알게 되었다. 고객의 불만은 인공지능이 아니라 전문가를 고용해 처리함으로써 정체성과 신뢰성을 유지하고 있다. 향후, 인공지능의 활용이 더욱 확대된다고 하더라도 인간의 정체성에 영향을 미치는 문제에 대해서는 사회적 합의가 절대적으로 필요하다(곽규태, 2015).

5.
생성형 인공지능과
개인정보 보호

가. 생성형 인공지능의 개인정보 수집 사례

ChatGPT는 출시된 지 2개월 만에 1억 명의 사용자가 사용하는 서비스가 되었다. ChatGPT는 구글(google)이나 빙(bing)과 같은 검색엔진과는 다른 방식으로 데이터를 수집하고 표현한다. 최근에 출시된 ChatGPT는 2023년 4월까지 인터넷 상의 데이터로 학습하였으며, 외부의 데이터를 입력하여 필요한 결과를 얻을 수 있는 기능을 갖추게 되었다. ChatGPT는 챗봇이므로 사람과의 대화와 그 외의 모든 입력으로 정보를 수집한다.

CahtGPT는 구글과 같은 방식으로 동작하기보다 사용자와의 대화를 통하여 사용자가 원하는 정보에 대한 '설명'을 제공한다. 그러므로 대화 중에 입력한 기밀 정보나 개인정보가 있다면, ChatGPT는 그것을 수집하고 활용하게 된다. ChatGPT가 처음 등장했을 때, 삼성은 직원들이 챗봇으로 회의를 기록하고 내부 코드를 검사하는 실수를 통하여 문제를 인식하게 되었다. 이 정보들은 수집되고 삭제되지 않는다.

2023년 3월 31일, 이탈리아는 훈련 데이터에 개인정보를 사용하는 것을 이유로 ChatGPT의 사용을 일시적으로 금지하였다. 이탈리아 데이터 규제 기관(Garante er la Protezione dei Dati Personal)은 OpenAI가 ChatGPT 훈련에 개인정보를 사용할 법적 권리가 없다고 주장했다.

OpenAI는 유럽 사용자들을 위해 개인정보보와 관련된 정책을 변경한 4월말에 금지 조치를 해제하였다. 유렵은 개인정보보법으로서 GDPR(General Data Protection Regulation)을 운영 중에 있으며, 이 규칙은 데이터 수집 시 명시적 동의를 할 수 있도록 팝업창을 통하여 개인 데이터 수집에 대한 승인이나 거부를 할 수 있도록 해야 하는데, OpenAI는 이를 하지 않았다는 점을 지적하였다. 이탈리아는 OpenAI가 4가지 규정을 위반했다고 주장하였다. **1. 13세 미만의 어린이가 ChatGPT를 사용하는 것을 막는 나이 제한이 없음 2. ChaGPT가 사람들에 대한 잘못된 정보를 제공할 수 있음 3. 사람들은 자신의 데이터가 수집된다는 사실을 안내받지 못함 4. ChatGPT가 훈련에 사용되는 데이터로 개인정보를 수집할 '법적 근거'가 없다**는 점을 제시하였다.

나. ChatGPT의 개인정보 보호 문제

OpenAI는 2023년 11월 14일 한국의 개인정보 처리 방침을 수정하여 공표하였고 시행일은 2024년 1월 31일이다. 그 내용을 간략히 정리 하면 다음과 같다.

1) 사용자가 제공하는 개인정보

- 계정 정보 : 사용자가 OpenAI에 계정을 생성할 때, OpenAI는 사용자의 성명, 연락처, 계정 자격증명, 결제 카드 정보 및 거래 내역을 포함하여 사용자의 계정과 관련된 정보(총칭하여 "계정정보")를 수집한다.
- 이용자 콘텐츠 : 사용자가 서비스를 이용할 때, OpenAI는 사용자

가 입력하는 사항, 업로드하는 파일 또는 서비스에 대해 제공하는 피드백("콘텐츠")에 포함된 개인정보를 수집한다.

- 커뮤니케이션 정보 : 사용자가 OpenAI와 커뮤니케이션하는 경우, OpenAI는 사용자의 성명, 연락처 및 메시지의 내용("커뮤니케이션 정보")을 수집한다.
- 소셜 미디어 정보 : OpenAI는 Facebook, Medium, Twitter, YouTube 및 LinkedIn과 같은 소셜 미디어 사이트에 페이지를 마련해두고 있다. 사용자가 OpenAI의 소셜 미디어 페이지와 상호작용하는 경우, OpenAI는 사용자의 연락처 등 사용자가 OpenAI에 제공하기로 선택한 개인정보(총칭하여 "소셜정보")를 수집한다. 또한, OpenAI의 소셜 미디어 페이지를 호스팅하는 회사들은 OpenAI의 소셜 미디어 활동에 대한 총계 정보 및 분석을 제공할 수 있다.
- 기타 정보 : OpenAI는 사용자가 OpenAI의 이벤트 또는 설문조사에 참여하거나 사용자의 신원을 확인하기 위한 경우 등에 OpenAI에 제공하는 기타 정보(총칭하여 "사용자가 제공하는 기타 정보")를 수집한다.

2) 자동으로 수신하는 개인정보

- 로그 데이터: 사용자가 서비스를 이용할 때 사용자의 브라우저 또는 디바이스가 자동으로 전송하는 정보를 말한다. 로그 데이터는 사용자의 IP 주소, 브라우저 유형 및 설정, 요청 일시 및 OpenAI 서비스와 상호작용하는 방식을 포함한다.

- 이용 데이터: OpenAI는 사용자가 열람하거나 이용하는 콘텐츠의 종류, 사용자가 사용하는 기능 및 사용자가 수행하는 작업, 사용자의 시간대, 국가, 접속 일시, 사용자 에이전트 및 버전, 컴퓨터 또는 모바일 기기의 유형, 사용자의 컴퓨터 연결 등 사용자의 서비스 이용에 관한 정보를 자동으로 수집할 수 있다.
- 기기 정보: 사용자가 사용하는 기기의 명칭, 운영체제, 기기 식별자 및 브라우저를 포함한다. 수집되는 정보는 사용자가 사용하는 기기의 종류 및 그 설정에 따라 달라질 수 있다.
- 쿠키: OpenAI는 서비스를 운영 및 관리하고 사용자의 경험을 개선하기 위하여 쿠키를 사용한다. "쿠키"란 귀하가 방문하는 웹사이트를 통해 귀하의 브라우저에 전송되는 정보를 의미한다. 사용자는 브라우저를 설정하여 모든 쿠키를 수락하거나, 모든 쿠키를 거부하거나, 쿠키가 제공될 때마다 사용자에게 알리도록 하여 매번 수락 여부를 결정할 수 있다. 단, 쿠키를 거부하면 일부의 경우 웹사이트 또는 웹사이트의 특정 영역이나 기능을 사용하지 못하거나 표시 또는 기능이 저하될 수 있다.

3) 데이터 사용 및 GDPR 준수에 대한 투명성

이탈리아가 문제를 제기했던 것 중 하나는 ChatGPT가 사용자에게 개인정보 수집에 관해 충분한 정보를 제공하지 않을 뿐만 아니라 OpenAI 훈련에 사용되는 데이터로 개인정보를 수집하고 저장하는 법적 근거가 부족하다는 점을 지적하였다.

그 이후, ChatGPT는 AI 훈련 알고리즘에 사용되는 개인정보에 대한 설명을 제공하고 있으며 누구나 선택을 취소할 수 있다고 명시적으로 밝혔지만, 전문가들은 ChatGPT가 개인정보를 처리할 법적 근거를 제시하지 못한다고 지적하였다. ChatGPT는 OpenAI의 홈페이지에 GDPR과 CCPA를 준수한다고 명시하고 있으며, 타사 보안 감사 기관의 평가를 받았으며 'SOC 2 Type 2[29)]'를 준수한다고 밝히고 있다.

4) 개인정보 수집 거부 기능

이탈리아의 ChatGPT 금지 이후, OpenAI는 사용자가 AI 모델 성능 향상에 사용되는 데이터 중 사용자 콘텐츠를 제외하는 옵트 아웃(opt-out) 양식을 더 쉽게 찾을 수 있도록 서비스를 개선하였다. 그러나 EU 전문가들은 사용자들이 검색 결과에서 제외되기를 요청할 수 있는 GDPR의 "잊혀질 권리" 규칙을 ChatGPT가 어떻게 준수할 수 있는지 의문을 제기하였다. ChatGPT에 실수로 제공할 수 있는 모든 정보는 알고리즘을 훈련하는 데 사용될 수 있는데 전문가들은 이 정보를 다시 분리하는 것이 거의 불가능할 것이라고 하였다.

5) 휴대폰 번호 등록

ChatGPT에 가입할 때 전화번호를 제공하고 전송된 인증 코드를 입력해야 한다. 이러한 방식은 플랫폼에서 사용자가 사람인지를 확인하고 스팸 봇(bot)의 서비스 이용을 방지할 수는 있지만, 사용자 익명성을 보장해야 한다는 점에서 우려를 제기한다.

6) 나이 제한

29) 기업이 고객 데이터를 보호하는 방법과 이러한 통제가 얼마나 잘 작동하는지를 보여주는 내부 통제 보고서를 말한다.

전 세계의 국가들은 어린이 데이터 사용 및 수집을 보호하는 법을 가지고 있다. GDPR 규칙에 따르면, 기업들이 16세 미만 아동의 데이터를 부모 동의 없이 처리하는 것은 불법이다. 16세 미만인 경우, 해당 아동의 친권을 보유한 자가 동의를 해야 이용할 수 있다. OpenAI의 이용약관에는 "OpenAI의 서비스는 13세 미만의 아동을 대상으로 하지 않는다"라고 명시하고 있다. 사용자가 13세 이상 18세 미만인 경우, 서비스를 이용하기 위해서는 부모 또는 보호자의 허락을 받아야 한다. OpenAI는 2023년 9월 15일, 대한민국에서 아동의 개인정보 처리 방침으로 아동의 연령 기준을 14세미만으로 조정하였다[30]. 나이 제한 정책에 따라 초등학교와 중학교 1학년 학생이 ChatGPT를 사용하기 위해서는 부모의 동의가 필요하다. 그러나 수많은 플랫폼이 그렇듯 연령 제한을 하더라도 이용하지 못하도록 강제하지 않으므로 아동의 데이터가 쉽게 수집될 수 있다는 점을 경계하여야 한다.

다. ChatGPT 사용 시 개인정보를 보호하는 방법

1) 민감한 정보 공유하지 않기

기밀 정보가 기밀인 데는 이유가 있다. ChatGPT에 입력한 내용은 OpenAI의 서버에 저장되므로 업무적이든 개인적이든 민감한 정보를 공유하지 않아야 한다. 누군가가 이 데이터에 접근할 수 있다고 가정하여야 한다. 또한 보안 침해가 발생할 경우에는 개인정보가 악용될 수 있다는 점을 경계하여야 한다.

30) https://openai.com/ko/policies/kr-privacy-policy-addendum

2) VPN 사용하기

VPN(Virtual Private Network, 가상 사설망)은 인터넷을 통해 장치 간 사설 네트워크 연결을 생성하는 서비스이다. VPN은 장치의 실제 IP 주소를 가상 IP 주소로 대체하고, 데이터를 암호화하고, 데이터를 전 세계 보안 네트워크로 연결함으로써 정보를 보호한다. 따라서, ChatGPT용 VPN을 통해 인터넷에 연결하면 ChatGPT 서버를 오가는 트래픽이 암호화되므로 데이터를 훔치거나 손상하려는 악의적인 행위자로부터 보호된다. 또한 VPN은 IP 주소와 위치를 마스킹하여 ChatGPT에 넘기는 데이터의 양을 줄임으로써 ChatGPT 사용 시 익명성을 보장할 수 있게 된다. 이것은 ChatGPT용 VPN 서비스를 제공하는 회사를 통하여 구매하여 사용할 수 있다.

3) ChatGPT의 개인정보 처리 거부

OpenAI는 새로운 ChatGPT 데이터 제어 기능을 도입했다. 계정 설정을 통해 채팅 기록을 비활성화할 수 있다. 이렇게 하면 ChatGPT와의 대화 기록이 30일 뒤에 삭제된다.

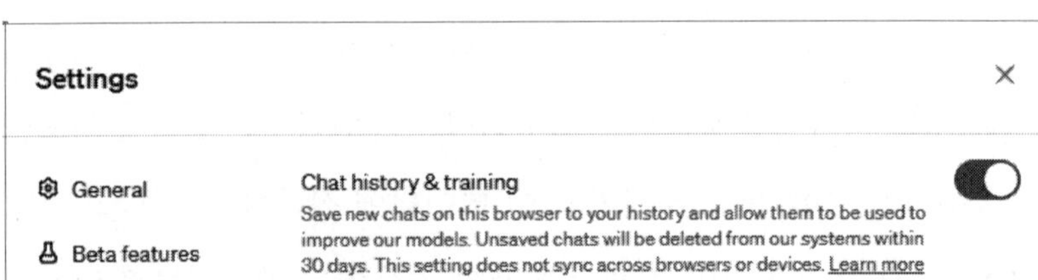

하지만 이 방법으로도 개인정보가 ChatGPT 훈련에 사용되는 것을 막을 수는 없다고 생각한다. ChatGPT 훈련에 개인정보가 사용되지 않

도록 하려면 OpenAI 데이터 옵트 아웃 Google 양식을 작성하여 제출하여야 한다[31].

6.
맺음말

개인정보 보호는 현대 사회에서 중요한 이슈로 부상하였다. 디지털화된 정보는 빠르게 퍼져나가며, 잘못된 손에 넘어갈 경우, 심각한 피해를 초래할 수 있다. 인공지능과 윤리는 깊은 관련성이 있다. 인공지능 시스템은 수많은 데이터를 기반으로 학습하고 예측을 수행하는데, 이 데이터 중에는 개인정보가 포함될 수 있다. 따라서 인공지능의 학습 데이터나 결과 해석 과정에서 개인정보를 적절히 보호하고 관리하는 것은 매우 중요하다.

유럽의 GDPR은 개인정보 보호에 관한 규정으로, 개인정보의 처리 방식을 규정하고, 개인의 데이터에 대한 권리를 강화하였다. 이는 기업들에게 데이터 보호의 중요성을 강조하며, 전 세계적으로 개인정보 보호의 기준이 되었다.

사물인터넷(IoT)은 물리적 객체에 센서나 통신 기능을 부여해 인터넷에 연결하는 기술로, 이를 통해 수집된 데이터 중 개인정보가 포함될 수 있다. 빅데이터는 대량의 데이터를 분석하는 기술로, 개인정보를 포함한 데이터를 처리할 때 보호가 필요하다. 옵트인과 옵트아웃은 사용자가 서비스에서 정보 제공에 대한 동의를 하는 방식을 의미하는 것으

31) https://share.hsforms.com/1UPy6xqxZSEqTrGDh4ywo_g4sk30

로 옵트인은 명시적 동의, 옵트아웃은 묵시적 동의 방식을 가리킨다.

인공지능은 개인의 자율성과 정체성에 영향을 줄 수 있다. 예를 들어, 인공지능이 제공하는 추천 시스템은 사용자의 선택을 좁혀 실제 원하는 것과 다른 선택을 유도할 수 있다. 보안과 안전 측면에서는 인공지능이 공격자에게 악용될 수 있으나, 동시에 사이버 보안 분야에서 인공지능은 공격을 탐지하고 대응하는데 큰 도움을 주기도 한다. 프라이버시는 인공지능의 학습 데이터로 사용될 경우, 위협받을 수 있어, 적절한 데이터 관리와 윤리적 접근이 필요하다.

특히, 생성형 인공지능의 발전으로 인한 개인정보 보호는 더욱 많은 관심이 필요하다. 생성형 인공지능은 전통적인 검색엔진 서비스와는 달리 채팅을 통하여 획득한 모든 정보를 기록하고 기술 발전에 활용하고 있으므로 ChatGPT를 사용하는 과정에서 개인정보 보호와 관련된 문제가 무엇인지를 인식하고 어떻게 자신의 정보를 보호할 수 있는지를 알고 실천할 수 있는 역량을 기르는 것이 매우 중요하다.

참고문헌

- Annoni, A., Benczur, P., Bertoldi, P., Delipetrev, B., De Prato, G., Feijoo, C., Fernandez Macias, E., Gomez Gutierrez, E., Iglesias Portela, M., Junkle witz, H., Lopez Cobo, M., Martens, B., Figueiredo Do Nascimento, S., Nat ivi, S., Polvora, A., Sanchez Martin, J.I., Tolan, S., Tuomi, I. and Vesnic Al ujevic, L., Artificial Intelligence: A European Perspective, Craglia, M. editor (s), EUR 29425 EN, Publications Office of the European Union, Luxembo urg, 2018, ISBN 978-92-79-97219-5, doi:10.2760/936974, JRC113826.
- Forbes(2012.2.16.) How Target Figured Out A Teen Girl Was Pregnant Be fore Her Father Did. url: https://www.forbes.com/sites/kashmirhill/2012/0 2/16/how-target-figured-out-a-teen-girl-was-pregnant-before-her-father-di d/?sh=77e0dc8e6668
- Greg govin(2023.06.05.) ChatGPT and privacy: What happens to your pers onal data? https://www.expressvpn.com/blog/chatgpt-privacy-concerns/
- NUGU 공식 블로그. url : https://blog.naver.com/nuguai/221202096176
- Richard H. Thaler(2015.12.13.). "좋은 넛지, 나쁜 넛지", url: The New Yo rk Times 한국어. URL : https://www.nytimes.com/2015/11/01/universal/ ko/upshot-good-bad-nudges-korean.html
- Termly. Opt in vs. Opt out url : https://termly.io/resources/articles/opt-in-v s-opt-out/
- 경향신문(2021.08.01.). EU, 아마존에 1조 200억원 과징금... GDPR 역대 최고. https://m.khan.co.kr/world/europe-russia/article/202108011215001 #c2b
- 곽규태(2015). 로봇이 쓴 기사, 읽고 싶겠어요? 인간의 정체성과 기계의 조화가 핵심이다. url : https://dbr.donga.com/article/view/1203/article_no

/7104/ac/magazine

- 김유경(2019.10.07.). 인공지능 어디까지 믿을 수 있나. 팩트 호도하고 편향성 키울 가능성. https://jmagazine.joins.com/economist/view/327649
- 머니투데이(2022.06.26.). 피싱, 주민번호 도용 1년에 21만건...개인정보 침해 4년 새 2배. https://news.mt.co.kr/mtview.php?no=2022062611192719608
- 채병숙(2021.05.16.). 자율성. 전북일보.

10장
호주의 인공지능 윤리 교육

1.
인공지능 윤리 교육의 외적 요구

인공지능 기술의 구현 및 활용에 따른 가치를 극대화하고 그에 수반되는 부작용과 문제를 최소화하기 위해서는 관련된 이슈에 대한 깊은 성찰이 수반되어야 한다. 대부분의 인공지능, 로봇 기술의 연구 개발, 관련 사업의 진흥 및 기술의 발전을 위한 정책, 제도 등을 마련하고 있는 나라들은 인공지능 윤리에 대한 고민을 함께 하고 있다.

인공지능에 대한 사회적 논의가 활발해지는 만큼 인공지능 윤리에 대한 논의 또한 급증하고 있다. 인공지능 윤리에 대한 논의는 인공지능이 사용되는 모든 영역에서 함께 고려해야 하는 중요한 문제가 되었다. "2017년 이후 학계, 사적 영역, 공공 영역의 행위 주체들, 주요 국가들의 정부(의회), 대학 연구소, IT기업 연합체, 민간 이니셔티브, ITU 및 OECD 등 국제기구, W3 컨소시움, IEEE 등 국제 표준화 기구가 윤리 규범 정책 논의에 참여하고 있는 것이다(양희태 외, 2018). EU는 Ethicbots 프로젝트(2005년~2008년), RoboLaw 프로젝트 (2012년부터 2년간)를 통하여 인공지능의 혜택과 위험성에 대한 평가와 그 결과에 기초한 대응방안 연구를 추진해 왔으며 윤리 및 법제도 등에 대한 연구를 수행하였다.

일본은 인공지능 연구와 관련하여 인공지능학회 윤리위원회를 중심으로 인공지능 개발자의 윤리강령 제정 운동을 진행하였다. 윤리 강령에는 인공지능이 인류 안전에 위협을 가하지 않도록 해야 하며, 인류가 공평하고 평등하게 이용해야 하고, 다른 사람을 해칠 의도로 인공지능 개발을 하지 못하도록 하는 내용이 포함되었다.

인공지능이 사회 전반으로 확산되고 있는 지금 우리는 선택의 기로에 서 있다. 기본적인 것은 인간이 결정하지만 인공지능이 동작하는 그 이후에는 통제가 되지 않을 것이라는 우려가 있다. 인공지능 시스템은 점점 더 많은 자율권을 갖게 될 것이고 인간은 지속적으로 권한을 위임하여 편리한 생활을 추구할 것이다. 이미 인공지능은 모습을 감춘 채 우리의 생활 속 깊이 들어와 있다. 인공지능으로 인한 사회적 문제가 발생하기 전까지 우리는 무슨 일들이 일어나고 있는지도 모를 것이다. 그러므로 인공지능에 대한 인식을 고양하고 우리의 삶에 어떤 영향을 미치며, 그것을 어떻게 관리하고 대처해야 하는지에 대한 윤리적 통찰이 더욱 중요하다.

인공지능에 대한 의존성이 확대됨에 따라 개인의 삶에 영향을 미치는 많은 의사결정이 인공지능의 알고리즘에 의해 이루어지고 있으며 이러한 일들은 점차 확대될 것으로 예상된다. 인공지능의 의사결정에 대한 신뢰성이 매우 중요한 문제가 되었다. 이미 은행에서 신용도 평가, 대출 승인 여부, 고용 여부, 질병 판별 및 치료 방식 선정, 입국허가 여부 등 다양한 영역에서 인공지능이 의사결정에 개입하고 있다. 인공지능 알고리즘에 의하여 지역, 계층, 인종, 성별 등에 따른 차별이나 불평등, 배제 등의 문제, 인간에 대한 가치 평가 등 법적 윤리적 문제가 제기되고 있다. 미국에서는 실제로 인공지능 기반 취업 광고 추천, 대출용 신용평가, 상습범 판단에 있어 성별, 계층 인종 차별의 문제가 보고되고 있다.

2. 인공지능 윤리 교육의 내적 요구

인공지능 기술의 발달로 인하여 학교는 두 가지의 관점에서 윤리적 문제에 직면하고 있다. 하나는 인공지능 기술을 교육을 위한 도구로 사용하는 과정에서 발생하는 윤리적 문제에 대한 우려가 있으며, 다른 하나는 인공지능 기술 발달로 인한 새로운 사회에서의 윤리에 대한 인식과 실천에 대한 문제이다

인공지능 기술의 진보에 따라 국가별, 국제기구, 기업, 민간 단체 등을 통하여 인공지능의 위험성에 대한 우려가 제기되고 있으며, 앞에서 살펴본 바와 같이 다양한 윤리 원칙을 발표하여 선제적으로 대응하고자 하는 동향을 확인할 수 있었다. 그럼에도 불구하고 학교에서 인공지능 교육을 수행함에 있어서 윤리적 문제에 대하여는 어떻게 접근해야 하는지, 무엇을 가르쳐야 하는지, 어떻게 가르쳐야 하는지에 대하여 논의한 문헌은 찾기가 쉽지 않다. 그럼에도 불구하고 2019년 8월 호주 교육부에서 발행한 "Artificial Intelligence and Emerging Technologies in School" 연구 보고서[32]에는 인공지능 윤리 교육에 대하여 고민했던 문제들을 언급하고 있어 우리나라의 인공지능 윤리 교육에 대하여 시사점을 제공할 것으로 판단된다.

---

32) Southgate, E., Blackmore, K., Pieschl, S., Grimes, S., McGuire, J. &Smithers, K. (2019). Artificial intelligence and emerging technologies (virtual, augmented and mixed reality) in schools: A research report. Newcastle: University of Newcastle, Australia

인공지능 윤리에 대한 논의는 새로운 기술이 등장할 때마다 제기된 윤리적 문제들을 그대로 가지고 있다. 그럼에도 불구하고 인공지능 연구와 기술 개발에 있어서 특별한 윤리적 질문은 다음과 같다. "언제, 어떻게 기계가 인간의 삶에 대해 결정을 내릴 것인지 그리고 누구의 가치가 그러한 결정을 이끌게 되었는지를 생각하도록 한다." 기술과 관련된 윤리의 문제는 기술 발달과 그 궤를 같이 한다. 컴퓨터 윤리, 인터넷 윤리, 로봇 윤리, 정보 윤리 등과 같은 이름으로 불리다 최근 인공지능 기술에 대한 높은 관심은 다시 인공지능 기술이 가져올 윤리적인 문제를 세상 밖으로 끌어내었다. 인공지능 윤리와 관련하여 다양한 질문이 제기된다(Dignum, 2018, 재인용).

- AI 시스템이 결정을 내린다는 것은 무엇을 의미하는가?
- AI 시스템의 행동과 결정이 가져올 도덕적, 사회적, 법적 결과는 무엇인가?
- AI 시스템이 그 행동에 대해 책임을 질 수 있는가?
- 이러한 시스템이 학습 능력으로 인하여 초기 설계 설정과는 다소 먼 상태에 도달했을 때 어떻게 제어할 수 있는가?
- 상업적 시스템에서 이러한 자율적 혁신이 허용되어야 하는가? 사용과 개발은 어떻게 규제해야 하는가?

이미 앞에서 인공지능 기술이 가져오게 될 많은 위험에 대한 언급하였다. 특히 인공지능이 전통적인 기술과 근본적으로 차별화되는 지점은 개인, 기관, 국가적 수준에서 인간의 의사결정에 알고리즘의 영향력이 지속적으로 확대되어 왔다는 점이다. 인공지능 기술에 대한 문제로 부적절한 데이터 수집과 사용이 있으며, 빅데이터 및 개인정보 보호와 데이터에 의한 차별 등이 나타난다는 점이다. 심지어는 인간의 감정을 감지, 해석, 시뮬레이션하거나 영향을 미치는 정서 컴퓨팅(affective computing)과 얼굴, 음성, 눈과 같은 고유 식별자 역할을 하는 개인의 신체적, 생리적, 행동 특성에 대한 데이터에 대한 생체 인식 등이 더욱 심각한 문제가 되기도 한다.

학교에서 인공지능을 도입하기 위해서는 학생, 교사, 교육 정책가들의 합의된 의사결정이나 책임이 따르겠지만 인공지능 기술의 불확실한 측면에 대한 국민의 윤리적 우려를 불식시킬 수 있는 신뢰가 구축되어야 한다. 인공지능 기술을 학교에 도입함에 있어서 AI의 목적, 효과와 그에 대한 증거, 윤리적 문제에 대하여 국민적 신뢰를 형성하는데 노력하여야 한다. 현재 우리나라의 인공지능 교육은 주로 AI가 가져올 긍정적 가치와 그로 인한 윤리적 문제에 대한 인식을 교육 구성원이 함께 공유하고 신뢰를 쌓아가는 방향으로 이루어질 필요가 있다. 교육에서의 AI의 신뢰는 그 시스템이 교육적으로 가치 있으며 공정한 학습 기회를 제공하고 학생 및 학교 전체에 미칠 악영향보다 긍정적 영향이 현저히 클 때, 얻어질 수 있을 것이다.

3.
인공지능과 학교 교육에서의 윤리적 문제

호주 교육부에서 발표한 보고서에는 인공지능이 학교 교육에 도입되었을 때 발생할 수 있는 문제들을 제시하였다. 학교에서 AI를 사용할 때 발생할 수 있는 문제로 학생 개인정보 보호와 AI 시스템의 독점적 특성에 대하여 언급하였다. 인공지능 윤리 교육에 대한 근거로 사용된 예시와 주장을 살펴보면 다음과 같다.

인공지능을 교육에 확산하기 위해서는 익명화된 학습 데이터의 공유가 필수적이며 이를 통하여 학습에 상당한 도움을 받을 수 있을 것이다. 다만 이러한 정보의 공유는 개인정보 보호에 대한 우려를 일으킬 수 있다. 그리고 인공지능 교육으로 인하여 생성된 데이터에 대하여 누가 이를 소유하고 누가 사용하며 그 목적은 무엇이며, 그 결과에 대한 책임은 누가 질 것인가 등에 대한 연속적인 질문이 일어난다.

Luckin 외(2016)는 AI조교가 불공정하게 사용될 가능성을 확인했다. AI조교가 교사의 학습활동 성과를 부당하고 은밀하게 감시할 수 있다는 점을 지적하였다. Gulson 외(2018)는 인공신경망에 기반을 둔 지능형 에이전트가 빅데이터 세트를 통하여 학습하고 동작을 강화하였다. 그러므로 인공지능과 상호작용하는 학생이나 교사는 인공지능 세계에서 학습과 교육에 대한 전통적인 개념이 바뀔 수 있다는 가능성에 주목해야 한다고 지적하였다.

IEEE(2017)은 윤리가 교육과정에 확고히 통합되고 디지털 및 정보 활용능력과 연계되어야 한다는 요구가 제기되어 학교 커뮤니티 내 사람들을 포함한 시민들에게 자율적이고 지능적인 시스템 오용과 관련된 위험에 대해 예방하도록 교육하여야 한다고 주장한다. 여기에는 인공지능이 만든 '가짜 뉴스(Fake News)'나 '딥 페이크(Deepfake)'에 대한 대처가 필요함을 강조하였다. 딥 페이크는 특정 머신러닝에 의하여 생성되는 비디오로서 유명한 사람들을 시뮬레이션 한다. 학생들이 인공지능으로 인하여 발생한 새로운 문제에 대하여 이해하고 이를 극복할 수 있는 비판적 사고가 함양되도록 교육과정에 포함되어야 함을 강조한다.

인공지능 윤리 교육이 필요한 다른 문제는 알고리즘 '넛징(nudging)'을 '하드 코드'와 인공지능 시스템에 통합하는 것이다. Thaler & Sunstein(2008)의 책 'Nudge'를 통해 대중적인 과학 영역에 들어온 넛지 이론(Nudge theory)은 행동, 정치, 경제 과학에서 인기 있는 개념으로 선택에 있어 강요나 한계가 없이 사람들의 선택에 영향을 미치는 메커니즘을 의미한다. 넛징은 사용자들이 거부하지 않는 자연스러운 컴퓨팅 환경을 만들 수 있으며 사용자의 행동을 수정하는 미묘한 시도가 포함된다. 이와 같은 넛지는 인간의 자율성과 존엄성에 대한 존중을 평가절하하거나 잠재적으로 조작과 속임수에 이용할 수 있는 윤리적 문제를 일으킨다.

Serholt외 연구진(2017)은 학교 내에서 인공지능 로봇 도우미, 동료, 보호자의 윤리적 영향에 대한 논의가 있었다. 어린이들이 로봇과의 상호작용을 선호하게 되면 인간 관계의 특징인 공감, 상호주의, 양면성을 학습함에 있어서 인간과 어떻게 상호작용하는지를 배우는데 어려움을 겪을 수도 있다는 점을 주장하였다. 돌봄 분야에 적용되는 로봇의 경우, 노인, 장애인, 어린이에게 장점이 있지만 돌봄은 감정과 의무의 진정한 상호주의에 기반한 상호작용이며, 이것은 현재의 로봇으로는 매우 도전적인 과제일 것이다. 만약 어린이들과 함께 학습을 해야 하는 인공지능을 개발해야 한다면 이와 관련된 추가적인 연구는 필수적이며, 학교에 공급되는 인공지능은 특별한 승인 과정을 필요로 할 수도 있을 것이다.

4.
인공지능 윤리 교육의 프레임워크

학교에서 인공지능 교육을 수행하기 위한 접근 방식으로서 첫째는 앞에서 분석한 인공지능의 윤리적 원칙을 검토한다. 둘째는 학교 교육에 적용할 수 있는 개념적 틀을 제공하는 것이다. 이것은 인공지능 교육과 관련된 이해 관계자들로서 교사, 학교, 지역 사회, 정부 부처 등이 모두 깊이 사고하고 질문해야 하는 문제들이다. 호주 교육부에서 제시한 인공지능 윤리 교육(Ethics and AI, EEAI) 프레임워크는 교육의 이해관계자들이 AI의 위험과 이익에 대한 잠재력에 대하여 지속적으로 논의하고 의사결정에 참여할 수 있는 '사고 도구'를 제시한다.

다음 [그림 10-1]은 교육과 인공지능 윤리와의 프레임워크를 제시한 것이다. 이 프레임워크는 인권, 기본적인 윤리적 원칙과 상응하는 5대 윤리원칙, 인식, 설명가능성, 공정성, 투명성, 책무성을 병렬로 배치하였다. 이 프레임워크의 왼쪽은 기본적인 윤리적 원칙과 인권과 관련된 인공지능 시스템을 배치하고, 오른쪽은 인공지능 5대 윤리 원칙으로

지능형 시스템의 설계, 구현, 거버넌스와 연결되도록 하였다. AI 윤리 원칙 5가지의 핵심 요소를 준수하는 것은 학교에서 AI 기술을 유용하게 사용하고 잠재적인 위험을 완화하고 적절한 대응을 보장해야 함을 의미한다.

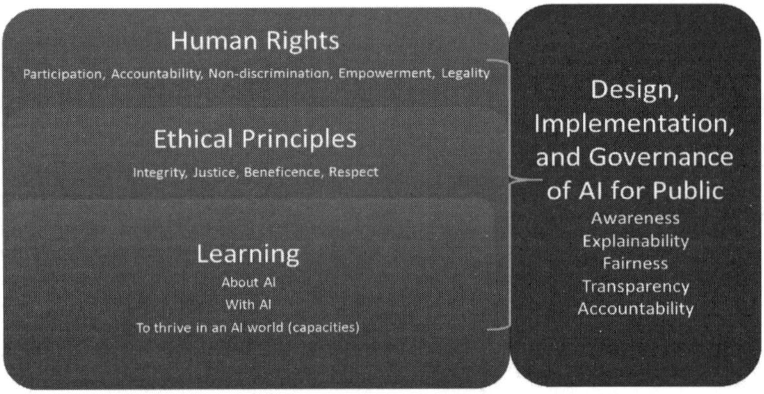

[그림 10-1] 호주의 교육, 윤리와 인공지능 프레임워크

가. 인권

이 문서에서 인권은 유엔에 의해 1948년에 제정된 원칙[33])을 말하며, 이후 호주 인권위원회가 'PANNE(패널)'이라는 약자로 알려진 인권 접근법의 공통 원리로 통합한다. <표 10-1>은 인권에 관련된 내용을 제시한 것이다.

33) http://www.un.org/en/universal-declaration-human-rights/

〈표 10-1〉 인권과 관련된 원칙들

원칙	설명
참여	모든 사람은 자신의 인권에 영향을 미치는 결정에 참여할 권리가 있다. 참여는 적극적이고 자유롭고 의미가 있으며 양식과 이해 가능한 언어로 된 정보에 대한 접근을 포함하여 접근성 문제에 관심을 기울여야 한다.
책무성	책무성은 인권 기준 준수와 인권 목표 달성에 대한 효과적인 모니터링과 더불어 인권 침해에 대한 효과적인 해결책이 필요하다. 책무성이 실효성을 거두기 위해서는 인권 보장을 위해 적절한 법률, 정책, 제도, 행정절차, 제도 등이 있어야 한다. 또한 인권 목표의 준수 및 달성에 대한 효과적인 모니터링에는 적절한 인권 지표를 개발하고 사용해야 한다.
비차별 및 평등	인권 접근법은 권리 실현에 있어 모든 형태의 차별을 금지, 방지 및 제거해야 한다는 것을 의미한다. 이는 또한 자신의 권리를 실현하는 데 가장 큰 장벽에 직면하는 가장 여유 있는 상황이나 취약한 상황에 있는 사람들에게 우선권이 주어져야 한다는 것을 의미한다.
권리	모든 사람은 자신의 권리와 자유를 주장하고 행사할 권리가 있다. 개인과 커뮤니티는 자신의 권리를 이해하고, 자신의 삶에 영향을 미치는 정책과 실천 요강의 개발에 참여할 수 있어야 한다.
합법성	인권에 기반한 접근법은 법률이 인권과 자유를 법적으로 집행 가능한 자격으로 인정하고, 법 자체가 인권 원칙과 일치하도록 요구한다.

나. 윤리 기본 원칙

호주의 윤리 원칙은 인간에게 유익하거나 해를 끼칠 수 있는 기술의 잠재성을 고려한 프레임워크를 아래의 <표 10-2>와 같이 제시한다. 그것은 (1)청렴성(integrity) (2)정의와 공정성(justice & fairness) (3) 유익성(beneficence) (4) 존중(respect)이다. 이와 같은 윤리 원칙은 호주의 인간 연구 윤리 행위에 관한 국가 성명(National Health and Medical Research Council, 2007)에 근거를 두고 있다. 청렴성, 정의, 유익성, 존중이라는 윤리적원칙은 AI가 주도하는 시스템을 윤리적으로 안전하게 사용하는 것이 핵심이다. 이러한 윤리적 원칙은 더 넓은 인권의 틀 안에 존재한다.

〈표 10-2〉 호주 교육부에서 제시한 윤리 원칙

원칙	설명
청렴성	정당한 잠재적 이익은 지식과 이해, 사회 복지 증진, 개인의 안녕에 기여할 수 있다. 잠재적 이익을 구성하는 것은 관련 지역 사회와의 협의가 필요할 수 있다. 이를 이행하는 자는 경험과 자격, 역량을 갖추고 정직하게 행동해야 한다. 그들은 호의적이든 불리하든 간에 철저한 검토를 허용하고 대중의 지식과 이해에 기여하는 방식으로 결과를 전파하고 전달해야 한다.
정의	활동이나 프로그램에 포함시키고 배제하는 것은 공정하다. 참여에 따른 부당한 부담은 없으며 참여의 혜택이 공평하게 배분된다. 아무도 설명하거나 조작하지 않는다. 참여에 대한 정보는 시기적절하고 명확하며 접근 가능한 방식으로 전달된다.
유익성	참가자들의 복지가 무엇보다 중요하다. 참여의 이익은 잠재적인 위해 위험을 정당화해야 한다. 그러나 활동은 위해의 위험을 최소화하도록 설계되어야 한다. 참가자를 위해 잠재적인 유익성과 위해성을 명확히 해야 한다.
존중	인간의 본질적 가치를 인식하여야 한다. 존중은 참가자의 개인 및 집단적 복지, 신념, 인식, 관습, 문화유산 및 민감성에 대한 관심을 표현할 것을 요구한다. 참가자의 프라이버시를 지키고, 보안을 유지하고, 스스로 결정할 수 있는 자율성을 존중하여야 한다. 참가자들에게 활동이나 프로그램 참여의 모든 부분을 주의 깊게 공지하고 그들이 사전 동의를 구할 수 있도록 하거나, 어린이에게는 사전 동의서를 제공할 수 있도록 하는 것은 필요하다. 존중은 또한 스스로 결정을 내릴 수 없거나 그렇게 할 능력이 부족한 참가자를 보호할 수 있는 권리를 부여하는 것을 포함한다.

다. 교육에서 AI 시스템의 윤리적 설계, 구현 및 거버넌스

AI와 윤리학은 윤리적 실천을 요구하는 많은 개념이 있다. 기술 영역에서는 FATML(Fairness, Accountability and Transparency in Machine

Learning)이라는 접근 방식이 있다. 교육 분야는 형평성, 가치 체계, 사회 문화적 지식 생산, 민주적 참여에 관하여 그리고 개인과 공익(social good)을 위한 산업의 광범위한 목적에 대하여 복잡한 윤리적 질문을 관통하는 사고의 역사가 깊다. 공교육과 교사들의 전문적인 담론에서 가장 강력하고 지속적으로 논의되는 것은 지식을 통한 권력의 획득, 학교 교육의 총체적 접근의 이익, 공정과 차별 인식, 그리고 교실의 안과 밖에서 교육 및 복지 결정에 대한 명확한 설명을 요구하는 것이다. 이와 같은 관점에서 기술적이고 폭넓은 철학적 문헌을 바탕으로 5가지의 윤리적 원칙을 제안한다.

(1) 인식(Awareness)

학교에서 교사와 학생들이 알아야 할 인식과 관련된 사항은 의견이 다양하겠지만, AI를 매일 접하는 일상 생활에서 효과적으로 행동하기 위한 인식 강화 방안은 다음과 같다.

첫째, 다음과 같은 일반적 지식을 이해할 필요가 있다.

- 현재의 AI는 무엇인가?
- AI가 할 수 있는 것과 할 수 없는 것
- AI가 존재하는 곳(특히 보이지 않는 방식으로 작동하는 경우)
- AI는 어떻게 어떤 목적으로 작동하는가?
- 인간뿐만 아니라 더 넓은 세상에 미치는 영향 등과 관련한 지식과 이해가 필요하다. 교육계와 학교의 모든 이해 관계자는 기술의 이점, 위험 및 영향에 대하여 핵심적인 의문을 제기할 수 있는 능력

을 갖추기 위해서 AI에 대한 충분한 이해가 필요하다.

둘째, AI는 빠르게 진화하는 분야인 만큼 주기적으로 AI에 대한 인식을 개선하여야 한다. AI 분야에서의 전문 지식은 일반 사람들에게는 잘 드러나지 않으므로 해당 분야에서 개발한 알고리즘의 독점적 특징에 대하여 실시간으로 그 영향을 추적하고 인식을 높이는 것은 어려운 일이다. 많은 사람들은 인공지능 에이전트와 알고리즘을 미래에 사용하기 위하여 데이터를 수집하고 저장하는 알고리즘의 다양성에 대하여 인식할 수 없다. 학생, 학부모와 교사는 부모 및 학생 동의를 얻은 범위 내에서 인공지능을 위한 데이터의 수집, 저장 및 공유가 되어야 한다는 것을 명확히 인식할 필요가 있다.

(2) 설명가능성(Explainablility)

AI와 교육의 맥락에서 설명가능성은 두 가지에 초점을 두고 있다. 첫 번째는 AI와 인간의 복지에 대한 의미를 접근 가능한 방식으로 설명하기 위한 공식적인 공공 및 학교 중심의 교육학 및 교육과정 접근방식의 지속적인 개발을 포함하는 교육학 프로젝트다. 오해가 해소되고, 새로운 문제들에 적시에 대응하도록 AI에 관한 지식을 공유하고 기술 이해도 점검 목록을 제공하는 내용이 담겼다. 이와 같은 교육학 프로젝트는 모든 이해당사자들에게 기술과 그것의 응용 프로그램에 대해 질의할 수 있도록 하고 정직하고 지능적인 방식으로 답해야 한다. 두 번째 초점은 AI 기술의 제조업체와 벤더가 다음을 명확하게 설명해야 하는 책임이 있다.

- 기술이 할 수 있는 것과 할 수 없는 것
- 훈련받고 행동한 교육적, 사회적 가치와 규범
- 기초가 되는 학습과 교육학 이론 및 영역 지식
- 다양한 그룹의 학생을 위한 학습 효과의 증거
- 데이터 수집, 저장 및 활용을 위한 준비(제3자 계약 및 생체 인식 또는 감성 컴퓨팅 애플리케이션에 포함된 조치와 같은 민감한 정보 포함)
- '넛징'이 시스템의 일부인 경우, 윤리적 원칙을 준수하는 방법
- 애플리케이션이 아동의 디지털 권리를 유지하는 방법
- 잠재적 또는 실제적 이익과 위험, 그리고 시스템에서 발생하는 모든 위험에 대한 주기적으로 완전한 공개

교육에서 AI 시스템을 판매, 구매, 활용하거나 영향을 받는 사람들은 다음과 같은 사항을 명백하게 밝혀야 한다. 왜 AI 시스템을 사용하고자 하는지, 의도하고 있는 것은 무엇인지, 그리고 사용으로 인하여 의도하지 않은 결과를 포함하여 AI 시스템이 결정을 내리는 방법과 시스템의 이익과 위험을 명확하게 설명할 수 있어야 한다. AI 시스템에 의해 위험이 발생했을 때, 학교와 시스템 수준에서 교육적 의사결정 직책에 있는 사람들은 사건뿐만 아니라 학교 사회에 대한 윤리적 법적 의무의 제정에 있어서 이러한 일이 어떻게 일어났으며 어떻게 대응할 것인지에 대해 공개적으로 설명해야 한다.

(3) 공정성(Fairness)

AI와 공정성에 대한 논의는 크게 4가지 문제와 연결되어 있다. 첫 번째

문제는 AI가 사회적 불평등을 악화시킬 수 있는 실제적 잠재성을 가지고 있다는 점이다. 학교는 디지털 포용에 대하여 말해야 하고 학생들에게 직업 선택 기회 특히, 기술과 공학 관련 직업에 대한 탐색에 있어 충분한 기회를 제공할 수 있도록 정부로부터 학교에 이르기까지 협력적인 접근이 필요하다.

두 번째 문제는 인간이 자신의 디지털 정체성을 생성할 수 있는 권리 그리고 자신의 용어로 삶을 표현하고 문서화할 수 있는 권리를 가지고 있는가와 관련이 있다(Mann et, 2016). 이것은 '데이터화'와 '데이터 감시' 시대에 어린이의 문화적 권리와 디지털 권리를 반영한다. 데이터화는 어린이들이 모바일 미디어, 웨어러블 기기, 소셜 미디어 플랫폼, 교육용 소프트웨어와 같은 기술을 통해 점점 더 데이터로 표현되는 것을 말한다. 이러한 기술에 의해 생성된 데이터는 자신이나 다른 사람들에 의하여 데이터 감시, 관찰 및 평가에 빈번하게 이용될 수 있다. 데이터 감시에 사용되는 것은 어린이의 외모, 성장, 발달, 건강, 사회적 관계, 기분, 행동, 교육적 성과 및 그 이외의 특징들을 포함한다. 어린이에 대한 디지털 데이터 착취에 대한 문제와 어린이의 데이터를 수집하고 활용하는 것, 데이터 프라이버시와 보안에 대한 권리에 대한 문제를 신중히 고려하여야 한다.

세 번째 문제는 어린이의 디지털 권리에 대한 공정 포용(fair inclusion)이다. AI 시스템의 사용으로 인하여 오히려 불공정한 부담을 증가시켜서는 안된다. AI를 통한 이익은 모든 사람에게 공정하게 배분되어야 한다. 이것은 머신러닝을 사용하는 모든 사람에게 해당되며 그 이익은 공정하게 분배되어야 한다. 머신러닝 시스템을 설계하기 위해서는 핵심적인 대량의 데이터가 필요하며 모델의 설계, 설정, 알고리즘을 평가하기 위하여 사용자 반응이 필요하다. 이러한 과정으로 생성된 AI를 적용할 때, 학생들이 흥미로워하지 않는 것을 제공하거나 위험에 노출시키는 문제가 발생할 수 있다. 예를 들면, AI가 적용된 자동차 네비게이터가 사용자가 원하지 않는 경로를 제공함으로써 시간을 지연시킬 수도 있고, 사용자의 긴급한 요구 사항을 반영할 수도 없는 것과 같다.

네 번째 문제는 AI 편향에 대한 것이다. Crawford(2016)은 성 차별, 인종 차별, 그리고 다른 형태의 차별이 지능적 시스템의 기초가 되는 머신러닝 알고리즘에 내장되는 경우가 있으며, 이러한 경우, 우리가 어떻게 분류되고 유목화되는지를 지적하였다. AI 시스템의 편향은 다양한 요소가 반영되는데, 시스템 개발자, 개발하는 동안 개발자가 마음에 두고 있는 것, 훈련에 사용되는 데이터, 집단의 차별적 요소 등이 독립적으로 또는 복합적으로 작용한다. 이와 같은 편향에 대응하기 위해서는 표준 수립을 권고하며, 이를 통하여 데이터 편향, 대표성 왜곡의 문제를 이해하고 감시하고 대응할 수 있도록 AI 개발 주기에 걸쳐 훈련용 데이터 세트의 출처, 개발, 활용을 추적할 수 있어야 한다.

(4) 투명성(Transparency)

투명성은 AI 윤리원칙에 대부분 나타나는 것으로 인공지능 시스템이 내린 결정의 근거를 확인할 수 있어야 한다는 것을 의미한다. 머신러닝을 활용하는 AI는 불투명한 기술이다. AI는 사람들이 알지 못하는 사이에 사람간의 상호작용, 의사결정, 기분, 자아 감각에 영향을 미칠 수 있는 방식으로 컴퓨터 시스템에 스며든다. 그리고 AI 시스템을 사용하는 기업은 공공이나 제3의 기업에 대하여 그 알고리즘을 개방하지 않는다. 이것은 AI 시스템이 개인의 프라이버시를 지키고 있는지 편향되지 않았는지에 대한 판단을 모두 기업에 의존하고 있다는 의미이기도 하다. 특히, 프라이버시와 관련된 생체 인식 데이터의 은밀한 수집, 저장 및 공유는 학교에서 어린이들의 생체정보가 스마트 교실이나 클라우드를 통해 수집될 수 있다는 점에서 우려가 크다고 할 것이다. 생체 데이터 수집은 신체적 무결성에 대한 권리에 위협이며 어린이와 같은 정보 약자 집단에 대하여 AI 시스템 구현 전에 매우 신중하고 완벽하게 정당화된 수준을 요구하는 민감성 데이터에 대한 법적 고려가 있어야 한다.

투명성과 관련된 AI의 다른 특징은 '블랙박스'이다. 인공지능이 내린 결정이 인간의 안전이나 안녕에 심각한 문제를 일으킬 수 있는 문제에 대하여 이와 같은 시스템을 사용하는 것은 문제가 있을 수 있다. 교육에서는 기계 실수가 인간의 성장 발달에 심각한 영향을 영향을 미친다는 점에서 매우 '민감한 영역'으로 설명해왔다. 교육에서 메타포로써 '블랙 박스'는 전통적인 컴퓨터 시스템의 '입력-처리-출력'으로 대표되며 이 때의 중앙처리장치의 결정은 확인할 수 없고, 설명하거나 이해할 수 없는 것을 의미한다. AI 맥락에서 '블랙박스'는 머신러닝과 관련되어 있으며 기계를 훈련시키는 데 사용되는 데이터 세트, 최소한의 인간의 개입에 의한 자율적인 학습 과정, 기계가 내리는 결정 등이 이에 해당된다.

IEEE(2017)는 AI 시스템이 투명하게 만들 수 있는 기술적인 방법으로 추적가능성(Traceability), 검증가능성(Verifiability), 속임없고 정직함(Non-deception and Honesty), 이해가능성(Intelligibility)을 제시하였다.

(5) 책무성(Accountability)

AI 거버넌스는 독점적 이익, (공공 및 투명한) 알고리즘 감사, 규제 기준과 프레임워크, 위험 평가, 법적 의무 그리고 다방면의 사회적, 문화적, 경제적 책임 사이의 상호 연결 및 긴장에 대한 새로운 사고 방식을 필요로 한다. AI 시스템의 복잡성으로 인하여 사용자는 자신이 사용하거나 상호작용하는 AI시스템의 기능과 한계를 파악하기 어려울 수도 있다. 이러한 불투명성은 작은 단위로 나뉘어 개발된 것을 결합함으로써 발생하며 AI 시스템에 문제가 발생했을 때 책임 소재와 범위를 결정하는 것을 복잡하게 만든다.

IEEE(2017)은 이와 같은 문제에 대하여 정부와 산업계는 AI시스템에 대한 인간의 통제를 보장하기 위한 기준이나 프로토콜 등을 개발하도록 하여야 한다. 기업은 AI로 인한 피해를 보상할 수 있는 보험이나 보증을 마련할 필요가 있으며, 인공지능 적용하기 위해서는 이를 사용하기 위한 정책이나 조건, 교육 등을 제공해야 함을 제안한다.

Gulson 외(2018)는 AI, 거버넌스 및 교육과 관련하여 합리적 권고 사항을 제시한다. 호주 교육 시스템을 위한 AI의 윤리적이고 투명한 설계를 보장하는 일련의 조달 가이드라인의 개발, 호주 교육에 적합한 접근 방식을 개발하기 위한 국제 데이터 보호 법률의 검토, 형평성

(equity)을 보장하는 적응적이고 개별화된 학습 시스템에 대한 공식적 가이드라인의 수립 등을 포함한다. 특히, 책무성은 기준, 규정, 지침, 입법보다 더욱 중요하다. 정부와 학교의 지도자들이 규정에 매몰되지 않고 전문적인 지식과 조언에 적극 참여하도록 권장할 필요가 있다. 인간의 기능 상실은 인공지능 분야에서 문서화되어 있는 위험이다. 교육에서 AI를 적극적으로 활용하게 될 경우, 교육학적 지식을 잃어버릴 수 있는 위험이 있다. 교직의 축적된 지식과 지혜를 중요하게 여기고 교육에서의 AI확산이 전문성의 약화(de-skilling)로 나타나지 않도록 하여야 한다.

라. 학교 교육에서 AI윤리 원칙의 적용 방안

다음 <표 10-3>은 앞에서 언급한 AI 윤리의 5가지 원칙을 교육에 적용하기 위하여 설계, 구현, 거버넌스에 대한 질문을 제시한 것이다. 이 질문은 학교에서 AI를 도입하고 적용할 때 필요한 사항들을 점검하고 실행하는 데 많은 시사점을 제공한다.

〈표 10-3〉 AI의 5가지 원칙을 학교 교육에 적용하기 위한 질문

원칙	설계	구현	거버넌스
인식	시스템 제조업체는 AI와 AI의 한계, 잠재성과 위험에 대한 인식을 증진하기 위하여 교육 이해관계자들과 어떻게 협력해야 하는가?	학생과 학부모는 시스템이 요구되는 데이터 수집 및 공유 방식의 유형을 알고 있는가?	부모와 학생의 동의를 구하는 철저한 절차가 있는가?
설명가능성	이 시스템은 학생, 학부모, 교사들에게 그것의 목적, 과정, 결정 및	학생과 학부모가 학교에서 AI의 정보와 경험을 탐색, 설명 및 공유	정책 입안자, 조달담당자, 학교 지도자들은 AI 시스템에 대한 설명과

	결과를 접근 가능한 방식으로 설명하도록 설계되었는가?	할 수 있는 기회, 접근 방식 및 공개 포럼에는 어떤 것이 있습니까?	조언을 들을 수 있는 적합한 독립된 기술 전문가를 만날 수 있는가?
공정성	시스템 설계에서 잠재적인 편향 문제가 사전에 해결되고 문서화 되었습니까?	학교는 AI 세계의 잠재적 불평등을 어떻게 다룰 것인가? 시스템이 자율적인 실험을 하는가? 그리고 이것이 학생과 교사들에게 불공평한 부담을 주는가? AI 시스템은 학생과 교사에 대하여 불공평하고 처벌적 형태와 수준의 감시를 도입하는가?	AI 시스템이 교육의 불평등, 차별, 편견을 악화시키기보다는 긍정적으로 해결하도록 보장하기 위해 어떤 절차와 정책이 있습니까? AI 시스템을 사용하여 학교의 형평성 문제를 해결할 수 있다는 증거는 무엇입니까?
투명성	시스템은 추적가능성, 검증가능성, 무결성, 및 이해가능성을 위해 설계되고 구현되었는가?	학생, 교사, 학부모 및 커뮤니티가 AI 시스템 훈련과 의사 결정에 대해 이해할 수 있거나 확실하게 권한을 부여할 수 있는가?	거버넌스 또는 조달 위치에 종사하는 사람들은 어떻게 AI 시스템의 사전 구매 및 구현 중에 추적 가능성, 검증 가능성, 무결성, 이해 가능성을 보장할 것인가? 위험이 발생할 경우 투명성이 어떻게 운영될 것인가?
책무성	AI 시스템의 설계자와 공급업체는 AI의 윤리적인 사용에 대한 책임을 명확히 표현하였는가? 그들이 윤리적 책무성을 보장하는 시스템은 무엇인가?	윤리적 AI 조달에 대한 책임은 누구에게 있습니까? 학교와 시스템은 AI 위험에 대한 보고와 대응을 위한 전체 절차가 있는가? 학교의 모든 이해 관계자들은 위의 절차에 대하여 알고 접근할 수 있는가?	위험을 예방하고 대응할 수 있는 프로토콜이 있는가? 위험이 발생했을 때 조치를 취할 수 있는 조기 경보 시스템은 무엇인가?

5.
생성형 인공지능을 위한 가이드라인

호주는 최근까지 학교에서 GAI의 활용에 대하여 교육 당국과 학교가 의견이 팽팽하게 대립되었다. 그 과정에서 여러 주에 걸쳐 공립학교에서 GAI의 사용이 일시적으로 금지되었다. 결과적으로, 일부 평론가들은 이것이 학생들의 이익을 위한 최선의 선택인지에 대하여 의문을 제기하였다. "호주의 학교에서 생성형 인공지능을 위한 교육 체계(The Australian framework for Generative AI in Schools : 이하 생성형 인공지능 교육 체계)는 교사와 학생들에게 안전하고 책임감 있으며 윤리적인 방식으로 GAI를 사용하는 방법을 제공하기 위하여 2023년 중반에 발표되었다. 이 지침의 개발에는 노동조합, 교사, 학생, 기업, 학계, 학부모 대표, 학교 대표 기관과의 협의를 통하여 개발되었다. 지침은 National AI in Schools Taskforce에 의해 개발되었으며 여기에는 관련된 이해관계자들이 참여하였다. 이것은 교육부 장관의 승인을 받았으며 그 결과, ChatGPT를 포함한 인공지능은 2024년부터 호주의 모든 학교에서 사용할 수 있게 되었다.

가. 호주의 생성형 인공지능 교육 체계의 개요

생성형 인공지능은 인간이 만들 수 있는 것과 유사한 텍스트, 이미지, 오디오, 비디오 등 새로운 콘텐츠를 생성할 수 있다. 호주에서 개발한 생성형 인공지능 교육 체제는 학교에서 생성형 AI를 이해하고 사용하고 대응하는 데 필요한 체계를 제공하기 위함이다. 이것은 정책 입안자, 학교 교장(감), 교사, 직원, 학부모 및 학생에 대한 사항을 포함한다. 이 체계는 안전하고 윤리적이며 책임감 있는 GAI 사용으로 학교가 더욱 나은 성과를 낼 수 있는 것이 무엇인지를 정의하고자 하였으며 지침의 원칙과 조문이 미래의 교육 발전에 기여하고자 하였다.

■ 지침의 목표 및 구성

- 교육성과 : GAI 도구의 올바른 사용이 호주의 모든 학교 구성원(학생, 교사, 직원 등)에게 어떻게 교수·학습 성과를 증진할 수 있는지를 인식하도록 하는 것이 목표이다.
- 윤리적 실천 : 호주 학교에서 GAI도구를 안전하고 책임감 있고 윤리적으로 사용하도록 하는 것이 목표이다.
- 공평과 포용 : 이 지침은 GAI도구가 모든 호주 학교에서 공정하고, 접근할 수 있으며 포용적인 방식으로 사용할 수 있도록 하는 것이 목표이다.

이 목표는 지침의 6가지 원칙과 25가지 지침으로 구성되어 있다. 이것을 [그림 10-2]로 나타내면 다음과 같다.

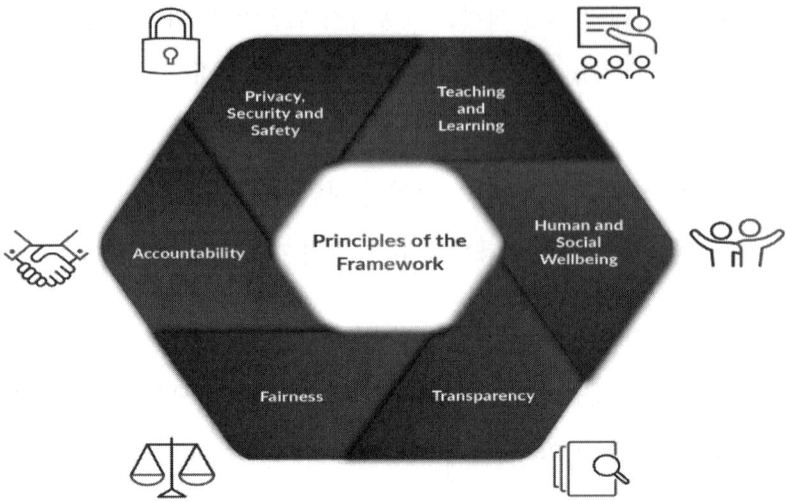

[그림 10-2] 호주 생성형 AI를 위한 지침

나. 호주의 생성형 인공지능 교육 체계(6원칙 25개 지침)

다음은 호주의 생성형 AI의 6개 원칙과 25개의 지침을 간략히 검토한 내용이다.

〈표 10-4〉 호주의 학교에서 생성형 AI를 위한 교육 체계

원칙	지침
교수 · 학습 Teaching and Learning	1.1 Impact 교수활동, 행정, 학생의 학습을 지원하도록 활용 1.2 Instruction GAI 도구와 동작 방식(잠재적 한계와 편향성 포함)이해를 위한 교육 필요 1.3 Teacher expertise GAI는 교사의 전문성을 지원하는 방식으로 사용 1.4 Critical thinking GAI는 비판적 사고와 창의성을 지원하고 증진하는 방식으로 사용 1.5 Learning design 평가를 포함하여 AI도구를 명확하고 편견없이 활용

	1.6 Academic integrity 학생들은 교과학습에 윤리적으로 활용(출처표시 등)
2. 인간과 사회적 안녕 Human and Social Wellbeing	2.1 Wellbeing 학교 구성원들의 안녕과 안전을 해치지 않는 방식으로 사용 2.2 Diversity of perspectives 다양한 아이디어와 관점에 노출되도록 하고 편견을 강화하지 않도록 사용 2.3 Human rights 인간과 근로자의 권리를 존중(개인의 자율성과 존엄성을 포함)
3. 투명성 Transparency	3.1 Information and support 모든 구성원들은 생성형 AI에 관한 정보 및 지침에 접근할 수 있어야 함 3.2 Disclosure GAI사용이 구성원에게 영향을 미치는 경우, 그 내용을 공개 3.3 Explainability 공급업체는 GAI가 사용되는 방식과 잠재적 편견을 쉽게 이해하도록 지원
4. 공정성 Fairness	4.1 Accessibility and inclusivity 장애인 및 다양한 배경의 사람들에 대한 접근성, 포용성, 공평성을 갖도록 하여야 함 4.2 Equity and access GAI를 실행할 때, 지역, 농촌, 원격 구성원에 대한 배려 4.3 Non-discrimination 포용성을 지원하고 불공정한 차별을 최소화하는 방식으로 사용 4.4 Cultural and intellectual property 다양한 문화단체의 권리를 존중하는 방식으로 사용되어야 함 (원주민 문화, 지적 재산권)

6.
맺음말

호주는 인공지능(AI) 교육과 활용에 있어 윤리적 기준의 중요성을 강조하며, 교육 분야에서 AI의 책임 있는 사용을 위한 포괄적인 윤리 원칙을 제시한다. 이 원칙들은 교육계 이해관계자들이 AI의 잠재적 위험과 가능성을 지속적으로 논의하고, 의사결정 과정에 참여할 수 있는 기반을 마련한다. 호주에서 제안된 인권 중심의 원칙은 참여, 책무성, 비차별 및 평등, 권리, 합법성을 포함하며, 이는 윤리적 가치인 청렴, 정의, 유익, 존중과 함께 교육에서 AI를 활용하기 위한 윤리적 설계의 기반을 형성한다.

호주의 이러한 윤리 원칙은 교육에서 AI를 사용함에 있어서 인식의 증진, 설명가능성, 공정성, 투명성, 책무성을 포함한 다섯 가지 핵심 원칙에 따른 윤리적 설계를 제시한다. 이는 에듀테크의 개발 및 적용 과정에서 윤리적 고려가 중심에 있어야 함을 강조하며, 이를 통해 AI 기술이 교육의 질을 향상시키고, 교육의 공정성을 증진시키며, 모든 이해관계자의 권리와 존엄성을 보호하는 데 기여할 것을 목표로 한다.

호주의 이러한 접근 방식은 국제적으로도 주목받고 있으며, 우리나라의 '교육 분야 인공지능 윤리 원칙'과 공통점을 공유한다. 이는 글로벌 교육 분야에서 AI의 윤리적 활용에 대한 공감대를 형성하고, 학교 교육에서 AI를 활용하는 데 있어서 국제적으로 인정받는 준거를 제공한다. 호주의 모델은 에듀테크의 발전이 인류의 복지 증진에 기여할 수 있는 윤리적 틀을 제공함으로써, 교육 분야에서 AI를 책임 있게 활용하는 방향을 제시한다.

참고문헌

- 양희태, 최범상, 이제영, 장훈, 백서인, 김단비(2018). 인공지능 기술 전망과 혁신정책 방향, 국가 인공지능 R&D 정책 개선방안을 중심으로. 과학기술정책연구원.17.)
- Commonwealth of Australia(2023). Australian Framework for Generative Artificial Intelligence in Schools. https://www.education.gov.au/schooling/resources/australian-framework-generative-artificial-intelligence-ai-schools
- Southgate, E., Blackmore, K., Pieschl, S., Grimes, S., McGuire, J. & Smithers, K. (2019). Artificial intelligence and emerging technologies (virtual, augmented and mixed reality) in schools: A research report. Newcastle: University of Newcastle, Australia.
- Dignum, V. (2021) '책임 있는 AI를 위한 교육의 역할과 과제'. London Review of Education, 19(1), 1, 1–11. https://doi.org/10.14324/LRE.19.1.01
- Luckin, R., Holmes, W., Griffiths, M., & Forcier, L. B. (2016). Intelligence unleashed: An argument for AI in education. London: Pearson.
- Gulson, K. N., Murphie, A., Taylor, S., & Sellar, S. (2018). Education, work and Australian society in an AI world. A review of research literature and policy recommendations. (Research Report). Sydney: Gonski Institute for Education, UNSW.
- IEEE. (2017). Ethically aligned design: A vision for prioritizing human well-being with autonomous and intelligent systems. (EADv2). Retrieved 14 December 2018, https://ethicsinaction.ieee.org/
- Thaler, R., & Sunstein, C. (2008). Nudge: Improving decisions about health, wealth, and happiness. New Haven, CT: Yale University Press.

- Serholt, S., Barendregt, W., Vasalou, A., Alves-Oliveira, P., Jones, A., Petisca, S., & Paiva, A. (2017). The case of classroom robots: teachers' deliberations on the ethical tensions. AI & Society, 32(4), 613-631. doi: 10.1007/s00146-016-0667-2
- Department of Education(2023.11.17.). Australian Framework for Generative Artificial Intelligence (AI) in Schools. D23/4881821 & D23/4881810 D24/158848 & D24/158861

11장
신뢰할 수 있는 인공지능 교육을 위한 접근 방안

1.
전통적인 학습 개념의 변화와 인공지능의 위험성

코로나19로 인하여 가르치고 배우는 일에 대한 근본적인 인식의 변화가 일어났다. 전통적인 교수·학습의 공간으로서 학교는 공간의 지위를 잃어가고 있다. 학습은 공간이 아니라 개념화되었으며 공간과 시간을 초월하여 언제 어디서나 일어날 수 있는 일이 되었다. 미래에 학생들은 인공지능을 훈련시키기 위하여 엄청난 양의 데이터에 접근하거나 수집할 수 있을 것이다. 문제를 해결하기 위하여 선생님이나 연구자들과 동일한 새로운 정보에 접근할 수 있을 것이다. 문제를 해결하기 위한 코딩 뿐만 아니라 기업에서의 문제 해결과 동일한 방식의 소규모 팀으로 일하며 교사와 협력하는 방법을 학습할 수 있을 것이다. 학생들은 문제 해결을 위하여 교실을 벗어나 창의적이고 새로운 기술을 가진 온라인의 커뮤니티(예: Github)에 참여할 수 있을 것이다. 디지털 시대의 학습은 전통적으로 교실 중심의 학습에서 벗어나 시간과 공간을 초월한 초연결된 학습으로 진화할 것이다.

인공지능이 교육적으로 풍부한 가능성을 가지고 있다고 하더라도 보이지 않는 위험성에 대하여 준비할 필요가 있다. 우리나라는 인공지능 교육을 위한 정책 및 투자를 적극 추진하고 있다. 그러나 인공지능으로 인한 부유한 가정과 그렇지 않은 가정 간의 격차를 우려해야 한다. 인공지능 기술이 학교에서 확대 활용될 경우, 교실에서 인공지능 기술이 직면하고 있는 가장 큰 문제는 가정의 빈부 격차에 의한 형평성이다. 가정이 부유한 학생들은 교사와 인공지능의 도움을 충분히 받을 수 있는 반면, 그렇지 않은 학생들은 그 기회를 충분히 가질 수 없을 수도 있다. 만약 공교육에서 인공지능의 교육적 가능성을 모든 학생들이 누릴 수 있는 정책을 준비하지 못한다면 인공지능으로 인한 학생간의 격차는 더욱 심화될 것으로 예상된다.

또한 인공지능으로 동작하는 교실의 카메라에 대한 위험성이 있다. 교실에서 학생들의 학습을 촬영하는 카메라로 인하여 미니-감시 상태를 조성할 수 있는 위험성이 있다. 예를 들면, 중국의 고등학교 중 한 곳은 30초마다 학생들을 스캔하는 안면인식 기술을 사용해 학생들이 관심을 두거나 흥미를 잃는지 살피고 있다는 사례가 보고되고 있다. 교실에 인공지능이 내재된 카메라로 학생들을 감시하는 체제를 갖추고 학습을 위한 것이라는 주장을 어떻게 받아들여야 할 것인지 지속적으로 논의가 필요하다.

2.
디지털 대전환 시대
인공지능 교육의 확대

가. 2022 개정 교육과정 "인공지능 교육" 확대

인공지능교육에 관한 교육부의 정책적 의지가 매우 크다. 2022 개정 교육과정 총론 주요 사항(2022.11.24.)에는 인공지능을 교육과정에 적극 반영하고자 하는 의지가 담겨 있다. 교육부는 이미 2015개정 교육과정에 '인공지능 기초'와 '인공지능 수학'을 고등학교 보통교과목으로 추가 개설한 바 있다. 여기에 2022 개정 교육과정의 총론에 나타난 인공지능 교육 관련 내용은 다음과 같다.

■ 디지털 인공지능 교육 학습 환경 조성

미래사회에는 인공지능이 발달되어 있을 것이므로 학교에서 인공지능에 대한 것들을 배웠으면 좋겠음(21.9.11. 학생, 학부모 공감&소통 콘서트, 초등학생)

- 디지털 기초소양 함양과 연계한 학교급별 정보 교육과정 마련
  - 초등학교 : 정보관련 교과 내용에 '인공지능(AI)" 등 기초 개념, 원리 등 반영, 실과교과 시간을 포함하여 34시간 이상 운영
  - 중학교 : 인공지능에 대한 학습(Learning about AI) 관련 내용 강화, 기존의 34시간에 두 배의 시간을 확보(68시간 운영)
  - 고등학교 : 인공지능(AI) 및 빅데이터 등 다양한 신기술 분야 과목 신설
- 학교급별 발달 단계에 따라 모든 교과 교육을 통해 균형있는 디지털 기초 소양을 함양할 수 있도록 내용 기준 개발
  - (예시) AI 및 빅데이터 등 디지털 혁신 기술의 기초심화원리 학습을 위한 정보교육과정 연계(인공지능 원리 학습 및 교과수업과의 연계활동 예시)
- 분권화를 바탕으로 한 학교 교육과정 자율성 확대
  - 지역 교육과정 : (예) 지역 생태학교, 인공지능으로 알아보는 우리 고장, 지역과 민주시민 역사체험 등

- 초중학교 교육과정 자율시간 활용
  - (중학교) 교과별로 지역연계 단원 구성 및 인공지능, 지속가능한 미래, 노동(인권) 등 모든 교과를 아우르는 주제 중심의 다양한 과목 개발 운영
- (초등학교) 실과의 정보교육 17시간과 자율시간 성취 기준을 포함하여 34시간 이상 운영 권고.

나. 인공지능 교육, 지역이 중심

인공지능 교육에 대한 학교 밖의 요구는 교육과정보다 앞서 달려가고 있다. 'Google 알리미'를 통하여 2022년 1월 21일 '인공지능 교육'과 관련된 뉴스는 다음과 같다. "한전(KDN)이 키운 지역 대학생 35명, AISW 교육 강사로 나선다"(AI타임스, 2022.1.21.) 인천 연수구, '인공지능융합 메이커 강사양성교육' 개강(뉴시스, 2022.1.21.). "000교육감, 오산시 AI 융합교육과정 학교 방문 000 수여(경기신문, 2022.1.21.). "충남교육청, 충남형 미래유치원 추진 박차(브레이크뉴스 대전충청, 2022.1.21.). "(주)소프트파워, 교육연합신문 AI업무협약, 소프트웨어 교육 실현(번체스퀘어, 2022.1.21.)", "아주대, 사례기반 학습분석 콘퍼런스…데이터 기반 교육 사례 공유(대학저널, 2022.1.21.). 인공지능 교육에 대한 사회적 관심은 교육과정보다 빠르게 지방 을 중심으로 민간에 확산되고 있다.

민간 영역에서 인공지능교육에 대한 관심을 확인하기 위하여 민간자격 등록 현황을 파악하였다. 자격기본법에 따라 운영되는 민간자격은 평생직업능력 개발을 촉진하기 위한 것으로 한국직업능력개발원에서

관리 운영하고 있다. 민간자격정보서비스에 등록된 “인공지능”이라는 단어를 포함하고 있는 자격은 62건으로 “인공지능 코딩 지도사”, ” 인공지능 교육 전문가”, “인공지능(AI) 교육 지도사” 등이 등록되어 있다. 그 외에도 “코딩교육”을 포함하는 자격증은 75개, “소프트웨어교육”은 24개 등이 등록되어 있다. 민간 자격은 소프트웨어 교육, 코딩 교육뿐 만 아니라 최근 인공지능 교육에 대한 관심을 반영하고 있음을 알 수 있었다.

다. 파괴적 기술 “인공지능”, 교육이 변화의 핵심

최근 교육계에 대한 우려로서 가장 많이 언급되는 것은 교육 불평등이다. 코로나19로 인한 교육 양극화를 해소하기 위한 대안으로서 인공지능과 같은 신기술이 그 역할을 할 것이라는 점이다. 인공지능의 교육적 가능성으로서 수준별, 맞춤형 교육을 제공하는 기업에 대한 기사를 쉽게 찾을 수 있다. 그러나 인공지능이 우리나라의 교육 문제를 해결할 수 있는 만병통치약이 될 수는 없다. 지역간, 학생간 교육 격차, 미래 사회에서의 역량, 전문 인재 양성, 창의적 사고를 가진 인재 양성 등과 같은 다양한 사회적 요구는 인공지능 기술만의 문제는 아닌 것이다. 그럼에도 불구하고 분명한 것은 전통적인 교육으로는 새로운 사회적 요구를 충족할 수 없다는 것이다.

디지털 대전환 시대, 교육을 다시 설계해야 하는 시점이 다가왔다. 인공지능 교육에 관한 개념을 매우 명료하게 정의함으로써 초·중등학교와 대학에서 인공지능 교육의 목표를 설계하여야 한다. “디지털 전환

시대, 무엇을 가르칠 것인가?", 그리고 "어떻게 가르칠 것인가?"에 대한 기본적이지만 본질적인 질문을 해야 할 때이다.

3. 교육에서 인공지능의 역할

가. 디지털 리터러시를 넘어 AI리터러시 교육으로

디지털 시대의 역량은 빅데이터, 인공지능과 같은 에듀테크와 연결된 학습 경험을 통하여 길러야 한다. 미래 일자리에서 요구하는 역량의 변화를 반영한 디지털 소양과 디지털 역량은 기본이 되어야 한다. OECD는 "PISA 21세기 독자 : 디지털 세상에서의 문해력 개발" 보고서에서 한국의 만 15살(중 3, 고1)들은 사기성 전자우편(피싱 메일)을 식별하는 역량 평가에서 OECD국가 중 가장 낮은 수준을 기록했다고 보고했다(한겨레, 2021.5.16.). 이것은 2018년 시행된 PISA 평가의 디지털 리터러시 관련 내용을 분석한 것이다. 우리나라 학생들의 "사실과 의견을 식별할 줄 아는 능력"은 OECD 회원국들의 식별률이 47%인데, 우리나라 학생들은 25.6%에 그치는 것으로 나타났다. OECD는 21세기에는 새로운 문해력으로 정보 신뢰성 판단이 그 핵심이므로 디지털 리터러시 교육을 강화해야 한다고 강조하였다.

학교 교육은 교과를 통하여 이루어진다. 그러므로 교과를 통한 학습은 디지털 기술과 연결된 경험 맥락을 바탕으로 하므로 디지털 리터러시는 필수가 되어야 한다. 특히, 인공지능으로 인하여 사실과 의견의 구분이 더욱 어려운 문제가 될 것이므로 인공지능 윤리를 포함한 AI 리터러시 교육을 강화하여야 한다.

나. 초·중등학교에서 인공지능 역할의 명료화

초·중등교육법 제23조(교육과정 등)는 "학교는 교육과정을 운영하여야 한다."고 명시하고 있다. 교육 과정은 학교의 지도하에 학생들이 갖게 되는 모든 경험의 총체이다. 그러므로 인공지능 교육에 대한 국가적 요구는 교육과정을 통하여 실현되어야 한다. Gwo-jen Hwwang(2020)은 교육분야에서 인공지능의 역할(AI in Education, AIED)을 다음과 같이 구분하였다.

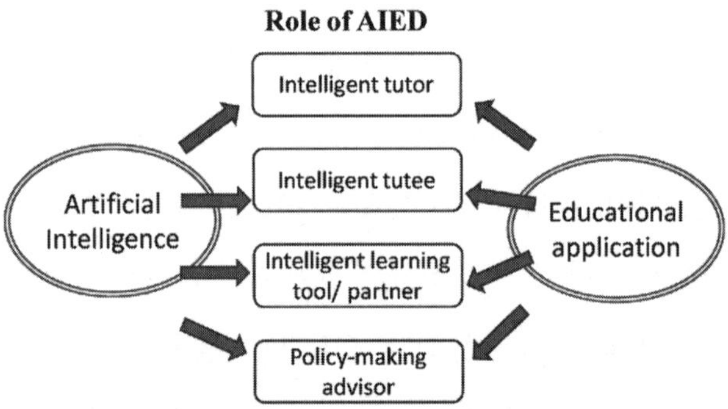

[그림 11.1] 교육에서의 인공지능의 역할

(1) 지능형 튜터(Intelligent Tutor)

지능형 튜터는 AIED 응용분야에서 가장 큰 영역일 것이다. 지능형 튜터링 시스템, 적응형, 개별화 학습 시스템 또는 추천 시스템이 이에 해당한다. 이미 많은 연구에서 학습 결과를 촉진하는 지능형 튜터링 시스템의 효과를 입증했다(Ma, Adesope, Nesbit, &Liu, 2014; Steenbergen-Hu & Cooper, 2014). 최근에는 과제를 수행하는 동안 학생에게 실시간 피드백을 제공하고 각 과제에 대해 교사에게 데이터 기반 보고서를 제공하기 위해 지능형 튜터링과 평가의 기능을 결합한 서비스가 제공되기도 한다. 우리나라의 경우, LG CNS가 자체 개발한 'AI튜터'가 서울 초·중·고교 정규 수업과 방과 후 수업에 활용된다. AI튜터는 영어회화 선생으로, 수십 만 개 영어문장을 학습한 AI와 영어회화 공부를 할 수 있는 앱 서비스이다. NHN에듀가 개발한 'EBS AI 펭톡'은 지난 3월 정식 서비스를 시작으로 전국 초등학교에 보급됐다. 'AI펭톡'은 세계 최초로 공교육에 AI 외국어 시스템이 도입된 사례다(아이뉴스24, 2021.06.15.). 교육부는 AI 튜터를 2025년부터 학교에 도입하겠다고 밝혔다. AI튜터는 '영상 합성 기술'로 제작한 가상 교사로 학생들이 실제 선생님과 대화하듯 학습에 대한 대화를 주고받으며 양방향 소통을 할 수 있다. AI 튜터는 학습 진행과 관련한 피드백은 물론, 학생의 강점 분석과 학습 습관 관리도 할 수 있을 것이다(에듀프레스, 2022.12.15.)

(2) 지능형 튜티(Intelligetn Tutee)

지능형 튜티는 잘 알려진 개념은 아니지만 지능형 튜터와 대조되는 개념으로 학생들이 교사의 역할을 하고 인공지능이 학생의 역할을 함으로써 학습을 촉진하고자 하는 방법이다. 학생들은 인공지능을 가르치는 활동을 통하여 고차원적 사고를 촉진하고 지식을 스스로 확장하는 구성주의적 학습을 수행할 수 있게 된다. 예를 들면, 마이크로소프트가 2016년 개발한 인공지능 테이(Tay)는 딥러닝을 적용하여 스스로 학습하는 능력을 갖추고 있었다. 일반적으로 챗봇은 대화의 입력과 출력을 개발자나 사용자가 규칙에 근거하여 입력하는 방식이다. 테이는 사람과 트위터 상에서 대화를 하는 목적으로 제작되었으며 18세에서 24세의 연령을 대상을 개발되었다. 테이는 학습능력을 갖추었지만 사용자들이 제공하는 데이터에 대한 가치 판단을 할 수 없었으므로 사용자들의 편향된 정보로부터 학습하게 되어 인종차별, 성차별 등과 같은 발언을 하도록 유도되었다. 서비스는 종료되었지만 자연어 처리 인터페이스와 인공 신경망을 갖춘 똑똑한 챗봇이었다. 지능형 튜티를 개발할 수 있다면 학습자는 잘 개발된 챗봇이나 로봇과 상호작용하고 특정 주제와 관련된 학습을 함께 수행할 수 있다.

대부분의 교육용 인공지능 서비스는 튜터 형태로 출시된다. 반면, 국내에 출시된 '금쪽이 에듀'라는 이름의 챗봇은 튜티적 접근을 지향하는 대화형 인공지능 서비스이다. 금쪽이 에듀는 학생들이 대화를 생성하여 함께 질문하고 답변할 수 있도록 개발되었으며 다양한 교과에서 학습자 중심의 학습을 수행할 수 있는 시스템을 제공하고 있다. 학생들은 텔리엇을 가르치는 활동을 통하여 교과의 학습 내용을 습득할 수 있게 되고 친구들과 더불어 금쪽이 에듀를 가르치는 협력학습이 가능하다.

(3) 지능형 학습 도구(Intelligent Tool)

학습에 대한 구성주의적 관점, 학생중심 수업의 관점에서 지능형 학습 도구를 제공하는 것은 교실 학습 과정에서 학생들의 주도권을 확보하는 것으로 매우 중요하다. 지능형 도구는 학습자들이 효과적이고 효율적인 방법으로 데이터를 수집하고 분석하는 일을 도움으로써 낮은 수준의 지적 활동(편집이나 계산)이나 고차원척 사고(추론 및 예측)에 집중할 수 있도록 한다. 예를 들면 지능형 마인드맵 도구는 개념 연결과정에서 학습자에게 조언을 제공하거나 실마리를 제공하는 일을 할 수 있다.

(4) 인공지능교육 정책의 조언자(Policy-making advisor)

인공지능 기술은 정책 입안자들은 교육의 거시적·미시적 관점에서 교육 환경의 미래 예측과 문제를 이해할 수 있는 정보를 제공한다. 교육과 관련된 데이터 분석을 통하여 현재를 이해하고 미래의 문제를 개선하기 위한 정책을 수립하고 추진할 수 있게 될 것이다. 유네스코(UNESCO, 2021)는 "인공지능과 교육 : 정책입안자를 위한 지침"에서 인공지능에 대한 이해를 바탕으로 정책입안자들이 각 국가별 상황에 알맞은 정책과 프로그램을 기획할 수 있는 가이드라인을 제공하였다. 이에 따르면, 1) 제도적 차원의 비전과 전략적 우선순위 수립 2) 인공지능 교육정책 수립 시 최우선 원칙의 안내 3) 다양한 분야 간 계획 수립 및 거버넌스 구축 4) 인공지능의 공평하고 포용적이며 윤리적인 사용을 위한 정책과 규제 마련 5) 교육 행정, 교수·학습, 평가를 위한 인공지능 활용 기본 계획 수립 6) 시범 평가, 모니터링 및 평가 7) 국가별 상황에 적합한 인공지능 교육 혁신 기반 조성 등에 대한 안내를 제공한다.

4. 학교에서 인공지능 교육의 접근 방식

가. 인공지능 교육, 활용 교육, 융합 교육의 구분

김현철(2022)은 학교에서 AI교육에 대한 접근 방식을 '인공지능 교육', '인공지능 활용 교육', '인공지능 융합 교육'으로 구분하여 개념의 차이를 명확하게 제시하였다. 인공지능 교육은 인공지능 자체에 관한 교육을 의미한다. 인공지능 활용 교육은 앞에서 언급한 지능형 튜터와 도구의 접근 방식을 의미한다. 인공지능 융합 교육은 교과와의 융합을 포함하는 것으로 인공지능 기술과 도구를 교과 목표 달성을 위하여 활용하는 접근이다. AI교육에 대한 접근을 "지능형 튜터", "지능형 튜티", "지능형 학습 도구"의 구분(Gwo-jen Hwwang et al, 2020)과 연결하면 보다 명확하게 학교에서의 접근 방식을 설명할 수 있을 것이다.

〈표 11-1〉 인공지능 교육의 접근 방식

구분	AI융합교육	AI교육	AI활용교육
개념	Data기반의 융합 AI기술을 연구 방법론으로 사용	AI지식 컴퓨팅사고력 AI기반의 창의 융합적 사고 역량	AI기술을 교육의 문제해결에 사용 교과목의 효율성 향상에 사용
intelligent Tutor (AI is a Teacher)	Auto Tutor 산타토익(영어) 똑똑 수학탐험대 iTalk2Learn(수학)	인공지능의 이해 머신러닝의 이해 인공지능코딩 방법학습하기 AI for Oceans	ITS(intelligent tutoring systems) 교육용 챗봇 Thirdspace Learning(수학)
intelligent Tutee (AI is a Student)	Microsoft Tay(2017)-chatbot Wolfram Alpha	Chat bot Dr.Scratch Scratch Entry	알지오매스(Algeomath) 블록코딩을 활용한 수학 수업
intelligent learning Tool (Ai is a Tool)	추론과 예측을 지원 intelligent concept mapping tools - Knowledge graph	ML4Kids Teachable machine AIToM(머신러닝을 학습할 수 있는 플랫폼)	적응형학습시스템 개별화학습시스템 google assistant Apple Siri 시간표 편성, 과제 제출용 AI서비스

교육과정 및 담당	교과 교사 교과+정보 교사 교과별 지역 연계	신규 교과 개설 정보교과 교사	각 교과 교사

나. 지능적 튜티로서의 인공지능 교육의 강화

지능적 Tutee로써의 인공지능에 대한 교육을 강화하여야 한다. 시모어 페퍼트는 '내 어린날의 기어(The gears of my childhood)"를 통하여 학습을 위한 자신만의 지적 도구를 비유적으로 제시하였다. 의미있는 사물(컴퓨터, 인공지능)을 통하여 지식을 구성하는 주체로서 직접 만들고 스스로 배우고 개념을 확장하여 어려움의 재미(hard-fun)를 알 수 있는 실제적 경험을 제공하여야 한다고 하였다. 인공지능 도구를 이용하여 직접 프로그래밍(코딩과 디버깅)하는 과정을 통하여 스스로 문제를 해결할 수 있는 길을 찾아가도록 도와야 한다. 1980년대 컴퓨터를 교육에 도입할 때, 사고 도구로서의 교육적 가치보다, 교과 목표 달성을 위한 도구로서의 활용에 중심을 두었던 과거의 실패를 되풀이 해서는 안된다.

'AI활용교육'은 기존의 교과와 인공지능 도구를 연결하거나 통합하는 것으로 인공지능을 Tutor(교수자)와 Tool(도구)로 활용하는 것으로 이미 교과별 다양한 서비스가 개발되었음을 제시하였다. 이를 위해서는 민간의 교과별 서비스를 이용하거나 도구를 구매함으로써 쉽게 접근이 가능하다. 인공지능의 Tutee(학습자)적 접근은 컴퓨터와 인공지능을 학습자로 생각하고 프로그래밍언어를 통하여 인공지능을 원하는 방식으로 프로그래밍할 수 있는 기회와 경험을 제공하는 것이다.

페퍼트는 컴퓨터의 도구적 가치를 넘어 "아이들이 컴퓨터에 프로그래밍 되기보다 컴퓨터를 프로그래밍해야 한다"고 하였다. 이와 같은 관점은 인공지능을 학습을 위한 도구적 관점을 넘어 실세계의 빅데이터를 활용하여 인공지능을 프로그래밍하도록 하는 것이다. 이것은 컴퓨팅 사고력을 위한 정보교육의 관점이기도 하다. 'AI융합교육'은 학생들이 교과의 영역지식을 컴퓨터와 인공지능의 Tutee적 활용을 통하여 해당 분야의 문제를 해결할 수 있는 교육이어야 한다. 해당 분야의 빅데이터를 수집하고 분석하여 문제를 해결하는 경험을 제공하는 것이 중요하다.

5.
신뢰할 수 있는 인공지능을 위한 방안

가. 신뢰할 수 있는 인공지능에 대한 이해 및 준비

인공지능의 교육적 가능성에 대한 관심에 비하여 그 안전성이나 위험성에 대한 논의는 충분치 않다고 생각한다. 인공지능이 이미 삶의 모든 곳에 스며들고 있는 시점에서 교육을 위한 인공지능에 대한 신뢰성은 매우 중요한 과제가 되었다. 인공지능의 위험성은 테슬라 자동자의 충돌 사고, 이루다 챗봇의 편향성, 인공지능 오픈소스의 위험, 인공지능 모델 자체의 위험, 개인정보 보호 등과 관련된 다양하게 보고되었다.

인공지능 기술의 공정성, 윤리성, 투명성, 설명가능성, 견고성, 안전성 등에 대한 기술적, 법적, 제도적, 문화적 역량을 갖추는 것은 필수적이다. 인공지능 기술이 학교에 도입될 때, 인공지능을 사용하는 교사와 학생 그리고 그 이외의 이해관계자들이 인공지능의 신뢰성을 어떻게 확보할 것인지는 매우 중요하다. 인공지능의 신뢰성과 관련된 윤리적 문제는 그 기술에 내재되어 있으므로 학교에 도입될 때에는 우리나라 교육의 가치에 부합되어야 한다. 인공지능 윤리 교육이 교육과정에 반영되어야 한다. 학교급별 윤리교육의 목표, 내용, 방법, 교재, 평가 등에 대한 교과교육 연구와 실천이 필요하다. 또한 인공지능 기술이 학교에서 Tutor, Tool, Tutee로써 활용될 때의 윤리적인 정책, 도구, 방법 등이 개발되어야 한다.

나. 인공지능 교육에서의 신뢰성 확보를 위한 거버넌스

인공지능은 기존 "교육 공동체"의 가치와 중요성을 계승해야 한다. 인공지능이 'AI융합교육'이나 'AI활용교육'에서 Tutor로 활용될 때, 교수자와 학생에게 미치는 영향을 확인할 수 있어야 한다. 기업의 영업비밀보호라는 명분으로 투명성과 설명요구권을 보장할 수 없다면, 그 피해는 관련 이해 관계자에게 돌아갈 것이다. 그러므로 인공지능 기술이 학교 교육에 도입되기 위해서는 "교육분야에서의 인공지능 윤리원칙"에 부합하는지를 교사, 학생, 학부모, 기업, 관리자 등 다양한 이해 관계자들간의 거버넌스가 필수적이다. 이미 일부 교육청은 기업과의 협력을 통하여 인공지능을 활용한 개별화, 맞춤형 수업을 도입하고자 한다. 이를 위해서는 인공지능 서비스가 신뢰로운지를 확인하기 위한 제도, 정책, 방법, 도구 등이 준비되어야 한다.

인공지능 기술 및 교육에 있어서 수도권과 지방의 격차를 해소하기 위한 국가 수준, 지방자치단체수준의 정책이 필요하다. 인공지능 기술이 교육 격차를 최소화하도록 거버넌스의 역할이 필요하다. 특히, 다문화, 장애인, 소외계층, 취약한 상황에 노출된 사람들, 소수자 등 사회적 약자를 위한 교육을 강화하여야 한다.

다. 인공지능 교육을 위한 과제

학교에는 인공지능 교육을 위한 과제를 제시하면 다음과 같다. 첫째, 국가 교육과정을 통한 인공지능 교육과 윤리 교육을 체계화하여야 한다. 초·중등학교에서 인공지능 교육을 위한 해결 과제로서 안민석 의원은 수업 시수, 전문 교원, 교육 콘텐츠의 부족을 AI교육의 3대 문제라고 지적하였다. 앞에서 언급한 것처럼 'AI융합교육'과 'AI활용교육'은 기존의 교과와 연계된 Tutor, Tool적 접근이므로 교원에 대한 인공지능 교육 역량 강화와 AI교육을 위한 콘텐츠 개발을 통하여 과제를 해결할 수 있을 것이다. 반면, 'AI교육'은 AI의 이해 및 컴퓨팅 사고력 증진을 위한 Tutee적 접근으로 시간의 부족, 교원의 부족, 플랫폼 및 콘텐츠의 부족은 2022개정 교육과정에서 해야 할 과제이다. 인공지능 신뢰성 확보를 위한 윤리 교육은 해결해야할 두 가지 과제가 있다. 1), 2022교육과정에 인공지능 윤리 교육을 반영하여야 한다. 인공지능 윤리 교육의 범위(scope)와 계열(sequence)에 대한 논의가 필요하다. 인공지능 리터러시에 이와 관련된 내용이 반영되어야 한다. 2) 인공지능 기술의 활용, 융합과 사고력 교육에 인공지능 윤리원칙을 어떻게 적용할 것인지 지속적인 연구와 실천이 필요하다.

둘째, 모든 교사와 예비교사들을 위한 인공지능 교육을 체계화하여야 한다. 교원양성기관에서 인공지능 교육을 강화하여야 한다. 교육대학의 교육과정은 예비교사들이 디지털 리터러시, 소프트웨어 교육, 인공지능교육, 활용 교육, 융합 교육, 인공지능 윤리 등과 관련된 역량을 갖추기에 충분하지 않다. 모든 예비 교사 들이 'AI 활용교육', 'AI 융합교육', 'AI교육'을 위한 역량을 갖출수 있 도록 무시험 자격 검정 요건과 임용 시험에 관련 내용을 반영할 필요가 있다. 2024년 입학생부터 '디지털 교육' 1학점을 필수로 이수하도록 한 것은 바람직한 변화이다. 또한 모든 교사를 위한 'AI활용교육', 'AI융합교육'에 대한 역량을 강화하기 위한 연수를 체계화하여야 한다. 지방자치단체 및 지역 기업과의 연계를 통하여 교원들의 AI리터러시, AI활용, AI융합 역량을 길러야 한다.

셋째, 인공지능 교육 생태계 구축을 위한 지역 중심의 거버넌스가 필요하다. 학교에서의 인공지능 교육은 전통적인 교육 주체(학생, 교사, 학부모)만으로는 충분하지 않다. 인공지능 기술의 특성으로 인하여 인공지능 기술 기업과 지역사회의 참여가 필수적이다. 국가 수준, 지방자치단체 수준, 단위학교 수준에서의 인공지능 교육을 위한 거버넌스를 구축하여야 한다. 인공지능 교육을 위한 학습 환경(플랫폼), 교육 프로그램(콘텐츠) 등의 개발은 민간 기업과 지자체의 참여를 필요로 한다. 인공지능 교육 기술을 갖춘 기업과의 협력, 인공지능 교육 콘텐츠를 가진 지역 단체와의 협업은 필수적이다.

넷째, 에듀테크 기업과의 협력을 장려하여야 한다. 학교에서 에듀테크의 활용을 적극적으로 확대하여야 한다. 학습은 경험을 통하여 이루어진다. 학교에서의 인공지능 교육, 활용 교육, 융합 교육을 위해서는 교실에서의 에듀테크를 적극 활용할 수 있는 학교 문화를 정착하여야 한다. 학생들은 모바일 기기와 에듀테크 기기와 기술을 올바르고 책임감을 가지고 사용할 수 있는 방법과 태도를 갖추어야 한다. 교실 수업에서 에듀테크를 통합함으로써 학생들은 학습의 주도권을 가지게 된다. 스마트폰, 태블릿, 노트북 등을 이용하여 일상의 경험이 교실로 자연스럽게 연결되도록 하여야 한다. 학교 밖의 에듀테크 기술이 학생들의 교과 경험과 연결되어야 한다. AR, VR, MR, AI 등과 같은 새로운 기술들이 전통적인 교실과 통합함으로써 새로운 학습 경험을 제공하고 디지털 기술과 함께 배우는 방법을 익혀야 한다.

6.
맺음말

인공지능(AI)의 교육적 활용에 관한 논의는 수십 년에 걸쳐 진행되어 왔으며, 특히 2022년 11월 생성형 인공지능 기술의 등장 이후, 교육 분야에서의 AI 활용에 대한 관심이 급속도로 증가하고 있다. 이러한 기술 진보를 반영하듯, 2022 개정 교육과정은 AI 교육을 강화하였으며, 수학, 영어, 정보 과목을 위한 AI 기반 디지털 교과서 개발이 결정되었다. 이러한 변화는 정부 차원의 적극적인 지원 아래, 지방자치단체, 교육청 및 에듀테크 기업의 협력을 통해 구현될 것이다. AI가 가져올 교육 패러다임의 변화는 기존의 교수법과 학습 방식에 혁신적인 영향을 미칠 것이다.

교육 현장에서 AI의 역할을 네 가지로 구분하였다. AI Tutor, AI Tutee, AI Tool, 그리고 정책 입안 과정에서의 자문 역할을 수행하는 AI이다. 이는 AI가 단순히 기술적 도구를 넘어, 교육 과정의 설계와 실행, 평가에 이르기까지 광범위한 영역에서 핵심적인 역할을 할 수 있음을 시사한다. 따라서, 교육기관은 AI의 역할을 정확히 이해하고, 이를 교육 과정에 효과적으로 통합할 수 있는 전략을 마련해야한다.

이를 위해, 인공지능 교육과 윤리 교육의 체계적인 통합이 필요하다. 모든 교육자들이 AI 기술의 적절한 활용과 윤리 문제에 대응할 수 있는 역량을 갖출 수 있도록 연수를 강화해야 한다. 뿐만 아니라, 학교와 지역 사회는 AI 기술을 활용한 교육 혁신을 촉진하기 위해 긴밀히 협력해야 한다. AI 기술이 윤리적인 관점을 바탕으로 교육 분야에 긍정적인 영향을 미치며, 모든 학습자에게 개인화된 학습 경험을 제공할 수 있도록 하여야 한다.

참고문헌

- AITOM, AI를 재미있게 경험할 수 있는 교육 플랫폼. http://aitom.co.kr/main
- Gwo-Jen Hwang, Haoran Xie, Benjamin W. Wah, Dragan Gašević,(2020). Vision, challenges, roles and research issues of Artificial Intelligence in Education, Computers and Education: Artificial Intelligence, Volume 1,
- https://www.askedtech.com/ko/product
- Hwang, Gwo-Jen & Xie, Haoran & Wah, Benjamin & Gasevic, Dragan. (2020). Vision, challenges, roles and research issues of Artificial Intelligence in Education. Computers and Education: Artificial Intelligence. 1. 10.1016/j.caeai.2020.100001.
- Richard D. Eddington(2018.7.11.) "Top 5 Artificial intelligence tutors in education". https://bigdata-madesimple.com/top-5-artificial-intelligence-tutors-in-education/
- WolframAlpha Computational intelligence. https://www.wolframalpha.com/
- 구본권(2021.15.16.) "피싱 메일 몰라?.. 한국 청소년 '디지털 문해력' OECD바닥 충격'. 한겨레. 2021.5.16. https://www.hani.co.kr/arti/science/future/995403.html
- 김동영(2022.1.21.). "인천 연수구, '인공지능융합메이커 강사교육' 개강. 뉴시스. https://www.newsis.com/view/?id=NISX20220121_0001733036
- 김정환(2022.1.21.). 충남교육청, 충남형 미래유치원 추진 박차. https://www.breaknews.com/866485
- 나호정(2022.1.21.)."한전 KDN이 키운 지역 대학생 35명, AISW교육강사로 나선다". AI타임즈. http://www.aitimes.com/news/articleView.html?i

dxno=142703

- 박세미(2021.06.30.) "아이들 스스로 공부"...AI 맞춤형 교육 선도하는 지자체들. 조선일보. https://shorturl.at/gAMR0
- 지명신(2022.1.21.) "이재정 교육감, 오산시 AI융합교육과정 학교 방문 감사패 수여". 경기신문. https://www.kgnews.co.kr/news/article.html?no=686527
- 한국직업능력개발원 민간자격정보서비스, https://www.pqi.or.kr/inf/qul/infQulList.do
- 유은혜(2022.1.16). 디지털 전환 시대, 미래 교육을 향한 대전환, 전자신문. https://m.etnews.com/20220116000031

12장
교육 및 학습을 위한 생성형 AI의 윤리

1.
교육에서의 인공지능의 가능성

2022년 11월, ChatGPT의 등장은 온 세상을 놀라게 했다. 생성형 인공지능(Generative AI, GenAI)은 대규모 데이터를 기반으로 텍스트, 이미지, 음악, 영상 등을 자동 생성하는 인공지능 기술이다. 기존의 인공지능이 한 가지 일을 잘하도록 학습하고 인간을 보조하는 임무를 수행했다면, ChatGPT와 같은 GenAI는 인간의 다양한 지적 활동을 매우 쉽게 수행하고 있다. GenAI 기술은 미래의 필수적인 기술이 될 것이라는 점은 명확하다. 이미 많은 기업이 이를 업무에 적용하고 있고, 초중등학교와 대학에서도 GenAI의 활용 사례를 보고하고 있어 이에 대한 교육적 이해는 매우 중요한 일이 되었다.

교육 분야에서 GenAI는 교사와의 협업, 맞춤형 학습 자료 생성, 언어 번역, 창의적 작업 지원 등을 통해 교육 경험을 풍부하게 하고, 학습 효율성을 높이는 역할을 할 것으로 예상하고 있다. 이를 통해 학생들의 개별적인 학습 요구에 부응하고, 교사의 교육적 부담을 경감시키는 데 기여할 것이라는 기대가 있다. 교육 분야에서 GenAI의 가능성을 정리하면 다음과 같다.

가. 교사 및 학생과 AI 협업

AI는 이미 교육에 적용되고 있으나 주로 도구적 측면에서 기초 소양 및 평가 시스템에 활용된다. AI 교육 솔루션이 계속 발전함에 따라 AI

가 배움과 가르침간의 간극을 메우고 학교와 교사가 그 이전에 했던 것보다 더 많은 일을 할 수 있기를 기대하고 있다. AI는 학습의 개별화 및 수준별 교육을 지원하며, 행정 업무를 효율화하는데 기여하므로 교사들은 기계적이고 반복적인 업무에서 벗어나 학습자의 특성을 반영한 수업에 집중할 수 있게 될 것이다. 교사들은 GenAI를 사용하여 다양한 교육 자료를 신속하게 생성하고, 창의적인 교육 방법을 개발하는데 도움을 받을 수 있다. 각 교실의 상황에 맞는 자료와 학습 방법을 결정하는데 도움이 될 것이다. 학생들은 GenAI를 이용하여 창의적 아이디어를 탐색하고 비판적 사고 능력을 개발하는 데 도움을 받을 수 있다. 예를 들어, 작문이나 예술 프로젝트에서 학생들이 GenAI를 사용하여 새로운 아이디어를 얻거나 작품을 만들 수 있다.

나. 수준별, 개별화 학습

개별 학생들의 특정 요구를 반영한 학습을 지원하는 것이 수년간 교육자들에게 가장 높은 우선 순위였지만 현실적으로는 불가능한 일이었다. 그러나 ChatGPTs는 학생들의 개별적 요구를 지원하는 스캐폴더로서의 역할을 수행할 수 있게 될 것이다. Content Technologies 및 Carnegie Learning과 같은 회사들은 현재 AI를 사용하여 유아부터 대학 수준에 이르기까지 학생들에게 학습·평가 및 피드백을 제공하는 지능형 교육 설계 및 디지털 플랫폼을 제공하고 있다. 이는 학생들에게 미래를 준비하는데 필요한 과제를 제시하고 지식의 차이를 확인하도록 하고 필요하다면 새로운 주제로 전환하기도 한다. GenAI는 학생들의 학습 수준과 관심사를 반영한 맞춤형 학습 자료를 생성할 수 있다.

이를 통해 학생 개개인의 학습 효과를 극대화할 수 있을 것이다.

다. 모든 학생을 위한 접근성 보장

인공지능 도구는 다른 언어를 사용하거나 시각 또는 청각 장애가 있는 사람들을 포함하여 모든 사람이 교실에 참여할 수 있도록 지원한다. 프레젠테이션 번역기는 교사가 말하는 내용에 대한 자막을 실시간으로 생성하는 PowerPoint용 무료 플러그인이다. 이것은 질병으로 인해 학교에 다닐 수 없거나 다른 수준의 학습이 필요하거나 자신의 학교에서 개설되지 않은 특정 과목에 대한 학습이 필요한 학생들을 지원한다. GenAI는 다국어 번역 및 언어 학습 도구로 활용할 수 있어, 제2외국어 교육 및 다문화 학생들을 위한 동등한 학습 기회를 제공할 수 있을 것이다.

라. 관리 작업 자동화

교사는 학생들의 숙제와 시험을 채점하는 데 엄청난 시간을 보낸다. GenAI는 이러한 작업을 신속하게 처리할 수 있을 뿐만 아니라 학습의 간극을 줄이는 데 기여할 수 있다. GenAI는 이미 객관식 문항을 채점할 수 있지만 서술식 응답도 평가할 수 있을 만큼 높은 수준에 이르렀다. AI가 교육행정을 위한 작업을 자동화하기 위해 사용됨에 따라 교사들이 학생과 함께 보내는 시간이 늘어날 것이다. GenAI는 학생들의 과제를 분석하고, 맞춤형 피드백을 제공함으로써 교육 평가 과정을 보다 효율적으로 만들 수 있다. 이는 교사의 평가와 관련된 업무를 경감하는데 기여할 것이다.

한편 GenAI의 교육적 가능성과 더불어 보이지 않는 위험이 내포되어 있다. 가장 명백한 위험은 GenAI도구를 활용하여 학습을 회피할 수 있을 뿐만 아니라 편견, 부정확성, 개인정보 보호 및 지적 재산권 침해를 포함한 윤리적 문제를 숨길 수도 있다는 점이다. 학교에서는 GenAI의 가능성을 극대화하면서도 GenAI가 가진 위험성을 최소화하는 방안을 논의하고 실천하여야 한다.

2. 생성형 AI의 가능성 및 한계점

생성형 인공지능의 가능성과 한계점을 간략히 정리하면 다음과 같다. ChatGPT와 Gemini 같은 대규모 언어 모델(LLM)은 빅데이터를 기반으로 훈련되어 자연어 처리에 뛰어난 성능을 나타낸다. 이를 바탕으로 GenAI는 Wikipedia 스타일의 상세한 설명 생성, 실행 가능한 코드 제작 등 복잡한 내용을 자연스럽게 처리할 수 있다. 이 모델은 대규모 이미지 데이터를 통해 훈련되어, 예술 작품을 포함한 다양한 이미지를 생성할 수 있으며, 최근 하드웨어 발전과 대량 데이터 처리 능력 향상으로 모델은 더 정교하고 큰 규모로 발전하고 있다.

그러나 분명 LLM 모델은 한계점도 가지고 있다. 이 모델은 훈련 데이터에 기반하기 때문에, 데이터의 질과 양이 모델 성능에 직접적인 영향을 미친다. 따라서 의도하지 않은 윤리적 문제를 내포하고 있다. 예를 들면, 저작권 위반, 데이터의 편향성, 표절 등 여러 윤리적 문제가 드러났다. 특히, LLM은 수학과 같은 영역에서 신뢰도가 낮은 답변을 제시함으로써 사용자의 오해를 불러일으킬 수 있다. 예를 들면, GenAI는 복잡한 삼각법 질문이나 부동 소수점 수에 대한 수학적 추론에 한계를 나타내기도 한다. ChatGPT는 간혹 잘못된 참고자료 생성하기도 한다. 제시된 정보에 대하여 출처를 요청하면, 가끔 그럴듯하지만 잘못된 학술적 정보나 참조 자료를 생성하기도 한다.

3.
교육 및 학습을 위한 윤리적 AI

2023년 봄, 코넬 대학교는 생성형 인공지능 사용에 대한 지침과 권장사항을 마련하기 위하여 위원회를 구성하였으며 2023년 7월, 교육 환경에서 생성형 인공지능을 사용하는 것의 타당성, 이점 및 한계 등에 대한 사항을 제안하였다(Bala & Colvin, 2023)[34].이를 참고하여 학교 교실에서의 생성형 인공지능에 내포된 교육적 문제와 윤리적 측면을 검토하고자 한다.

코넬대학교 위원회의 보고서는 GenAI기술에 대한 검토를 바탕으로 대학의 학문 분야에서 어떻게 활용될 수 있는지를 검토하였으며 이를 바탕으로 학생, 교수, 행정에서의 가이드라인을 제안하였다. 대학에서 교수자는 수업 목표를 설정할 때 학생들이 GenAI를 사용할 것임을 고

34) Kavita Bala, Alex Colvin(2023). Generative Artificial Intelligence for Education and Pedagogy. Cornell University.

려하여야 함을 지적하였다. 학생들은 이미 GenAI를 사용하고 있기 때문이며, 기존의 학습 목표가 GenAI로 인하여 의미없는 것이 될 수 있음을 아는 것이 중요하다고 지적하였다. GenAI는 앞에서 언급한 것처럼 개별 학생에 대한 맞춤형 학습을 제공할 수 있고, 개별화된 학습 과정을 안내할 수 있지만, 위험도 내포하고 있다. 가장 큰 위험은 학생들이 진정으로 학습에 임하지 않으면서 GenAI를 이용하여 학습하고 있는 것처럼 꾸밀 수 있다는 점이다. 또한 편견, 부정확성, 개인정보 보호, 지적 재산권 침해를 포함한 윤리적 문제를 감출수도 있다는 점이다. 이러한 위험을 인식하고 대학은 GenAI의 이점을 극대화하면서도 위험을 최소화하기 위한 방안을 수립할 필요가 있다. 교수자는 필요에 따라 GenAI의 사용을 금지하는 것이 필요할 수도 있을 것이다. 한편으로는 GenAI를 수업에 사용하는 것을 장려할 수도 있을 것이다.

4.
학교에서 GenAI 사용에 대한
권장 사항

인터넷으로 연결된 대학 강의실은 노트북이나 데스크탑, 실험 실습을 위한 컴퓨터 장비들로 가득하다. GenAI는 대학의 모든 강의실에서 어떠한 형태로든 사용이 가능하다. 교수는 GenAI를 사용하여 강의 개요 및 자료를 개발하고, 다양한 형태의 과제를 생성하고 연습문제를 만들 수 있다. 학생들은 GenAI를 사용하여 보고서를 작성하고 프로젝트를 수행하며, 프로그래밍하고, 디자인하는 등 모든 학문 영역에서 활용이 가능하다. 그러나 이와 같이 모든 학생들이 GenAI를 사용하여 지금까지의 학습 활동을 수행한다면 학생들의 학습 성취를 어떻게 평가할 것인지 매우 곤란한 일이 생기게 된다. GenAI를 사용하는 학생과 그렇지 않은 학생의 차이를 어떻게 평가할 것인가? 대학의 교수자들은 학생들이 GenAI를 사용한다는 것을 가정하고 학습 목표의 설정과 평가에 대비하여야 한다. GenAI를 사용한 보고서와 프로젝트의 결과는 기존과의 과제와는 어떻게 달라져야 하는지를 보여주어야 한다. GenAI를 통하여 학생들이 어떻게 지적 성장을 이룰 수 있는지를 제시하여야 한다.

GenAI를 교실에 도입하는 문제는 디지털 기술이 학교에 도입되던 때와 유사하다. 학교에서의 지적 도구의 활용은 매우 제한적이었다. 예를 들면, 수학 교과에서 계산기의 사용을 허용할 것인지에 대한 논란과 유사하다. 초등학생들은 수학 교과에서 사칙연산을 배운다. 학생들이 이 능력이 익숙해지면 사칙연산에 시간을 사용하는 것보다 복잡한 문제를 해결할 수 있도록 상위 수준의 수업에서는 계산기를 사용하도록 한다. 학생들은 어려운 문제를 해결하는데 도움이 되는 계산기나 엑셀 등을 사용할 수 있다. 보다 높은 수준의 문제를 해결하기 위하여 계산기와 같은 도구를 활용하는 것은 자연스러운 것처럼 인식된다. 수학교육에서는 초등학생들에게는 계산기없이 기초 기술을 배우는 것을 중요시하고 나중에는 더욱 높은 수준의 학습을 지원하기 위하여 계산기나 엑셀의 사용을 허용하거나 장려하는 것을 볼 수 있다. 이와 같은 관점에서 GenAI를 학교 교육에서 허용하거나 장려하는 방안을 검토할 수 있을 것이다.

가. 학문적 무결성과 접근성

GenAI 사용에 대한 학교의 가장 큰 우려는 학문적 무결성(academic integrity)을 위반하는 것이다. 학문적 무결성이란 교사, 학생, 연구원 및 학계의 모든 구성원이 정직, 신뢰, 공정, 존중 및 책임감을 갖고 행동할 것을 기대하는 것을 의미한다(TEQSA, 2022)[35]. 호주의 고등교육에서는 학문적 무결성을 유지하여 미래의 직업에 준비하여야 함을 강조한다. 대학에서의 에세이, 학습 노트, 시험, 프로젝트 등의 학습 활동에서 무결성을 지키는 것은 매우 중요하다. 스스로 학문적 무결성을 지키기 위하여 노력하여야 하며 이를 훼손하는 행위를 하지 않도록 하여야 한다. 예를 들면, 표절(plagiarism), 재활용(recycling), 재제출(resubmitting), 정보 조작(fabricating information), 공모(collusion), 시험 부정행위(exam cheating) 등이다. 즉, 학문과 연구 환경에서 정직하고 윤리적인 행동을 강조하는 원칙이라고 할 수 있다. 학생들은 GenAI를 사용하더라도 학문적 무결성이 지속되도록 노력하여야 한다. 학생들은 학문을 위한 기본 훈련, 예를 들면, 에세이 작성, 고급 단계로 가기 위한 문제 풀이 훈련 등과 같이 개인의 기초적인 학습 역량을 높이기 위한 과정에서 GenAI의 사용은 금지하는 것이 타당하다. 앞에서 언급한 수학교과에서 기초학습 과정에서 계산기의 사용을 금지하는 것과 다르지 않다. GenAI 사용에 대한 다른 우려는 인용이나 비판적인 인식없이 사용하는 것이다. 자신의 생각을 주장하기 위한 근거를 탐구하거나 인용하지 않고 타인의 글에 대하여 비판하지 않으며 창의적인

35) What is academic integrity? https://teqsa.gov.au/students/understanding-academic-integrity/what-academic-integrity

지적 활동에 대하여 성찰하지 않는 학습 활동에는 사용을 금지할 수도 있을 것이다.

반면, GenAI의 사용을 장려해야 하는 경우를 고려할 수 있다. 학생들의 과제에 대한 보편적인 접근성을 장려하거나, 높은 수준의 학습을 강화하고 학생들이 GenAI를 통하여 더욱 창의적인 사고를 하거나 결과물을 생산하도록 독려할 때는 사용을 장려할 수 있을 것이다. 학생들이 자신의 학문적 무결성을 유지하면서 보다 높은 수준의 학습을 수행하도록 GenAI의 사용을 적극 고려할 수 있을 것이다.

나. GenAI 도구의 사용 금지

학생들은 OpenAI의 ChatGPT 도구에 무료로 접근할 수 있으며, 이를 이용하여 자신이 해야 하는 과제를 대신하는 사례가 보고되었다. 이와 같은 일을 방지하기 위하여 일부 대학에서는 GenAI 사용 여부를 감지하기 위한 도구를 사용하기도 한다. 예를 들면, Turnltln, GPTZero, OpenAI's Classifier 등과 같은 도구를 활용하여 LLM 모델의 사용 여부를 감지할 수 있다고 한다. 그러나 LLM 모델은 기존의 문장을 동일하게 생성하지 않으므로 위의 감지 프로그램의 사용이 GenAI를 사용하였음을 증명할 수 있는 결정적인 증거를 제공할 수 없을 것이다.

대학에서 걱정하는 다른 문제는 학생들이 GenAI에 의존할 경우, 학습자들이 습득해야 하는 기본적인 지적 능력, 예를 들면, 에세이 작성, 핵심 내용 요약, 프로젝트 보고서 작성, 반성 저널, 코딩하기 등과 같은 기본적인 학습 능력 습득에 곤란을 겪게 될 것이라는 점이다. 대학에서 이러한 학습 능력을 익히지 못한 채 직업을 얻었을 경우, 직업에서 필요한 역량을 발휘할 수 없게 될 것이다. 따라서, 학생들의 학업 및 개인적 성장을 위한 기본적인 학습 능력 습득에서 GenAI의 사용은 금지하는 것이 타당할 것이다.

학생들이 GenAI에 의존하는 것을 최소화하기 위하여 평가 방법을 개선하여야 한다. 예를 들면, 평가 내용을 수업에서의 학습 내용과 활동의 범위로 제한할 수 있을 것이다. ChatGPT와 같은 인공지능이 수업과 관련없는 내용을 제시하는 것을 평가에서 배제하는 것이다. 학생들의 과제는 수업 시간에 GenAI를 활용하여 수행한 결과만을 인정할 수도 있을 것이다.

다. GenAI 사용의 출처표시, 저작자, 접근 및 책임감

ChatGPT는 매우 빠르게 발전하는 기술이 되었으며, 오픈소스로 공개하여 더 많은 사람들이 참여하는 생태계를 만들고자 한다. 이로 인하여 발생된 문제에 대하여 학교는 어떻게 대처할 것인지 적극 검토할 필요가 있다. 대학의 교수자는 학교에서 사용하고자 하는 GenAI의 위험성을 인식하여야 하며, 이를 학생들에게 교육하여야 한다. 또한 학교에서 GenAI를 사용하기로 결정하였다면, 교실에 미치는 부정적인 영향을 완화하기 위한 방안을 마련하여야 한다.

GenAI 도구를 제공하는 제3자 공급업체는 인터넷의 공유된 데이터를 훈련 데이터로 사용할 수 있기 때문에 잠재적인 개인정보 보호에 대한 위험을 내포하고 있다. 우리나라는 '개인정보 보호법', '정보통신망 이용 촉진 및 정보 보호 등에 관한 법률', '위치정보의 보호 및 이용 등에 관한 법률', '통신비밀 보호법' 등을 통하여 개인정보를 보호하고 있다. 따라서 교수자가 비공개로 유지해야 하는 개인정보를 GenAI 도구와 공유하거나 제3자 공급업체에 업로드해서는 안된다.

GenAI 도구는 지적 재산권에도 영향을 미치고 있다. 특히, GenAI가 생성한 결과물에 대한 저작권에 대한 논쟁이 커지고 있다. 대학은 학생, 연구원, 교수 등이 소유한 독창적인 연구 또는 콘텐츠가 GenAI 도구를 위한 데이터로 사용될 수 있으므로 이를 업로드하는 것은 허용되지 않는다. 예를 들면, 학생들의 과제, 프로젝트 결과물, 연구소의 보고서, 개인정보가 포함된 데이터, 독점적인 정보가 포함된 데이터 등이 포함된다.

학교에서 GenAI를 사용한다고 할 때, 모든 학생들이 공평하게 기술에 접근할 수 있도록 하는 것은 매우 중요하다. 학생 개개인의 경제적 차이로 인하여 GenAI에 대한 접근에 차별이 발생한다면 그것은 학습의 결과에 영향을 미치게 되므로 이와 같은 방식은 지양되어야 한다. 학교에서 GenAI를 사용한다고 결정할 경우, GenAI 사용에 대한 라이선스 계약은 학교에서 제공함으로써 학생들의 교육 활동과 학문적 자유를 제한하지 않도록 하여야 한다. 머지않아 학교에서 GenAI의 사용이 일반화된다면 공정하고 편견 없는 인공지능 서비스를 이용하도록 관련 정책을 마련할 필요가 있다.

라. GenAI 도구의 책임있는 사용

GenAI는 필연적으로 미래의 모든 직업 영역의 일부가 될 것이 분명하다. 그러므로 모든 학생들은 이 도구를 자신의 일에 맞도록 사용하는 방법을 배워야 한다. 이것은 대학의 교수자들이 자신의 학문 영역이나 교과에서 GenAI를 윤리적이고 생산적으로 사용할 있는 능력을 길러 줄 책임이 있다. 특히, GenAI는 장애가 있는 학생들이 학습에서의 어려움을 극복할 수 있는 잠재력을 가지고 있다. 학교에서 학습에 대한 장애를 겪는 학생들을 위하여 GenAI의 유용성을 인식하고 어떻게 이 기술을 포용할 것인지 고민하여야 한다.

대학에서는 GenAI를 학생들의 학문적 수월성을 고양하기 위하여 어떻게 활용해야 하는지 학문 영역별로 그 방법을 탐구하여야 한다. 일반적으로 GenAI가 유용하게 활용될 수 있는 주제는 다음과 같다.

- 개별적인 연습, 도움이나 가르침에 GenAI를 활용
- 학생들이 분석하고 조직하고 편집할 수 있는 자료를 생성하는데 GenAI를 활용
- 고차적 사고 및 분석에 필요한 반복적인고 일상적인 준비 작업에 GenAI를 활용
- 학문영역에서 GenAI의 사용 및 영향 분석
- GenAI를 도구로 활용하는 훈련

위에서 제시한 GenAI의 활용에 대하여 구체적인 접근 방법을 제시하면 다음과 같다.

- GenAI를 창의적인 브레인스토밍이나 최종 산출물 개발을 위해, 예술가의 더 높은 수준의 창작을 도와주는 파트너로서, 기타 다양

한 용도로 사용하는 것이 가능하다.

- 사회과학 분야에서 GenAI가 제시한 결과를 평가하고 그 타당성을 검증하는 방법을 탐색하는 활동을 수행한다.
- 수학·과학·공학 분야에서 학생들의 기본 학습 훈련에는 GenAI의 사용을 금지하되, 개념이나 원리를 설명하기 위하여 LLM을 사용하거나 LLM을 사용하여 데이터 분석 및 시각화를 지원하는 코드를 생성할 수 있을 것이다.
- 프로그래밍 학습에서 GenAI는 이미 GitHub Copilot과 같은 응용 프로그램을 통해 코딩을 도와주는 용도로 이미 사용하고 있다. 프로그래밍 교육에서 LLM은 학생들의 코드 작성을 보조하거나 코드에 대한 설명을 제시하는 등 다양한 형태로 사용하고 있다.

5. 교직원 및 행정 직원을 위한 권장 사항

가. 교수진을 위한 권고 사항

앞에서 언급한 바와 같이, GenAI 도구의 활용은 학습 목표를 향상시키는 방식으로 통합되어야 한다. 이를 위해서는 GenAI에 대한 학생들의 이해와 학문적 무결성을 향상시키기 위한 전략이 포함되어야 한다. 첫째, GenAI 사용과 학문적 무결성간의 관계를 이해하도록 교육하여야 한다. 둘째, 학문적 무결성과 일치하는 학문적 경험과 실습이 제공되어야 한다. 셋째, 학습 결과에 대한 교수진의 의도를 명확하게 제시하여야 한다. 학생들은 잘못된 방식으로 GenAI를 사용하는 것이 비윤리적일 뿐만 아니라 오히려 학생들이 반드시 익혀야 하는 지식과 기술 습득에 방해가 된다는 것을 깨닫도록 하여야 한다. 가장 좋은 방법은 교수들이 교과 수업에서 GenAI를 사용하는 모범 사례를 제시할 수 있어야 한다.

코넬 대학교에서 교수진에 대한 권고 사항은 다음과 같다.

1. 교수진은 교과 과정 및 개별 과제에서 GenAI 도구 사용에 대한 기대치를 명확하게 밝혀야 한다. 코넬 대학은 교수 혁신 센터(Center for Teaching Innovation)에서 이와 관련된 안내를 제공한다.
2. 교수진은 특정 교과에서 GenAI를 언제 어떻게 사용할 수 있는지(없는지)에 대한 원칙을 제공하기 위한 우수 학습 사례를 제시하여야 한다.
3. 교과과정에서 GenAI를 허용하기로 결정했다면, 교수진은 학생들이 작성하는 문서의 형식과 출처 표시를 요구하여야 하며, 학생 스스로 작성해야 하는 결과물은 무엇인지, GenAI를 이용하여 만들어진 결과를 어떻게 검증하거나 확인해야 하는지를 명확하게 밝혀야 한다.
4. 교수진은 학문적 무결성의 중요성에 관한 지속적인 대화에 참여하여야 한다. 예를 들면, GenAI도구의 존재여부와 관계없이 기본적인 학문적 무결성 원칙이 여전히 중요하고 꾸준히 적용되어야 한다는 사실을 대학에서 회자되도록 하여야 한다.
5. 윤리적 문제를 포함하여 현재의 관행과 GenAI의 사용에 대한 비판적 시각을 모든 학습의 단계에 통합하는 것이 핵심이다.

6. GenAI를 이용하여 학문적 무결성 위반에 대한 자동 감지 알고리즘의 사용을 권장하지 않는다. 현재 GenAI의 신뢰성이 낮고 위반에 대한 명백한 증거를 제공할 능력이 부족하기 때문이다.
7. 교수진은 학습 자료 개발을 위하여 GenAI를 사용할 수 있지만, 학생들에게 요구하는 것과 동일한 출처 표시 기준을 준수할 것을 권장한다.
8. 학생 평가에 GenAI사용을 권장하지 않는다.

나. 대학 관리자을 위한 권고 사항

1. 학문적 무결성 관련 규정을 마련할 경우, 그 내용은 명료하고 구체적인 표현으로 제시되어야 한다. 특히, 개별 교수진이 GenAI 사용을 금지하거나, 인정하거나 장려할 수 있는 권한이 있음을 명시하여야 한다. 또한 학생들이 과제에서 GenAI를 사용하는 것은 교수진에 의하여 명시적인 허가가 있는 경우로 한정한다는 점을 밝혀야 한다.
2. 면대면 과제나 평가로 전환할 때, 정책과 실제 적용에 있어서 이러한 변화가 장애를 가진 학생이나 소외된 학생들에게 미치는 불균형한 영향에 대하여 고려하여야 한다.
3. 대학은 교육에 있어서 GenAI의 빠른 변화가 미치는 영향을 받아들이기 위하여 교수자들의 추가적인 부담을 이해하고, 교수진과 직원들에게 별도의 지원을 제공하여야 한다.
4. 대학 행정부는 학문적 무결성을 보장하면서도 소외된 학생들에 대한 접근성 및 포용성을 보장해야 하는 양면성을 해소하기 위하여 평가에 대한 모범 사례를 개발하고 공개하여야 한다.

앞으로 GenAI 기술은 더욱 고도화될 것이며 모든 분야에서 활용될 것이 명확하다. 대부분의 기술 기업들은 GenAI를 해당 기업의 서비스에 통합하고 있으며 이로 인하여 GenAI 기술이 사용되었는지 확인하는 것도 어려워질 것이며, 회피하는 것도 불가능할 것이다.

이 보고서의 권장 사항을 통하여 대학 및 초중등 교육 기관은 GenAI 사용에 대한 체계적인 지침을 마련하는 것도 시급한 일이지만 기술 발전을 지속적으로 주시하고 새로운 기능을 공유하고 정책에 반영하기 위한 절차를 마련할 필요가 있다.

6. 맺음말

GenAI 도구가 교육에 미치는 영향은 기술의 발전에 따라 더욱 커질 것이다. 코넬 대학교에서 제시하고 있는 권고안은 우리나라 대학과 초중등 교육에서 검토할만한 시사점을 제공한다. 교육에서 GenAI의 긍정적인 영향으로서 학생에 대한 개별화, 수준별 교육뿐만 아니라 장애나 소외된 학생들을 위해서도 매우 유용한 도구임을 알 수 있었다. 그럼에도 불구하고 GenAI는 학문적 무결성을 위협하는 기능을 내포하고 있으므로 이를 학교에서 사용을 금지할 것인지, 허용할 것인지에 대한 준거를 마련하는 것은 매우 시급한 과제이다.

코넬 대학교의 권고안으로부터 얻을 수 있는 시사점을 정리하면 다음과 같다. 첫째, GenAI의 사용이 학생들이 반드시 익혀야 하는 기초 지식이나 기술을 개발하는 과정을 대체하는 것을 금지하여야 한다. 학습을 위하여 반드시 필요한 지식이나 기술의 습득에 있어서 GenAI 사용을 금지해야 한다는 것이다. 둘째, 기본 지식과 기술의 습득이 완성된 학생들에게는 보다 높은 수준의 사고나 기술 습득을 지원하기 위한 도구로서 GenAI의 사용을 허용하되 문서작성이나 출처 표시 등 학문적 무결성을 보장하여야 한다. 셋째, 탐구와 창의적 사고를 위한 도구로 사용할 수 있는 교과나 과제에 한하여 GenAI의 사용을 허용하고, 장애나 소외된 학생들을 위한 형평성 차원에서 허용할 수 있을 것이다.

학교는 새로운 지적 도구로서 GenAI에 대한 이해의 증진, 교수진과 행정 직원에 대한 관련 역량의 강화, 학생에 대한 접근성 및 형평성을 위한 지원에 최선을 다해야 한다. 또한 수업에서의 활용을 위한 정책이나 지침의 개발에도 적극 나서야 한다.

참고문헌

- Brook Bock(2023). Generative AI and Academic Integrity. https://www.lightspeedsystems.com/blog/academic-integrity-age-ai-equipping-teachers-manage-academic-honesty-tech-classroom/
- Cobus Oosthuisen(2023.11.22.). Generative AI in Education: Threat or Opportunity. https://www.boston.ac.za/2023/11/generative-ai-in-education
- DfE(2023). Generative artificial intellegent(AI) in education. Policy paper. Department for Education. https://www.gov.uk/government/publications/generative-artificial-intelligence-in-education/generative-artificial-intelligence-ai-in-education#understanding-generative-ai
- James Tobin(2023.11.23.). Educational technology: Digital innovation and Ai in schools. https://lordslibrary.parliament.uk/educational-technology-digital-innovation-and-ai-in-schools/
- Kavita Bala, Alex Colvin(2023). Generative Artificial Intelligence for Education and Pedagogy. Cornell University.
- What is academic integrity? https://teqsa.gov.au/students/understanding-academic-integrity/what-academic-integrity